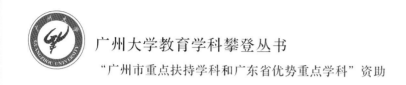

广州大学教育学科攀登丛书

"广州市重点扶持学科和广东省优势重点学科"资助

中小学信息化教学资源的优化与应用策略

Zhongxiaoxue Xinxihua Jiaoxueziyuan De

Youhua Yu Yingyong Celue

杜玉霞 著

中国社会科学出版社

图书在版编目(CIP)数据

中小学信息化教学资源的优化与应用策略 / 杜玉霞著 . —北京：
中国社会科学出版社，2013.8
ISBN 978-7-5161-3044-5

Ⅰ.①中… Ⅱ.①杜… Ⅲ.①中小学—计算机辅助教学—
教学研究 Ⅳ.①G434

中国版本图书馆 CIP 数据核字(2013)第 170645 号

出 版 人	赵剑英	
责任编辑	冯春凤	
责任校对	胡新芳	
责任印制	王炳图	

出　　版	中国社会科学出版社	
社　　址	北京鼓楼西大街甲 158 号 （邮编 100720）	
网　　址	http：//www.csspw.cn	
	中文域名：中国社科网　010－64070619	
发 行 部	010－84083685	
门 市 部	010－84029450	
经　　销	新华书店及其他书店	

印　　刷	北京君升印刷有限公司	
装　　订	廊坊市广阳区广增装订厂	
版　　次	2013 年 8 月第 1 版	
印　　次	2013 年 8 月第 1 次印刷	

开　　本	710×1000　1/16	
印　　张	20.25	
插　　页	2	
字　　数	343 千字	
定　　价	59.00 元	

凡购买中国社会科学出版社图书,如有质量问题请与本社联系调换
电话:010－64009791

序

信息技术的迅猛发展和学习化社会的到来，推动着教育领域的不断革新。信息技术与教育的不断融合，催生了信息化教学资源这种新型资源，它是以现代信息技术为基础设计、生产、存储和处理的一切支持教学活动的资源，具有处理数字化、存储海量化、管理智能化、显示多媒体化、传输网络化、交互性强等特点，突破了传统教育资源使用范围小、可重用性差等局限性，使人们特别是边远贫穷地区的师生可以在广阔的时空领域中共享教育资源，缓解了优质教育资源短缺的问题，有利于解决现代化建设事业和人民群众对优质教育的强烈需求和优质教育资源供给严重不足的矛盾这个中国教育改革和发展的基本矛盾。对于促进教育公平，实现教育均衡发展和推进社会和谐发展具有重要的现实意义与价值。

该书从西部12省（区）中小学信息化教学资源应用中存在的问题着手，通过调研西部12省（区）中小学信息化教学资源的应用现状，分析提出西部地区中小学在信息化教学资源的应用环境、应用主体、应用领域和信息化教学资源自身四大方面存在的问题。针对这些问题，综合运用系统科学理论、创新推广理论、教学系统设计理论等理论，提出了解决这些问题的策略。该书的主要贡献和特点主要表现在以下三个方面。

一、针对西部地区中小学信息化教学资源建设与管理的现状，提出了西部地区中小学信息化教学资源优化的策略。具体包括：首次构建了立体互动的信息化教学资源建设与管理体系，提出完善西部地区信息化教学资源建设的组织机制，构建信息化教学资源的需求与评价反馈机制，建立区域教学资源门户网站等策略，实践表明，这些策略有助于西部地区信息化教学资源的优化。

二、系统提出了提高西部地区中小学教学人员、管理人员、技术人员、学生、社区居民等人员参与信息化教育及其应用信息化教学资源的意识和能力素质等策略，优化了西部地区中小学信息化教学资源的应用环境和应用主体，解决了这两个方面的问题对信息化教学资源应用的制约。

三、根据对西部地区中小学信息化教学资源应用中存在问题的系统剖析，提出了光盘教学资源、卫星教学资源和网络教学资源在课堂教学中的应用策略。提出了促进教师专业发展的以校本培训为主的长期发展模式、以县为主的区域资源整合培训模式、以网络研修为主的开放发展模式、以自主研修为主的教师自我专业发展模式的信息化教学资源应用策略，促进了信息化教学资源在各个领域的综合应用。

作者对信息化教学资源优化与应用的主要策略，在甘肃省部分中小学运用个案研究法和试验研究法进行了实践检验，结果表明，这些策略对于信息化教学资源的优化与应用是有效的。杜玉霞曾在西部中小学学习、工作过十多年，熟悉西部地区中小学教学资源建设与应用情况。在该书研究过程中，杜玉霞又实地走访和调研了许多省、地、市及县等电教馆（站），访谈了几十位各级电教馆等教育行政部门的领导和工作人员。同时，她还深入中小学课堂，不仅实地观察十几所学校的教师、学生的教学活动，并通过与这些学校的领导、管理人员、教师、学生及学校所在社区的相关人员的座谈或访谈，搜集了大量生动鲜活的原始资料和数据，这使该书拥有丰富的第一手资料和坚实的实地研究基础。

《国家中长期教育改革和发展规划纲要（2010—2020年）》提出："要加快解决人民群众期盼优质教育与资源相对短缺的矛盾"，"把促进公平作为国家基本教育政策"，"教育公平的基本要求是保障公民依法享有受教育的权利，关键是机会公平，重点是促进义务教育均衡发展和扶持困难群体，根本措施是合理配置教育资源，向农村地区、边远贫困地区和民族地区倾斜，加快缩小教育差距"。西部地区是中国教育实现跨越式发展的重点和难点，杜玉霞的这本书对西部地区中小学信息化教学资源优化与应用策略的研究，有助于缩小数字鸿沟，提高教育质量，促进教育公平，推动基础教育均衡发展和教育落后地区教育的跨越式发展。该研究成果不仅可以为该地区信息化教育发展提供理论与实践指导，弥补我国信息化教学资源应用研究的不足，还可以为其他相关地区和国家开展信息化教育提供借鉴和参考。

徐福荫

2013年3月

于华南师范大学

　　徐福荫，教授，博导，国务院学位委员会教育学评议组成员、教育部高校教育技术学专业教学指导委员会主任委员、中国教育学会中小学信息技术教育专业委员会理事会名誉理事长。

目　录

第二篇　现状篇

第四篇　策略篇

表目录

图目录

第一篇 总论

第一章 绪 论

第一节 问题的提出

一 选题背景

1. 现代化建设事业和人民群众对优质教育的强烈需求和优质教育资源供给严重不足的矛盾成为中国教育改革与发展的基本矛盾

教育研究的任务是为了解决教育问题,为教育实践和发展服务,解决教育改革与发展的基本矛盾是每一位教育工作者应承担的使命。教育部前部长周济指出:"当前我国教育改革和发展的基本矛盾,是现代化建设事业和人民群众对于优质教育的强烈需求和优质教育资源供给严重不足的矛盾。"[①]《国家中长期教育改革和发展规划纲要(2010—2020 年)》(中发〔2010〕12 号)指出:"加快解决经济社会发展对高质量多样化人才需要与教育培养能力不足的矛盾、人民群众期盼优质教育与资源相对短缺的矛盾、增强教育活力与体制机制约束的矛盾,为教育事业持续健康发展提供强大动力。"[②] 优质教育资源的建设与共享是解决这一基本矛盾最有力的措施,而教育资源建设需要长期的努力,加快对现有教育资源的整合利用与共享是成本低、见效快的有效方式。信息化教学资源改变了传统教育资源使用范围小、可重用性差等局限性,人们可以在广阔的时间中共享教育资源,解决优质教育资源短缺的问题。

2. 信息化教学资源是基础教育信息化的关键和提高教学质量的重要因素

以多媒体计算机技术、网络技术为核心的现代信息技术的迅猛发展和

[①] 袁新:《解决"上学难上学贵"教育部提出三任务三措施》,《人民日报》2006 年 4 月 6 日。

[②] 中共中央、国务院颁布的《国家中长期教育改革和发展规划纲要(2010—2020 年)》(中发〔2010〕12 号),2010 年 7 月 29 日。

在教育领域的广泛应用，促进了教育变革和信息化教育的发展，世界各国都在积极采取各种措施，大力推进教育信息化，培养具有良好信息素养的创新型人才。信息化教育的实施，要以信息化教学资源的开发与应用为基础，以美国为首的西方发达国家的信息化教学资源建设走在世界前列。美国成立于1966年的教育资源信息中心（ERIC），是世界上面向个人和团体提供资源服务的规模最大的网上教育资源数据库。根据英国教育传播与技术署（British Educational Communication Technology Agent，简写为BECTA）在2000年对2110所学校应用信息通信技术的调查结果，具备良好信息资源的学校有77%的学生达到了国家课程要求的水平，而不具备良好信息资源的学校则是68%。[①] 证明信息化教学资源有提高教学质量的重要作用。

我国政府向来重视信息化教学资源的建设与应用，2010年7月，中共中央、国务院在《国家中长期教育改革和发展规划纲要（2010—2020年)》中提出："加强优质教育资源开发与应用。加强网络教学资源库建设。……建立开放灵活的教育资源公共服务平台，促进优质教育资源普及共享。……继续推进农村中小学远程教育，使农村和边远地区师生能够享受优质教育资源。"

3. 基础教育均衡发展是政府教育发展的重点和人民关注的热点问题

长期以来，教育在缩小城乡、区域及不同社会群体之间的差别等方面发挥了积极作用。但由于各地经济社会发展不平衡，城乡、区域和学校之间的教育水平存在较大差异，不同群体受教育机会存在较大差别。促进教育公平，是构建和谐社会的迫切需要。"坚持公共教育资源向农村、中西部地区、贫困地区、边疆地区、民族地区倾斜，逐步缩小城乡、区域教育发展差距。"[②] "推进教育的和谐必须坚持教育优先发展，坚持教育均衡发展，坚持教育优质发展，保障人民享有接受良好教育的机会。"[③] 中共中央、国务院在《国家中长期教育改革和发展规划纲要（2010—2020年)》中明确提出："把促进公平作为国家基本教育政策。教育公平是社会公平的重要基础。教育公平的基本要求是保障公民依法享有受教育的权利，关

---

① 葛建新：《英国中小学信息通信技术教育概况》，《中小学信息技术教育》2002年第7—8期。

② 周济：《大力促进教育公平，努力办好让人民满意的教育》，《中国教育报》2006年12月1日。

③ 章高林：《和谐社会的教育首先要和谐发展》，《中国教育报》2006年12月23日。

键是机会公平，重点是促进义务教育均衡发展和扶持困难群体，根本措施是合理配置教育资源，向农村地区、边远贫困地区和民族地区倾斜，加快缩小教育差距。"① 教育部在 2012 年 3 月颁发的《教育信息化十年发展规划（2011—2020 年）》中提出："缩小基础教育数字鸿沟，促进优质教育资源共享"，"基础教育信息化是提高国民信息素养的基石，是教育信息化的重中之重。以促进义务教育均衡发展为重点，以建设、应用和共享优质数字教育资源为手段，促进每一所学校享有优质数字教育资源，提高教育教学质量；帮助所有适龄儿童和青少年平等、有效、健康地使用信息技术，培养自主学习、终身学习能力。"② 西部地区教育在基础设施、师资力量、教育经费、教学资源建设等方面，与东部地区及发达地区差距较大，影响了我国教育公平的实现，因此，加快西部地区教育发展成为基础教育均衡发展的重点内容。

4. 西部地区是中国教育实现跨越式发展的重点和难点

西部地区是指包括内蒙古、广西、重庆、四川、贵州、云南、西藏、陕西、甘肃、青海、宁夏、新疆在内的 12 个省市自治区，面积 685 万平方公里，占全国总面积的 71.4%。2002 年年末人口 3.67 亿人，占全国的28.8%，③ 西部地区地广人稀，自然条件差、经济发展滞后，致使教育发展落后，教育质量不高。2004 年，西部地区仍有 372 个县尚未普及九年义务教育，其中 60 多个县还未普及小学教育，260 多个县还没有基本扫除青壮年文盲。④ 严峻的现状，使西部地区成为我国实现教育现代化和教育跨越式发展的重点与难点，西部教育的发展，对于推进扶贫开发、促进民族团结、维护边疆的稳定及实现国家的长治久安，都具有十分重要的意义。在国际国内信息化教育蓬勃发展的形势下，如何促进西部地区信息化教育的发展，使西部教育在中国实施教育跨越式发展过程中不致再次落伍，具有重要的政治、经济与文化意义。

---

① 中共中央、国务院颁布的《国家中长期教育改革和发展规划纲要（2010—2020 年）》（中发〔2010〕12 号），2010 年 7 月 29 日。

② 教育部关于印发《教育信息化十年发展规划（2011—2020 年）》的通知（教技〔2012〕5 号），2012 年 3 月 13 日。

③ 蔡茂华：《西部少数民族教育的区域失衡与发展策略》，《教育发展研究》2005 年第 15—17 期。

④ 教育部资料：《我国农村教育的历史成就及未来发展的思路与措施》，《中国教育年鉴》，人民教育出版社 2004 年版，第 158 页。

5. 以国家为主实施的一系列推动西部地区基础教育信息化的重大工程，使西部中小学具备了实施信息化教育的基本条件

为了改变西部地区教育落后的现状，促进基础教育的均衡发展，近年来国家先后实施了一系列重大工程和项目来推动西部地区基础教育信息化，为西部基础教育的发展提供了新契机。主要的工程和项目有：《国家西部地区"两基"攻坚计划（2004—2007 年)》、《2004—2010 年西部地区教育事业发展规划》、《西部地区农村寄宿制学校建设工程实施方案》、现代远程教育工程（1999）、"校校通"工程（2000）、教育部·李嘉诚基金会西部中小学现代远程教育项目（2001）、农村中小学现代远程教育工程（2003），其中农村自 2003 年实施中小学现代远程教育工程以来，"已经建成 7.8 万余个教学光盘播放点，5.37 万余个卫星教学接收点和 7504 个计算机教室；到 2007 年，计划建成 11 万余个教学光盘播放点，38.4 万余个卫星教学接收点和 3.75 万余个计算机教室"。[①] 同时，教育部专门成立了基础教育资源中心，负责规划、征集、整合及发送优质教育资源，"已征集采购了课堂教学资源 5300 学时，学习辅导、专题教育和教师培训资源 1623 小时，多媒体教学素材 7000 多个条目。这些目前国内最好的资源，通过中国教育卫星宽带网免费向农村中小学提供。与此同时，国家还免费向农村中小学发放了 2300 多万张教学光盘"。[②]

此外，还有其他政府、社会组织以及国际合作项目，例如开始于 2003 年的为期五年（2003—2007 年）的中国和加拿大政府间的合作项目"加强中国西部基础教育能力项目"，由中央电化教育馆和以 Agriteam Canada 公司牵头的一些加方机构共同负责实施，为中国西部地区开发高质量的远程教育师资培训课程，并开展后续学习支持活动，为正在实施的农村中小学现代远程教育工程和基础教育课程改革提供帮助。2001 年启动的中欧基础教育项目是中国政府与欧盟欧洲委员会合作的教育扶贫项目，通过在西部贫困县成立教师学习资源中心，开发农村教师的培训教材并组织培训等活动，促进项目县的教育发展。以 5 年为周期的中国政府和

---

① 吕诺、聂建江：《陈至立在农村中小学现代远程教育教学应用现场交流会上的讲话》，《中国教育报》2005 年 7 月 5 日。

② 陈小娅：《继往开来　创新发展，为推进教育信息化和教育现代化做出新贡献——在纪念中国电化教育发展 70 年座谈会暨 2007 年全国电化教育馆馆长会上的讲话》（http：//www. ncet. edu. cn/titel/ldjh/speech/07－附件 1－陈小娅. HTM）。

联合国儿童基金会合作开展的西部贫困地区扶贫项目——中国和联合国儿童基金会远程教育项目，2001—2005 年的项目覆盖西部 12 个省 18 个国家级贫困县的 180 所小学，对这些地区的师生开展多媒体资源应用、卫星资源接收等方面的培训活动，促进西部中小学信息化教学资源的应用。其他还有教育部和微软（中国）"携手助学"等促进西部地区基础教育发展的项目。在上述各种项目的实施与西部地区相关部门的努力下，西部地区中小学具备了开展信息化教育的基本条件。

二 问题的提出

为了应对信息化社会对新型人才培养的需求和信息化社会的挑战，世界各国都在积极推进教育信息化。教育信息化使教育发生了根本变化，打破了传统教育的时空限制，使教育落后地区的学习者能够利用信息技术手段，共享教育发达地区的优质教学资源，与教育发达地区的学生受到相同水平的教育。西部地区受自然条件、经济发展等因素的制约，教育发展相对落后，为了促进教育的均衡发展，国家提出要以信息化带动教育现代化，实现教育的跨越式发展。西部地区要缩小与东部地区、发达地区的教育差距，必须依靠和实施信息化教育，利用优秀的信息化教学资源，提高西部地区的教育质量。

近年来，国家为了促进西部地区的教育信息化，实施了一系列重大工程，在国家与当地政府以及学校等各方面的努力下，西部中小学建起了信息化环境，拥有了一批优秀的教学资源，具备了实现跨越发展的基本条件。然而，在西部地区中小学的教育实践中，信息化教育并未得到有效的实施，国家通过各种方式输送到西部地区的信息化教学资源并未得到有效的应用。在亟待实施信息化教育、共享优质教学资源的西部地区，为什么会出现这种问题？笔者带着疑问进行了文献调研和实地调研。2005 年 12 月，笔者走访了甘肃省兰州市、会宁县两地的 14 所中小学，对 14 位校长、28 位教师和 30 名学生进行了访谈。结果发现，这些中小学信息化教学资源不仅应用率低，而且应用效果比较差。结合文献调研进行分析，发现西部地区信息化教学资源的数量、质量和结构还不能满足西部中小学信息化教学的需要，教学资源的建设、管理方面存在的问题影响师生使用信息化教学资源，信息化教学资源需要从开发、建设、管理等方面进行优化，提高资源的适用性。同时，信息化教学资源的应用缺乏有效的指导和相关支持，师生的能力素质不高等问题，影响了信息化教学资源的使用效果。解决西部地区信息化教学资源应用的问题，是西部中小学教育信息化发展的迫切需要，是提高西部教育质量的需要，对于促进我国基础教育均衡发展和教育公平具有重要意义。

第二节 概念界定

一 教学资源

教学资源是由教学与资源这两个词复合而成的，在探讨教学资源的含义时，需要先明确教学与资源的含义。

（一）教学

《实用教育大词典》指出，教学是教师教授和学生学习的统一活动。[①]可见，教学包含了教师教的活动和学生学的活动。

（二）资源

《辞海》将资源解释为资财的来源，一般指天然的财源。《汉语大词典》指出，资源是生产资料或生活资料等的来源[②]。信息时代的来临和知识经济的发展，使资源的内涵发生了变化，有学者指出，资源指的是一切可被人类开发和利用的物质、能量和信息的总称。[③]

（三）教学资源

根据对教学和资源的界定，教学资源应该是指所有可以用来支持教师教学和学生学习的物质、能量和信息。但是，由于教学实践的复杂性，人们对教学资源有不同的认识和界定，主要观点如下：

顾明远（1999）指出，教学资源是指一切可以用于教育、教学的物质条件、自然条件、社会条件以及媒体条件，是教学材料与信息的来源。[④]

余武（2001）认为，教学资源是指那些可以提供给学习者使用、能帮助和促进他们学习的信息、技术和环境。[⑤]

---

① 王焕勋主编：《实用教育大词典》，北京师范大学出版社 1995 年版，第 214 页。
② 《汉语大词典》，汉语大词典出版社 1993 年版，第 204 页。
③ 周鸿铎：《信息资源开发利用策略》，中国发展出版社 2000 年版，第 115 页。
④ 顾明远主编：《教育技术》，高等教育出版社 1999 年版。
⑤ 余武：《信息化教学资源的开发和建设》，《中国电化教育》2001 年第 7 期。

郭绍青（2005）指出，从广义上讲，教学资源是指在教与学活动中能够利用的所有物质与非物质资源的总和，是搭载有教与学信息的所有可见与不可见的资源。一棵树、一块砖、一座博物馆、教师、学生、仪器设备，都属于教学资源。广义的教学资源包括人工资源与自然资源两大类。从狭义上讲，教学资源是经过人类加工的、能够直接应用于教与学活动的资源，包括各种图书资料、教学媒体的硬件和软件等。①

何克抗（2005）指出，教学资源指的是在学校教学过程中，支持教与学的所有资源，即一切可以被师生开发和利用的在教与学中使用的物质、能量和信息，包括各种学习材料、媒体设备、教学环境以及人力资源等。②

分析上述对教学资源的界定，可以发现广义的教学资源包括了所有可用于教与学活动中的物质与非物质资源。狭义的教学资源指的是学校教学过程中，支持教与学的所有资源，无论是广义还是狭义的教学资源，都指出了教学资源包括支持教和支持学的资源，而不仅仅是指支持教的资源，余武直接将教学资源界定为可供支持学习者学习的信息、技术和环境，突出了教学资源支持学的特性。本书研究的教学资源，是在学校的教与学活动中，通过各种途径可以获取的设计的资源和可利用的支持教与学的资源，是狭义上的教学资源。

（四）教学资源与课程资源、学习资源的关系

在教育活动中，人们在指称教学资源时，经常还会用到课程资源和学习资源的概念。下面对课程资源与学习资源的内涵做一简要分析，以明确教学资源与课程资源、学习资源的关系。

1. 课程资源

课程资源本身的复杂性，使人们对课程资源有不同的认识。

李少元（1999）认为，课程资源指广泛蕴藏于学生生活、学校、社会、自然中的所有有利于课程实施，有利于达到课程标准和实现教育目标的教育资源。③

---

① 郭绍青：《正确认识国家农村远程教育工程中三种硬件模式与教学模式》，《电化教育研究》2005 年第 11 期。

② 何克抗主编：《教育技术培训教程（教学人员·初级）》，高等教育出版社 2005 年版，第 53 页。

③ 李少元：《改革农村中小学课程结构，构建面向 21 世纪的课程体系》，全国农村初中教育改革研讨会，福建永安，1999。

张廷凯（2003）指出，课程资源也称教学资源，就是课程与教学信息的来源，或者指一切对课程和教学有用的物质和人力。①

肖川（2004）认为，凡是有助于学生的成长与发展的活动所能开发和利用的物质的、精神的材料与素材，都是课程资源。②

由上述可见，从一般意义上来说，课程资源与教学资源是基本一致的，只是课程资源是人们从课程标准和课程实施的角度来考察支持教学的资源，教学资源是从教学的过程来看支持教与学的资源。

2. 学习资源

何克抗教授指出，学习资源的概念由教育技术的媒体观演变而来，认为学习资源是指在学习过程中可被学习者利用的一切要素，主要包括支持学习的人、财、物、信息等。学习资源必须与具体的学习过程结合起来，才具有现实的教学意义。③

在 AECT1994 定义中，学习资源是指支持学习的资源，具体包括支持系统、教学材料与环境，甚至可以包括能帮助个人有效学习和操作的任何东西。④

学习资源是从学习者的角度来考察支持学习活动的资源。

3. 三者的关系

综合上述对三者定义与内涵的分析可见，学习资源、课程资源、教学资源三者的内涵在很大程度上是重合的，只是认识与界定的角度不同，正由于此，在教育活动中，人们在指称同一内容时，常将三者混合使用。但三者又有区别，学习资源是从学习者角度所做出的界定，考察的是支持学习者学习活动的一切要素；课程资源是从课程标准要求和课程实施的角度，考察有利于达成课程目标的所有物质和精神的资源；教学资源是从教与学的过程出发，考察既支持教又支持学的一切物质、能量和信息。从三者的界定看，似乎是教学资源可以涵盖学习资源和课程资源，但是，由于使用情境的不同，三者的内涵会有较大差别，概念的使用必须与具体情境相结合。

---

① 张廷凯：《课程资源：观念重建与校本开发》，《教育科学研究》2003 年第 5 期。
② 肖川：《教师，与新课程共成长》，上海教育出版社 2004 年版，第 143 页。
③ 何克抗、李文光编著：《教育技术学》，北京师范大学出版社 2002 年版，第 73 页。
④ 卢锋等：《美国教育技术界学习资源观的发展及其启示》，《电化教育研究》2001 年第 7 期。

二 信息化教学资源

（一）信息化教学资源

教学资源是"搭载有教与学信息的所有可见与不可见的资源"（郭绍青，2005），当其教与学信息的载体改变时，教学资源的形态就会产生变化。信息技术在教育领域的应用，不仅促进了教育信息化的发展，而且使教学资源的形态发生了改变，以信息技术为基础设计、开发、传输和处理的新教学资源——信息化教学资源进入了学校教学活动中。人们对这种新型教学资源的概念做了界定，主要有以下三种观点。

王维等（2003）认为，信息化教学资源是指经过数字化处理，可以在多媒体计算机或网络环境下运行的多媒体材料，包括数字视频，数字音频，多媒体软件，教学课件，CD - ROM、网站，电子邮件和数据文件等[①]。

王冬梅认为，信息化教学资源是以现代信息技术为基础，系统设计、开发、应用的对教学活动予以支持的各种教学资源。[②]

何克抗教授（2005）指出，狭义的信息化教学资源主要是指信息技术环境下的各种数字化素材、课件、数字化教学材料、网络课程和各种认知、情感和交流工具等。[③] 说明了信息化教学资源的内容。

分析上述观点，可以发现信息技术是信息化教学资源设计、开发、处理和应用的基础，数字化和多媒体化是其特征，包括各种教学素材和用于促进认识、交流的软件工具。结合教学资源的定义，笔者认为，信息化教学资源是指以现代信息技术为基础设计、开发、存储和处理的一切支持教与学活动的资源，主要包括信息化教学环境等硬件资源和信息化教学材料等软件资源以及人力资源。其中，现代信息技术是指现代媒体技术、现代传媒技术和现代教学设计技术，[④] 现代媒体技术是一种物化形态的技术，主要指微电子技术、计算机技术和通信技术等[⑤]。

---

① 王维、解涛：《现代教育技术工作重在三"心"》，《山东教育》2003 年第 14 期。

② 王冬梅：《农村中学信息化教学资源建设策略研究》，《东北师范大学》2004 年第 10 期。

③ 何克抗主编：《教育技术培训教程（教学人员·初级）》，高等教育出版社 2005 年版，第53 页。

④ 南国农主编：《信息化教育概论》，高等教育出版社 2004 年版，第 12 页。

⑤ 何克抗、李文光编著：《教育技术学》，北京师范大学出版社 2002 年版，第 35 页。

（二）相关概念辨析

由于信息化教学资源是新的比较复杂的教学资源，围绕这种新型教学资源，人们在实践中提出了一些不同的概念，如数字化教学资源、教育信息资源、网络教学资源、信息化学习资源、网络学习资源等。信息化学习资源和网络学习资源反映了新技术对学习资源产生的变化，信息化教学资源与信息化学习资源、网络学习资源的关系，类同于上文分析的教学资源与学习资源的关系，此处不再赘述。下面主要分析数字化教学资源、网络教学资源、教育信息资源及与信息化教学资源的关系。

1. 数字化教学资源

对数字化教学资源的认识主要有两种观点。第一种观点认为，数字化教学资源是指经过数字化处理，可以在多媒体计算机及网络环境下运行的多媒体教学材料。① 第二种观点认为，数字化教学资源是指那些以计算机技术为基础设计、开发、存储与传播，基于信息化环境传递的教学资源。②

从以上观点可见，数字化教学资源就是信息化教学资源，可以说是信息化教学资源的另一种名称，只是这种名称更加强调数字化技术在资源生产、存储、传输与使用中的作用。

2. 网络教学资源

祝智庭教授（2001）指出，网络教学资源是指为教学目的而专门设计的或者能被用于教育目的的服务的各种资源。③ 对网络教学资源做了较为广义的界定。后来有学者做了更为具体的界定，认为网络教学资源是指经过数字化处理，可以在网络环境下运行的多媒体材料或教学系统。④ 还有学者认为，网络教学资源是指通过计算机网络获得并能用于教学中的各种信息资源的综合。⑤

3. 教育信息资源

李康教授（2003）指出，广义的教育信息资源是指教育过程中师生所接触、获得的一切教育信息来源。狭义的教育信息资源是指以电子化、

---

① 徐红彩：《数字化教学资源的设计与开发》，《开放教育研究》2002 年第 6 期。

② 马贵斌：《数字化教学资源的设计与应用》，山东师范大学，2006 年。

③ 祝智庭：《网络教育应用教程北京》，北京师范大学出版社 2001 年版，第 44 页。

④ 谢忠新：《网络资源建设与运用的思考》（http：//www. etc. edu. cn/iitc/第六期/lldg/ktjx1. htm）。

⑤ 朱华琴：《论网络教学资源与学生信息获取能力的培养》，《科技情报开发与经济》2004 年第 1 期。

数字化、网络化为技术特征的教育信息资源来源。①

李克东教授（2002）指出，教育信息资源是指经过数字化处理，可以在多媒体计算机上或网络环境下运行的多媒体信息材料，它能够激发学生通过自主、合作、创造的方式来寻找和处理信息，从而使数字化学习成为可能。②

在教育信息化的过程中，人们一般所说的教育信息资源是狭义上的教育信息资源，教育信息资源就是信息化教学资源。

信息化教学资源、数字化教学资源、网络教学资源、教育信息资源等概念是现代信息技术应用于教育领域后出现的新概念，这些概念的内涵与外延都在不断地发展和演变。根据上述人们对这些概念的界定与理解，可以将这些概念之间的关系概括为：数字化教学资源包含了网络教学资源和教育信息资源，数字化教学资源就是信息化教学资源。

综上所述，本书主要研究信息化教学资源中基于现代信息技术所开发建设的支持教与学的信息化教学材料等软件资源有关的问题，硬件环境和人力资源虽然有所涉及，但不是本书研究的主要内容。

三　西部地区

西部地区是指包括内蒙古、广西、重庆、四川、贵州、云南、西藏、陕西、甘肃、青海、宁夏、新疆在内的 12 个省市自治区，面积 685 万平方公里，占全国总面积的 71.4%。2002 年年末人口 3.67 亿人，占全国的 28.8%。③ 这六省五区一市中，大部分地区属贫穷、边远、落后地区，办学条件差，信息化程度低，教育手段落后，少数民族众多，教育整体发展水平落后，教育的发展不能为经济发展提供有力的人力资源支持。因此，本书研究的实质上是经济发展落后、交通不便的贫穷、边远、落后的地区中小学信息化教学资源的优化与应用问题。

四　中小学信息化教学资源

中小学信息化教学资源包括两大类，不仅包括中小学校已经拥有的可

---

①　李康：《课程理论与教育信息资源开发》，《中国电化教育》2003 年第 7 期。

②　李克东：《新编现代教育技术基础》，华东师范大学出版社 2002 年版，第 267 页。

③　蔡茂华：《西部少数民族教育的区域失衡与发展策略》，《教育发展研究》2005 年第 4 期。

以支持教与学的各种形式的信息化教学资源，还包括在现有的信息化环境下，通过各种途径可以获取的信息化教学资源，包括各种多媒体教学光盘、多媒体素材资源、课堂实录、课件以及教学资源库等学校可以自主使用和管理的教学资源，以及通过卫星教育网、计算机网所能获取的教学资源。

本书中的中小学是指西部六省五区一市所建设的各类性质的面向普通教育的学校，包括小学教学点、小学、初中和高中等全日制学校，在对西部地区中小学信息化教学资源应用现状调研分析后，由于西部农村地区的中小学需要迫切解决的突出问题，笔者将研究重点转向了西部地区农村中小学。

五　优化

"优化"来源于拉丁语 optimus，指的是最好的，意思是符合于一定的条件和任务。[①] 通常人们将其理解为采取一定的措施使变得优秀，可见，优化是使事物更加完善的过程和活动。信息化教学资源的优化是改善信息化教学资源，使其更加符合教学与学习需要的过程。具体来说，就是要通过改善信息化教学资源的设计、开发、建设、管理、评价等相关过程，促使信息化教学资源在内容与质量、结构与形式上更加符合教与学的需要，为教与学提供优质的信息化教学资源。

六　策略

"策略"一词在《辞海》中解释为"计策；谋略"。[②] 从一般意义上来说，策略包含了为达到一定的目标而采用的手段和方法。策略具有动态性和灵活性，在实践活动中，人们会根据事物的发展变化而不断地调整策略。本书主要研究如何优化信息化教学的策略和如何应用信息化教学资源的策略。

第三节　研究的思路与方法

一　研究的思路

1. 发现并提出问题

2005 年 12 月，笔者在文献（程大鹏，2003；王文君，2003；张仕

---

① 阎承利：《教学最优化通论》，教育科学出版社 1992 年版，第 8 页。
② 辞海编委会编：《辞海》，上海辞书出版社 1994 年版，第 2120 页。

雄，2004；郭炯，2004；郭绍青，2005；魏向君，2005；刘锋，2005；等）阅读中，发现西部中小学信息化教学资源应用率低，应用效果不够理想。2005 年 12 月，笔者走访了甘肃省兰州市、会宁县两地的 14 所中小学，对 14 位校长、28 位教师和 30 名学生进行了访谈，发现西部中小学信息化教育中存在的问题比较严重。为了了解问题发生的范围和严重程度，笔者通过访谈宁夏、四川、陕西等地的中小学教师，发现信息化教学资源使用程度不高、应用效果不理想是一个普遍而严重的问题。笔者在经过进一步的文献调研后，发现这方面的研究还很少，决定通过本书来解决西部中小学信息化教学资源应用中存在的问题。

2. 分析问题

要解决问题，首先得厘清问题的现状，寻找问题产生的原因。笔者在大量文献调研的基础上，通过问卷调查、访谈、网络研讨、实地观察等分析问题及其原因，概括归纳出信息化教学资源存在结构性短缺、质量不高、适用性差、管理机制不完善等资源方面的问题；教师能力素质不高、学生信息素养差等人员方面的问题；学校文化氛围与支持服务方面的问题，以及信息基础设施短缺等问题。明确了要解决信息化教学资源应用中存在的问题，需要以这些问题的解决为基础。

3. 提出解决策略

针对存在的问题，从相关人员教学资源观念的转变、信息化教学资源的设计开发、建设、管理、经费保障等方面优化信息化教学资源。在解决了信息化教学资源存在的问题后，从加快信息基础设施建设、提高相关人员的能力素质等方面来提高信息化教学资源的应用效果，探索并提出了信息化教学资源在课堂教学、教师发展、学生发展和服务社区过程中的应用策略。

4. 实践验证

为了验证策略的有效性，笔者选取甘肃省部分地县的中小学进行了个案研究和试验研究。试验结果证明，本书提出的解决策略是符合西部实际、切实可行的，能够解决西部中小学信息化教学资源应用中存在的问题。

二 研究的方法

在发现并提出问题的过程中，本书综合运用了文献研究法、实地观察法、访谈法和网络研讨法。然后运用了问卷调查法、实地观察法、访谈法、分析归纳法来分析问题。在厘清问题现状的基础上，运用了文献研究法、综合法、个案研究法、逻辑分析法提出了解决问题的策略。最后运用个案研究法、试验研究法、归纳法对解决问题的策略与方案进行验证，分析试验结果，得出结论。

第四节　研究的目标与意义

一　研究的目标

本书的目标是要解决西部地区中小学信息化教学资源结构性短缺与闲置、质量不高与适用性差、应用率不高与应用效果不佳的问题。

具体要研究以下几个问题：

（1）在文献研究与现状调研的基础上，剖析提炼出西部地区中小学信息化教学资源应用中存在的问题，并对问题及其原因进行深入分析。

（2）针对西部地区中小学信息化教学资源方面存在的问题，提出优化西部地区中小学信息化教学资源的策略。

（3）提出促进西部地区中小学信息化教学资源应用的策略。

（4）提出西部地区中小学信息化教学资源的应用策略。

（5）实施并验证策略。

二　研究的意义

党的十六届六中全会提出，要建设和谐社会。教育是建设和谐社会的奠基工程，教育的和谐发展是和谐社会的重要组成部分。当前，现代化建设事业和人民群众对优质教育的强烈需求和优质教育资源供给严重不足的矛盾成为中国教育改革和发展的基本矛盾，同时，教育发展不均衡的客观现实，阻碍着教育的健康发展，只有解决这些矛盾和问题，才能促进教育的和谐发展，推动和谐社会的建设。西部地区教育发展落后的现状影响了我国教育和谐、健康地发展。在国际国内信息化教育蓬勃发展的形势下，如何促进西部地区信息化教育的发展，使西部教育在中国实施教育跨越式发展过程中不致再次落伍，具有重要的政治、经济和文化意义。

信息化教学资源应用中存在的问题，是西部教育实践中制约中小学信息化教育发展的重大问题。本书综合运用文献研究法、问卷调查法、实地观察法、访谈法、网络研讨法、分析归纳法、综合法、个案研究法、试验研究法、逻辑分析法等方法，剖析揭示出西部地区中小学信息化教学资源应用中的问题，提出并验证了优化信息化教学资源的策略和西部地区中小学信息化教学资源的应用策略。为西部地区信息化教学资源的建设、管理和应用提供了有效的理论和实践上的指导，弥补了我国信息化教学资源应用研究的不足；将理论研究与实证研究相结合，对西部中小学信息化教学资源建设、应用和管理等方面的系统研究，丰富了区域教育信息化的理论与实践，推动了我国教育信息化的理论建设与实践发展，为信息化教学资源的进一步研究提供了基础。

第五节 研究的理论基础

一 知识管理理论

1. 知识管理含义

知识管理的概念产生于 20 世纪 90 年代初，最初出现在管理学领域，随着知识管理理论的发展，知识管理理论在包括教育领域在内的许多领域得到了广泛应用。

O'Leary 认为："知识管理是将组织可得到的各种来源的信息转化为知识，并将知识与人联系起来的过程。"[1] 他将知识管理看作是识别、获取、开发、存储知识，并传播、学习、利用知识的过程。Arthur Andersen（1996）用一个经典的公式来定义知识管理：KM =（P + K）S，P 代表 People，指人才；K 代表 Knowledge，指知识；"+" 可以指流程（Process）及技术（Technology）；而 S 代表 Share，指共享，包括共享的文化氛围。即利用信息技术与流程把人、知识充分联结起来，并通过知识共享的文化氛围（S）来使其价值成指数级提升。

知识管理的核心是对知识的挖掘、组织管理与利用，知识应用是知识管理的最终目的，知识传播与交流是生成新知识的必要前提，知识的组织和积累是知识管理的基础，通过促进知识的交流，可以实现知识的最大化共享。

在教育领域，知识管理就是将各种教学资源转化为具有网状联系的规

---

[1] O'Leary D. E., "Enterprise Knowledge Management", *Computer*, March, 1998, pp. 54 – 61.

范知识集合，并对这些知识提供开放式管理，以实现知识的生产、利用和共享。[①] 知识管理可以使教学资源规范化、有序化、开放化，并能促进教学资源的建设、共享与应用。

2. 知识管理三要素

知识管理的发展始终围绕着人、信息技术和组织这三个要素来进行，三者的共同结合使得组织的知识积累、共享、交流和应用得以实现。从信息化教学资源应用来看，教育系统就是一个大组织，学校是信息化教学资源应用的主要组织，如何将学校、教师（及相关人员）与信息技术结合起来，发挥信息化教学资源的作用，需要深刻理解三要素的作用与关系。

人是知识经济时代决定胜负之关键，如何管理与善用"知识工作者"是各组织面临的重要课题，在优良的组织文化中建立一支高效能团队是组织之最佳利器。人是知识管理的主体，只有在利用知识、创造知识与价值的过程中，人才能更好地实现个人价值。在学校这一组织中，要创建教师乐于使用知识、创造知识的组织氛围和环境，发挥教师的能动性，提升学校知识应用与创造的水平。

信息技术是个人与组织积累、共享和交流知识赖以开展的基础，朴素的知识管理强调人与计算机、硬件与软件、组织与环境的密切结合。计算机作为有效工具，对知识管理的推动具有重要作用，信息技术的发展为个人和组织的知识管理提供了多种有效的工具。知识管理的进行必须从所拥有的信息技术基础出发，从学校信息基础设施的建设现状和教师实际可用的信息技术出发。

3. 知识管理的原则

积累、共享与交流是知识管理的三个原则。知识积累是知识管理的基础，无论是对个人还是组织而言，只有拥有一定数量和质量的知识资源才能实施知识管理，个人和组织要通过各种方式识别、获取知识，形成一定的知识积累。积累一定的知识后，个人和组织需要将知识进行共享与交流。如果个人和组织不能将其通过积累等方式所拥有的知识与他人或组织进行共享与交流，知识将不能发挥其应有的作用，因为知识的传播与交流是生成新知识的必要前提，知识只有在共享与交流的过程中才能发展，只有使用才能使知识的作用得到最大限度的发挥，才能使知识不断增值，也

---

① 何克抗、李文光编著：《教育技术学》，北京师范大学出版社 2002 年版，第 337 页。

才能促进新知识的不断产生。知识交流越快，使用越广，知识就会越丰富。

4. 启示

信息化教学资源是显性化的知识，其管理要以资源应用为目标。在信息化教学资源的建设与管理过程中，要将人、技术和组织紧密地结合起来，将学校的文化与观念、教师与学生的能力、信息基础设施等各方面综合考虑，使各方面协调发展。信息化教学资源的建设和应用要遵循积累、共享与交流的原则，重视个人之间、学校之间、区域之间的交流与共享，促进信息化教学资源优化与应用。

二　创新推广理论

（一）创新的定义

美籍奥地利经济学家熊彼特（J. Chumpeter）最早提出了创新理论，他在《经济发展理论》一书中指出，创新是企业家对生产要素的重新组合。管理大师德鲁克（Peter Drucker）在1985年最早对创新定义并对其深入探讨，他认为，创新是赋予资源创造财富的新能力。库兹涅茨（Kuznets S.）认为创新是迈向一个有用的目标而实行的一种新方法；Gattiker（1990）认为创新活动乃是经由个人、群体及组织努力及活动所形成的产品或程序，该过程包含了用以创造和采用新的、有用事物之知识及相关信息；Damanpour（1991）则认为创新可能是一种新的产品或服务、一种新的制程技术、一种新的管理系统及结构或是一种组织成员的新计划。学者们对创新的认识，从经济学视野中将创新定义为对生产要素的重新组合观点，逐渐发展为创新是对资源的创造性运用，创新是一种新方法、新产品或服务、制程技术或者新的结构、计划，对创新的认识逐渐深刻，美国学者罗杰斯（Everett M. Rogers）在继承前人观点的基础上，简洁地阐释了创新的概念。

罗杰斯于1995年指出，创新是一种被个人或机构采用的新观念、方法或事物，是指通过这种新观念、新方法或新事物的采纳，来创造价值的过程，而并非是一种全新的发明创造过程。描述性定义指出，创新包括具体的事物及抽象的思维与观念；创新是个体主观上的认定，是个体过去所未具有的认知经验和行为，与客观的时间因素无关；创新对个体可产生认知、态度、价值取向与行为等方面的变化。

　　以计算机和网络为代表的信息技术在教育领域的应用，使教育观念、教学方式不断变革，基于现代信息技术的信息化教学资源是对传统教学资源的创新，信息化教学资源的开发与建设、优化与应用都属于创新活动。信息化教学资源必然要经历一个逐步推广的过程，才能为教育系统的成员所接受，并转化为教学与学习活动的一部分，因此，创新推广理论是信息化教学资源应用的重要理论支柱。

　　（二）创新推广理论的研究

　　创新推广理论（Diffusion of Innovation Theory）又称为创新传播理论、创新扩散理论和革新传播理论等。最早研究创新推广理论的是法国社会学家 Gabriel Tarde，他在 1903 年提出了创新推广的 S 形曲线，至今仍有重要的指导意义。美国传播学家罗杰斯是创新推广方面贡献最多的学者，他在延续 Tarde 研究的基础上，最早将创新推广理论作为传播学内容进行研究，在 1962 年出版《创新推广》一书，并于 1995 年做了修订。他在书中指出："创新推广是指一项新事物通过特定的传播通道，逐渐为某些特定社群成员所了解与采用的过程，也是推广的应用。"[1] 创新推广是一个传播过程，新事物通过某些渠道，经过在某个社会系统的成员中传播，使人们的行为或态度发生预期的变化，从而使新事物成为成员生活中的一部分。这种要使新事物被受众接纳为生活中一部分的目的，决定了创新推广的过程不同于一般的传播过程，不仅要将新事物告知受众，而且要为受众所接纳，并形成新的态度与行为习惯。例如计算机和网络等新事物的推广，要使人们成为计算机和网络的用户，人们仅仅知道有计算机和网络这些新事物是不够的，还要接受计算机和网络带来的变化，主动学习计算机与网络的使用方法，使计算机与网络的使用成为生活的一部分，计算机与网络的创新推广过程才算基本完成。

　　创新推广理论用一个 S 形曲线来描述创新推广过程（罗杰斯，1995），参见图 1—1。S 形曲线是创新推广理论对新事物在一个社会系统中的扩散过程的形象描述，即在新事物推广的早期，采用者很少，进展速度也很慢；当采用者人数扩大到居民的 10%—25% 时，进展突然加快，曲线迅速上升并保持这一趋势，直到系统中有可能接纳新事物的人大部分都已采纳创新，然后在接近饱和点时，速度又会减缓，从而系统中累积接

---

[1]　Rogers, Everett M., *Diffusion of Innovation*, 4th ed. New York: the Free Press, 1995.

纳创新者的数量随时间而呈现 S 形的变化轨迹。

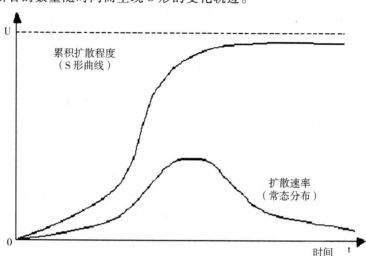

图 1—1 创新推广过程①

（三）创新推广的影响因素

一项创新能否顺利得到采用，受到创新的推广决策过程、创新的属性、传播渠道、个体的创新精神、变革代表等因素的影响。

1. 创新的推广决策过程

罗杰斯在研究了教育、社会公共政策和农业推广等领域中数百个个案后，提出新事物要经历下述 5 个阶段才能得到采纳：（1）获知：接触创新并略知其如何运作；（2）说服：对创新产生兴趣，有关创新的态度形成；（3）决策：确定采用或拒绝一项创新活动；（4）实施：投入创新的运用；（5）确认：强化或撤回关于创新的决定。有学者指出："创新推广的对象是生活在特定社会环境中的人群。创新的推广不是瞬间完成的，而是一个过程。"② 人们生活的时期与具体环境不同，接受创新的态度与行为会有不同，在创新推广时，要考虑这些动态因素，将创新与人们的具体情况与需要相结合，从而取得比较高的创新的接纳率。

---

① 《创新理论》（http：//www. in. org. tw/Default. aspx）。
② 郭琴：《创新推广模式论》，《科技管理研究》1996 年第 2 期。

2. 创新的属性

人们在决定是否接受一项创新时，是根据个人对创新特征的接受与否而决定的。罗杰斯指出，创新事物具有 5 个属性：（1）相对优越性，一项创新优越于它所取代的旧观念的程度；（2）兼容性，一项创新与现有价值观、以往经验、预期采用者的需求共存的程度；（3）复杂性，一项创新理解和运用的难度；（4）可试用性，一项创新在有限基础上可被试验的程度；（5）可观察性，创新结果能为他人看见的程度。

3. 传播渠道

传播渠道是"创新或技术从一个地方（如新技术拥有者）到达另一个地方（如目标用户）的途径"。① 创新推广的前提是信息扩散，潜在用户首先要了解新事物，然后才可能采纳新事物。对于一般创新来说，大众传媒是有效快捷的传播手段，可以在短时间内让大量受众获知并了解新事物。网络的普及和发展，使互联网成为重要的传播渠道之一。创新的特点与受众不同，传播渠道必然不同。在推广的不同阶段，最有效的传播渠道经常是不同的。信息技术在教育领域的推广，主要是政府部门、企业组织、教育研究机构、学校等主导下的传播渠道。

4. 个体的创新精神

个体的创新精神也就是个体采用一项创新的相关时间。创新精神是创新推广研究中用以反映一个社会系统中不同的个体接纳与采用一种新思想、新技术的相对先后。罗杰斯将个人创新性分为先行者、早期采用者、早期多数派、晚期多数派、落后者等五种不同类型。如图 1—2 所示。

先行者是采用创新的先锋，富有冒险精神，有较高胆识。早期采用者思想开放、信息渠道多，具备意见领袖潜质，其审慎的特性与领导能力对后来的采用者有决定性的影响，对于创新的推广影响深远。早期多数派会广泛听取各方面意见，经深思熟虑后才做决定。晚期多数派对创新持审慎疑虑的态度，在相关疑虑消除后才逐渐成为采用者。落后者是最晚采用或不会采用创新的人，别人意见与决策对他们很少能产生影响。

5. 变革代表

变革代表指社会系统中信息来源丰富、对其他人的认知和态度具有较大影响的那些人，这些人经常是职业人士，他们试图朝他们认为有利的方

---

① 金兼斌：《技术传播——创新扩散的观点》，黑龙江人民出版社 2000 年版，第 44 页。

向影响人们的采用决定。变革代表通常有较好的教育背景和社会地位，他们常常起用地方意见领袖来协助某项创新的推广，或者阻止被视为有害创新的采用。人际交流是一种直接、有效的传播方式，在说服人们采用创新时，充分发挥变革代表的作用，容易取得较好的效果。

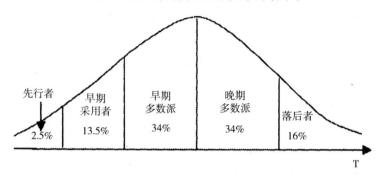

图1—2　创新采用者分布图[①]

（四）创新推广理论的启示

1. 创新的属性对信息化教学资源建设的启示

信息化教学资源作为新型教学资源，具备创新的5个特征。一是相对优越性，信息化教学资源具有处理数字化、存储海量化、管理智能化、显示多媒体化、超文本结构组织信息、良好的交互性等特点，这也是与传统教学资源相比较的优越性所在。二是兼容性，信息化教学资源与信息化教学需求的符合程度、与学校所采用教材相配套的程度以及与当地实际相适应的程度等都决定着其兼容性。三是复杂性，信息化教学资源所采用的技术对学校与师生来说，是否容易获取与掌握，是否具备应用信息化教学资源的相关技能，都影响到对信息化教学资源的接受与运用的程度。四是可试用性，信息化教学资源在具备一定信息化环境的基础上，可以进行多次试验，优质的信息化教学资源能在类似的条件下得到有效应用。五是可观察性，信息化教学资源自身的优越性，在得到恰当的运用后，教学效果的提高应该是教师、学生及相关人员可以观测到的。

---

① 金兼斌：《技术传播——创新扩散的观点》，黑龙江人民出版社2000年版，第47—48页。

2. 变革代表与个体的创新精神对教师的启示

在教育系统中，变革代表通常由具有良好的专业能力，接受过相关培训的骨干教师充当，这些优秀的骨干教师对信息化教学资源的态度及应用对其他教师有重要影响。一般教师对信息化教学资源的采纳分为先行者、早期采用者、早期多数派、晚期多数派、落后者等五种类型。骨干教师常常是教育变革的先行者，在推进信息化教学资源应用时，要充分发挥骨干教师的变革代表作用，通过培训和相关的激励措施培养一批先行者和早期采用者，发挥其带动与示范作用，使其他教师认识到信息化教学资源的相对优越性，从而在教学中采纳信息化教学资源。同时注意个体的创新精神，在信息化教学资源的应用中，不搞"一刀切"，而是根据创新推广的规律，采取有效措施逐步推进。对于信息化教学资源使用的落后者，学校要针对存在的具体问题，提供相关培训与支持，帮助其掌握信息化教学资源的应用方法与技能。

3. 传播渠道与创新推广决策过程对信息化教学资源应用的启示

传播渠道是创新传播的途径，科学合理的传播渠道能促进创新的传播速度和采用速度。在信息化教学资源的传播中，教育部门和学校起着重要的主导作用，企业和教育研究机构起着促进作用。在教育部门主导下，各级教育行政机构和电教部门将大量优质信息化教学资源传输到各级学校。根据西部地区教育信息化的状况，国家通过建立光盘教学播放点、卫星教学收视点及计算机网络教室三种模式为西部中小学建设了信息化环境，当信息化教学资源传播到采用者时，采用者要具备接纳信息化教学资源的条件。创新要得到受众采用，受众要经历获知、说服、决策、实施和确认五个阶段才能采用创新。信息化教学资源要应用于教育教学活动，政府和学校要根据创新推广决策过程的规律，充分发挥权威决策者的作用，通过各种途径和手段帮助教师熟悉信息化教学资源并对其发生兴趣，产生应用动机。在教师开始应用信息化教学资源时，能针对出现的问题与困难提供及时的支持服务，促使应用顺利进行。教师在取得了较好的效果后，决定在教学活动中大量应用信息化教学资源，信息化教学资源的推广过程才完成。在这个过程中，对处于决策与实施阶段的教师，根据其所处的具体条件与面临的困难提供相关的支持帮助十分关键。

三 系统科学理论

系统科学主张把事物、对象看作一个系统进行整体研究，研究它的要素、结构和功能的相互关系，通过信息的传递和反馈实现系统要素之间的联系来达到有效控制系统的发展，获得最优化的效果。[①] 系统科学的下述理论对本书有重要启示。

1. 系统的整体性原理

"任何系统只有通过相互联系形成整体结构才能发挥整体功能；或者说，没有整体结构，要使系统发挥整体功能是不可能的。"[②] 任何系统都是一个由各个要素构成的有机整体与部分（要素）相互依赖、相互结合、相互制约的关系中揭示系统的特征和运动规律。

系统的整体性原理对本书的启示是：系统是指由相互联系、相互作用的诸要素组成的具有特定功能的有机整体。在研究事物时，不能孤立地考察一个要素，应把要素置于系统中去考察，或者说将小系统置于更大一级的系统中去研究。教育信息化是以实现信息化教育为目的的系统工程，信息化教学资源是其中的一个要素，或者说子系统，在信息化教学资源子系统中，又包括信息化教学资源的设计、开发、管理、应用等下一级子系统。信息化教学系统是由教学人员、信息化教学资源、教学环境等要素组成的，研究时要与教育信息化、信息化教学系统相联系，考察信息化教学资源各个组成要素，发挥信息化教学资源的整体优势与综合优势。

2. 系统的有序原理

任何系统只有开放而且有涨落即偏离平衡状态，才可能走向有序；或者说没有开放而且处于平衡状态的系统要走向有序是不可能的。[③] 有序原理指出，系统的性质、结构、功能是由简单向复杂、由低级向高级不断发展的，系统要发展，要从无序到有序，系统必须是开放的，系统必须有涨落的作用即远离平衡状态。

系统有序原理对本书的启示是：信息化教学资源必须是一个开放的系统，是在建设信息化教学资源—满足教学需要—不能满足新教学需要—更

---

① 徐福荫、袁锐锷编：《现代教育技术基础》，人民教育出版社 2005 年版，第 22 页。
② 查有梁：《系统科学与教育》，人民教育出版社 1993 年版，第 25 页。
③ 何克抗、李文光编著：《教育技术学》，北京师范大学出版社 2002 年版，第 21 页。

新或建设新的信息化教学资源—满足新的教学需要这样的动态过程中发展的，不断地根据教学需要从平衡—偏离平衡—达到新的平衡的涨落过程中，满足教学需要，优化信息化教学资源，满足教学需要的变化，促进教学质量的提高。

3. 系统的最优化原理

系统的功能是指系统与环境相互作用中所呈现的能力，是系统中各要素相互作用产生的效能的总体。系统的结构与功能是相互依存的，一定的结构总是表现出一定的功能，一定的功能总是由一定的结构系统产生的。系统的结构决定系统的功能，结构变化了，就必然导致功能的变化。"最优化是运用系统方法能达到的目标，这一点是任何传统方法所不能做到的。最优化就是要从多种可能的方案中，选择出最好的系统方案，使系统具有最优的整体功能。它可以根据需要和可能为系统定量地确定出最优目标，分成不同等级、层次、结构，在动态中协调部分与整体的关系，使部分的功能和目标服从系统总体的最优化目标。"①

系统的最优化原理对本书中信息化教学资源的优化具有重要的启发价值。优化信息化教学资源，要根据教育信息化和信息化教学的需要，确定最优的信息化教学资源建设方案，通过协调、优化信息化教学资源建设、管理等部分所涉及的各方面要素，在环境容许的条件下，使系统对时间、空间、物质、能量、人员及信息的利用率最高，实现信息化教学资源的优化。

四　教学系统设计理论

教学设计是依据对学习需求的分析，提出解决问题的最佳方案，使教学效果达到优化的系统决策过程。它以学习理论、教学理论和传播理论为基础，应用系统科学理论的观点和方法，调查、分析教学中的问题和需求，确定目标，建立解决问题的步骤，选择相应的教学活动和教学资源，评价其结果，从而优化教学效果。② 教学设计的目的是要优化教学效果。

教学系统设计理论是"关于如何规定、设计教学活动的理论，它是

---

① 徐福荫、袁锐锷编：《现代教育技术基础》，人民教育出版社 2005 年版，第 22 页。
② 南国农主编：《信息化教育概论》，高等教育出版社 2004 年版，第 79 页。

一套用来决定在一定的教学条件下，为了使学习者达到特定的教学目标，应该采取什么样的教学策略与教学方法的系统化的知识体系"。[①]　教学系统设计理论与教学系统设计模式密切相关，教学系统设计模式不同，其相应的指导理论也不同。教学系统设计理论随着教育理论和实践的发展，在继承与创新中不断发展和丰富。与教学模式相对应，目前主要有三种教学系统设计模式：以"教"为主的教学系统设计模式、以"学"为主的教学系统设计模式、"主导—主体"教学系统设计模式，相应地有三类教学系统设计理论做指导。

（一）三种教学系统设计模式

1. 以"教"为主的教学系统设计模式

以"教"为主的教学系统设计的理论和方法在众多专家几十年的共同努力下，已经形成了一套比较完整、严密的理论体系，具有较强的可操作性，因此，是目前占主导地位的教学系统设计模式。以"教"为主的教学模式，是以教师的教为出发点，以系统地传递知识和技能为基本目的的教学活动范型，充分肯定教师的权威作用和地位，强调教师在教学中的主导地位。这类模式的发展源于德国教育家赫尔巴特和苏联教育家凯洛夫等人的教学理论。赫尔巴特认为，教学的任务在于通过不同学科的教学来形成学习者的各种观念，教学必须使学习者在接受新教学材料时，唤起心中已有的观念。凯洛夫等人以唯物主义的认知论为基础，强调学生的学习活动主要是认知活动，强调要围绕这种认知活动规律开展教学工作，强调教师在指导学生认知活动过程中的重要性。这类教学模式是人类传播系统知识最为经济的模式。能使学生在单位时间内学习大量的知识，既容易为教师所掌握，又能发挥教师的主导作用，如果教师能将口头讲授与利用信息化教学资源结合起来，将能有效地提高教学效果，使学生在较短时间内系统地掌握大量知识。这种模式的缺点在于容易忽视学习者的主体地位，不能充分发挥学生的主动性和积极性。

2. 以"学"为主的教学系统设计

以"学"为主的教学系统设计是以多媒体网络技术等信息技术在教育领域的应用以及建构主义学习理论被人们所接受而发展起来的，是一种新的教学模式。基于建构主义理论的以"学"为主的教学系统设计，重

---

① 何克抗、李文光编著：《教育技术学》，北京师范大学出版社2002年版，第156页。

视"情景"、"协作"在教学中的作用，弥补了传统教学系统设计过分分离与简化教学内容的局限，强调发挥学习者的主动性和建构性，适应了信息社会对创新人才的需求。在以"学"为主的教学模式中，教师不直接将知识或答案交给学生，而是为学生设计学习情景，或提出任务与问题，促进学生自主学习，教学的中心任务是促进学生的自我发展。这种模式能培养和调动学生参与学习活动的积极性和主动性，激发他们的内部动机，培养学生分析问题、解决问题的能力，开发学生的潜力。但是这种模式对教师、媒体和教学资源等方面的要求比较高，要以丰富的媒体以及与学习主题相关的大量教学资源为基础，否则，这种教学模式的优势难以发挥，学生不容易在短时间内掌握大量知识。

3. "主导—主体"教学系统设计模式

何克抗教授在总结以"教"为主和以"学"为主的教学系统设计模式优缺点的基础上，综合了两种模式的优点，提出了"主导—主体"教学系统设计模式，这种教学系统设计模式既强调发挥教师在教学中的主导作用，又强调要体现学生在学习中的主体地位，是学教并重的教学系统设计模式，也是比较理想的教学系统设计模式，在实际运用时，如何把握教与学的地位，对于广大教师来说有一定的困难，需要一定的培训才能掌握，需要在实践中不断探索。

4. 启示

从教学模式出发的三种教学系统设计模式，各有其适用的教学内容等客观与主观条件，在教学活动中，要根据教学需要、教学内容、教学资源以及师生状况，选择恰当的教学系统设计模式。例如，在教学媒体和信息化教学资源都比较短缺的西部地区的一些中小学，特别是一些教学点，不能过于强调以"学"为主的教学系统设计，从师资力量比较薄弱、学生信息素养不高的现状出发，充分发挥以"教"为主的教学系统设计的优势，促使学生在短时间内掌握较多的知识和技能。

(二) 基于学习理论的教学系统设计理论

一直以来，以"教"为主的教学系统设计在教育实践中占据主导地位，随着学习理论的兴起与发展，出现了以学习理论为基础的教学系统设计理论。随着行为主义学习理论、认知主义学习理论、建构主义学习理论和人本主义学习理论在教学系统设计中的应用，相应地出现了基于行为主义的教学系统设计理论、基于认知主义的教学系统设计理论、基于建构主义的教学系统设计理论和基于人本主义的教学系统设计理论。[①]

1. 基于行为主义的教学系统设计理论

行为主义学习理论的主要代表人物桑代克（Thorndike）、华生（Waston）和斯金纳（Skinner）等学者，在动物实验的基础上，提出学习是形成刺激与反应之间联结的过程。行为主义学习理论的核心是"刺激—反应"，强调外部刺激的作用，认为可以通过行为目标来检测和控制学习的结果。因此，基于行为主义的教学系统设计关注任务的分析和学习目标的确定。学习目标要明确、具体，任务要细化，与学习目标相对应，使学习者能达到预先设定的学习目标。

2. 基于认知主义的教学系统设计理论

强调外部刺激而忽视学习者内部心理过程的行为主义学习理论，在教学实践中局限性很大，以布鲁纳（Bruner）、加涅（Gagne）为代表的认知主义心理学家提出的认知主义学习理论，克服了行为主义学习理论的局限，指出学习不仅仅是刺激与反应之间的简单联结，而是一种积极主动的内部加工的过程。认知主义学习理论不仅重视学习者的外部刺激与外显的反应行为，而且重视学习者的内部条件的支持。因而，基于认知主义的教学系统设计，不仅关注学习目标的设置和明确陈述，而且注重根据学习的复杂程度，对学习的内部条件和外部条件进行设计。

3. 基于建构主义的教学系统设计理论

以皮亚杰（Piaget）、维果斯基（Vygotskian）为代表的建构主义心理学家在对人类学习过程认知规律的研究不断深入的基础上，提出了建构主义学习理论，与行为主义学习理论和认知主义学习理论认为知识是外部客观世界的真实反映，学习是获取科学、客观知识的过程的观点不同，建构主义学习理论认为，知识并不是真实的"客观存在"，而是认知主体（学习者）与客观环境（社会文化背景和自然环境）相互作用形成的，学习是学习者自我建构知识的过程。由于学习者认知结构和文化背景存在差异，所以知识在学习者头脑中建构的意义也不同。基于建构主义的教学设计强调以学生为中心，强调"情境"对意义建构的重要作用，强调协作学习的设计，强调教学资源和学习环境的设计。

---

① 谢幼如等：《网络课程的开发与应用》，电子工业出版社 2005 年版，第 24 页。

4. 基于人本主义的教学系统设计理论

以罗杰斯为代表的人本主义心理学家反对行为主义与认知主义将人的认知与情感割裂开来进行分析的做法，强调人的尊严与价值，认为学习是个人潜能的充分发展，是人格的发展，是自我的发展，学习的目的与结果是使学生成为一个完善的人，使学生整体人格得到发展。学习是一个有意义的过程，要注重做中学，使学生参与发现自己的学习资源，让学生直接体验现实问题，主张建构真实的问题情境，让学生面临对他们个人有意义的或有关的问题。只有当学习来自学习者的自我发展需要，才能形成有意义的学习。基于人本主义的教学系统设计重视激发学习者的学习动机，调动学习者的主动性，强调发挥学习者的潜能，培养其情感与态度。

5. 启示

基于学习理论的教学系统设计更加关注学生的学习，教学系统设计的目的是为了促进学生的学习。以上四种教学系统设计理论基本上是顺序发展和继承与创新的关系过程，在具体的教学系统设计过程中，要针对学习内容和学习目标以及现实条件，运用相应的教学系统设计理论。在信息化教学资源的设计过程中，要注意避免只注重学习内容的呈现，而忽视学习目标实现的倾向，信息化教学资源的设计要注重学生情感、态度、价值观的培养，注意促进学习者的全面发展和个性发展。根据教学目标进行课堂教学系统设计时，既要关注学习者外显行为的变化，又要关注学习者内在的心理活动，善于建构对学生来说是现实的，又是与学习内容相关的问题，促使学生全身心地投入学习活动，成为全面发展的完善的人。

（三）宏观教学系统设计理论

1. 宏观教学系统设计理论的主要内容

宏观设计的概念是美国著名教育技术专家巴纳斯（B. H. Banathy）在 20 世纪 90 年代提出的，在 1991 年出版的《教育的系统设计：创造未来的通途》（*Systems Design of Education：A Journey to the Future*）和 1992 年出版的《教育的系统观点：有效实践的概念与原理》（*A Systems View of Education：Concepts and Principles for Effective Practice*）这两本著作中，系统地提出了教育系统设计的理念。他指出："早期的设计方法，带有起源于各自领域的特点，它们代表了相当程度的封闭系统的观点，我们采用他们的方法，强调稳定的状态和结构，运用的是线性思维方法。我们从系统工程师那里生搬了许多东西，却没有真正理解那些产生模型、方法和工具的系统概念和原则。"[①] 由此，他提出了宏观教学系统设计。

宏观教学系统设计的主要观点是：

·宏观教学系统设计的前提是系统地了解、研究和规划可用于学习的社会资源和环境，否则设计将是盲目的。

·把社会型学习资源与教育系统复合体联系起来，进行统一规划和安排。

·在教学系统设计过程中为社会型学习资源的利用安排适当的机会，以保障对它们的充分利用。

·宏观教学系统设计过程应该是一个动态的过程，动态性是开放系统的基本特征，是教学系统与环境进行物质、能量和信息交换的过程。

美国教育技术专家瑞格鲁斯（C. M. Reigeluth）提出了教学系统设计（Instructional System Design，简写为 ISD）范型转变观，认为教学系统设计需要一种能为设计鼓励性的、支持性的、自我指导性的、富有挑战性的学习环境做指导的"以学习为焦点"的教学理论，因此，教学系统设计的模式必须有相应的变革：

·教学系统设计过程应被看成是一种序列决策过程，每一种决策都应该建立在各自恰当的分析类型之上。

·教学系统设计过程将拓宽视野，使人们更多地关注外在系统对教学系统本身的影响，即在学校教育中，要考虑社会的需要和学生本身的需要。

·教学系统设计过程应包括各方面人士的参与协作。

·教学系统设计过程在需求分析之后应有一个对教学系统的图景加以直观展示或想象的活动，这一活动应该吸收各方面人员参加，以便及早发现失误、偏见，并为实施创造条件。

·教学系统设计过程将更充分地运用"用户与设计者联手"这一概念，也就是说，"用户"将更多地参与设计教学并扮演主要角色，如学生将决定他们学什么和怎样学。

2. 启示

宏观教学系统设计不仅注重教学的需要，还考虑社会的需要，主张社

---

① 何克抗、李文光编著：《教育技术学》，北京师范大学出版社 2002 年版，第 199 页。

会各方面人士的参与协作，这种开放的、立足于更大的系统与环境的理论，对于信息化环境下教学设计和信息化教学资源的设计与整合，有很大的启发意义，信息化教学资源的开发与建设，不仅要善于利用学校系统的资源，而且要充分利用社会资源，把社会中存在的各种可以利用的资源聚集和整合起来，调动社会各界人士的积极参与，形成开放、动态的系统建设模式。

五　教学最优化理论

（一）教学最优化理论

苏联著名教育家巴班斯基（Юрий Констинович Бабанский）提出了教学最优化理论。在他主编的《教育学》一书中指出："教学最优化可以说是从解决教学任务的有效性和师生时间消费的合理性着眼，有科学根据地选择和实施该条件下最好的教学方案。"[①] 后来又在文章《改进课堂教学的若干问题》中进一步做了阐述："所谓最优化的教学，就是在教养、教育和学生发展方面保证达到当时的条件下尽可能大的成效，而师生用于课堂教学和课外作业的时间又不超过学校卫生学所规定的标准。我们认为，最优化的标准就是尽可能大的成效和师生耗费合理的时间去取得这些成效。"[②] 最优化原则要求组织劳动中的每个环节不仅要比过去好一些，而且应当达到相应情况下可能达到的最好的，即最优化的水平。巴班斯基提出了最优化的四条具体标准：

（1）在形成知识、技能、技巧和形成某种个性特点方面，在提高学生教育水平方面，取得可能达到的最好结果。

（2）学生花费最少的必要时间，取得各项预定结果。

（3）可允许的精力花费，在限定时间内取得预定结果。

（4）以比通常消耗少的经费，在有限时间内取得预定结果。

他还指出，可以根据其中一个标准或两个标准，使教学过程达到最优化。

巴班斯基的教学最优化理论强调要在当时条件下，选择最好的教学方案，取得最大成效，对于西部地区中小学的信息化教学有重要的指导价

---

① 阎承利：《教学最优化通论》，教育科学出版社1992年版，第8页。

② 同上书，第9页。

值。西部地区中小学信息基础设施简陋，实施信息化教育，不能简单照搬、照抄发达国家或发达地区的教学模式和方法，要从本地教学的实际条件出发，科学选择最恰当即最好的教学方案，促进学生的发展。

（二）教学内容最优处理的原则和标准

教学内容是教学最根本、最主要的组成部分，是完成教学任务和教学目标的主要依附体，为了使选择的教学内容能最有效、最简捷地解决每堂课的任务，巴班斯基提出了教学内容最优处理的 6 条原则和标准，对本书有启发意义的主要是下列 5 条。

（1）完整性。教学内容要考虑学生的教养、教育和心理的全面发展，还要注意现代社会对人才全面和谐发展的要求，注意到现代科学、生产、社会生活和文化的各个基本方面，因为人的全面发展，必须具备社会所需要的知识、技能与技巧。教学内容要能促进学生在智力、能力和思想品质方面全面发展。

（2）科学性。选择教学内容时，要看其是否具有普遍意义，是否具有概括性，是否能充分说明所要讲述的基本规律、概念与理论，是否正确、被公认，是否具有系统性。

（3）要符合所教年级学生的可能性。即教学内容的选择必须考虑教学对象，要从教学对象的实际出发。

（4）考虑教学内容的国际水平。巴班斯基指出："考虑学校教学内容的国际水平标准的运用，首先是自然科学和数学的各种课程方面。只有这样，才能保证具有良好条件的苏联学校，真正处于领先地位。"[①] 在当时的历史条件下，巴班斯基就提出了教学内容从国际视野来审视，非常有前瞻性。

（5）在考虑近期内教学物质基础的发展前景的前提下，内容必须符合学校现有的教学方法和物质基础，包括教师在课堂中运用实验手法和现代化教学手段进行教学，教师在实验课教学和运用现代教学手段教学时，要考虑学校的现有条件，不能有超前行为。

巴班斯基提出了教学内容最优处理的原则和标准，对信息化教学资源的开发与建设有很大的启发价值，信息化教学资源内容的选择，要从教学资源使用对象的特点出发，考虑内容的完整性、科学性、适用性，并能从

---

① 阎承利：《教学最优化通论》，教育科学出版社 1992 年版，第 107 页。

国际视野出发，在参考国外教学资源内容的基础上，保持信息化教学资源内容的新颖性和先进性。在具体教学过程中，对信息化教学资源的选择要从本校的现有条件出发，不能脱离客观现实。

除了上述几种主要的理论，对本书有指导价值的还有教育传播理论、学与教的理论等理论，限于篇幅，不做详细介绍。

第六节　本书的内容体系

本书结构包括 7 个部分，主要内容如下。

第一章：绪论。本章主要介绍了本书研究的背景，界定了本书的主要概念，提出了研究的思路与方法，明确了研究的目标与意义。分析阐述了知识管理理论、创新推广理论、系统科学理论、教学系统设计理论和教学最优化理论对本书的支撑和启发，并说明了本书的内容体系。

第二章：研究综述。在文献研究的基础上，分析阐述了国内外对信息化教学资源及其相关问题研究的现状，总结了研究存在的问题，概括了有借鉴价值的研究成果，发现目前还缺乏对西部地区信息化教学资源建设与应用有实际指导意义的系统研究。

第三章：西部地区中小学信息化教学资源的应用现状。首先概述了信息化教学资源的类型、特征、建设模式及我国信息化教学资源的建设现状，然后在对西部地区教育特点及中小学信息化建设现状分析的基础上，分析了西部地区中小学信息化教学资源应用现状的调查结果。主要从西部地区中小学信息化教学资源的现状、信息化教学资源的应用现状、应用效果、影响应用的因素和教师培训现状等五个方面深入分析了现状，厘清了西部地区中小学信息化教学资源建设、共享、管理、应用以及应用效果等方面的现状。

第四章：西部地区中小学信息化教学资源应用中存在的问题分析。根据问卷调查分析的结果，结合实地访谈、观察、网络研讨和文献研究的结果，剖析提炼出西部地区中小学信息化教学资源在应用环境、应用主体、应用领域和信息化教学资源四大方面存在问题，并对四个方面的具体问题进行深入分析。明确和细化了西部地区信息化教学资源应用中需要解决的问题。

第五章：西部地区中小学信息化教学资源优化的策略。针对西部地区中小学信息化教学资源在内容与质量、建设、管理等方面存在的问题，提出了信息化教学资源优化的策略。具体策略包括：转变教育观念，树立现代教学资源观；构建立体互动的信息化教学资源建设与管理体系；完善信息化教学资源建设机制；构建多元开放的信息化教学资源建设模式，加强信息化教学资源设计；加强信息化教学资源管理。通过对甘肃省天祝藏族自治县信息化教学资源优化的个案研究，验证了优化策略的有效性。

第六章：西部地区中小学信息化教学资源的应用策略。针对信息化教学资源在应用环境、应用主体方面存在的问题，提出通过加快西部中小学信息化建设、建立稳定的政策与经费保障机制、提高相关人员参与信息化教育的能力素质、完善支持服务等促进信息化教学资源应用的策略。接着提出了西部中小学信息化教学资源在课堂教学、教师发展、学生发展和社区发展四个领域的应用策略。在提出各个领域的具体应用策略后，运用个案研究法和试验研究法，对主要的应用策略的效果进行了验证。重点研究了信息化教学资源在课堂教学中的应用策略，并对不同信息化环境下应用策略的效果做了试验研究。研究结果证明，信息化教学资源的应用策略不仅具有重要的理论意义，而且对西部地区中小学信息化教学资源的应用有实际指导价值。

第七章：结论与建议。提出了本书的结论与创新点，反思了本书存在的不足与问题，提出了需要进一步研究的问题。

第二章 研究综述

第一节 国外研究现状

一 文献检索与搜集

由于指称信息化教学资源的概念较多，在文献调研时，笔者除了以"Instructional resources"为关键词在专业数据库和搜索引擎中检索外，还使用与其意义一致或相近的名称为关键词进行搜索，使文献调研尽可能充分全面，2006 年 6 月的检索情况如表 2—1 所示，文献调研是一个持续不断的过程，贯穿本书研究的始终。当数据库中以题名方式检索到的结果较少或为零时，笔者又以关键词方式、摘要方式进行扩展检索。对数据库中的检索结果，在根据文章题名和出处进行浏览筛选后，逐篇阅读文献的摘要，进一步筛选有价值的文献进行全文阅读。在搜索引擎 Google 上检索时，当检索结果在 1000 条以下时，逐条浏览；检索结果超过 1000 条的，逐条浏览前 200 条后，再分别使用 design、develop、use、application、utilize、management 等关键词对结果进行二次检索，逐条浏览二次检索结果，筛选有价值的文献做全文阅读。此外，还运用追溯法等方法，从各种途径搜集相关文献进行研读。

表 2—1　　　国外信息化教学资源相关文献的检索情况

检索式	检索对象	检索结果
TI = Instructional resources	ProQuest Education Journals 数据库	28
TI = Educational resources	ProQuest Education Journals 数据库	104
TI = learning resources	ProQuest Education Journals 数据库	68
TI = teaching resources	ProQuest Education Journals 数据库	21
AB = instructional resources	ProQuest Digital Dissertation 全文数据库	3

检索式	检索对象	检索结果
AB = educational resources	ProQuest Digital Dissertation 全文数据库	2
AB = learning resources	ProQuest Digital Dissertation 全文数据库	7
AB = instructional material	ProQuest Digital Dissertation 全文数据库	3
AB = Learning material	ProQuest Digital Dissertation 全文数据库	3
TI = instructional resources	EBSCOhost（选择 Academic Source Premier，ERIC，Professional Development Collection，EJS E – Journals 4 个数据库）	202
TI = learning resources	EBSCOhost（选择 Academic Source Premier，ERIC，Professional Development Collection，EJS E – Journals 4 个数据库）	511
TI = teaching resources	EBSCOhost（选择 Academic Source Premier，ERIC，Professional Development Collection，EJS E – Journals 4 个数据库）	118
TI = educational resources	EBSCOhost（选择 Academic Source Premier，ERIC，Professional Development Collection，EJS E – Journals 4 个数据库）	595
Digital instructional resources	Google	237
Digital educational resources	Google	9130
Digital teaching resource	Google	223
Digital learning resources	Google	51800
Digital instructional material	Google	145
Digital learning material	Google	10200
Digital educational material	Google	583
Digital teaching material	Google	523
Digital educational resources	Google	9130
Digital teaching resource	Google	223
Digital instructional resources	Google	237
Online instructional resources	Google	11800
Online educational resources	Google	142000

续表

检索式	检索对象	检索结果
Online learning resources	Google	129000
Online teaching resources	Google	35100

二　国外基础教育信息化的概况

中小学信息化教学资源建设与应用的状况，与学校教育信息化的发展情况密切相关，各国教育信息化各有不同的特点，信息化教学资源的建设与应用方面也有差异。下面概括介绍发达国家基础教育信息化的概况，以期对国外信息化教学建设与应用的背景有所了解。

1. 美国

美国教育信息化一直居于世界领头羊的地位，根据美国快速响应调查系统（FRSS）、美国教育部、教育科学协会和国家教育统计中心（NCES）在 2005 年 2 月发布的《因特网接入美国学校和教室：1994—2003》的结果显示，早在 2002 年美国公立学校的生机比就达到 4∶1，99% 的学校接通了网络，到 2003 年，每 4.4 名学生可以在公立学校使用一台计算机上网，有 93% 的教室接通了互联网。[①] 可见，美国的中小学已经基本上将网络接入了每个教室中，师生在教室里可以方便地使用计算机获取网络教学资源。

2. 加拿大

早在 1999 年，加拿大就用互联网将全国 3400 个公共图书馆、16500 所中小学连接起来，建成了世界上第一个全国性的学校网络（School-Net）。根据加拿大联邦工业部学校网工程项目组和加拿大统计局联合对全国 15500 所中小学在 2003—2004 学年的调查结果，中小学的生机比为 5∶1，整个加拿大除了不到 1% 的学校由于宗教、技术等特殊原因没有计算机外，几乎所有的学校都可以在教学中方便地使用计算机。[②]

---

① FRSS – Fast Response Survey Sysem. Internet Access in U. S. Public Schools and Classroom：1994 – 2003，http：//nces. ed. gov/surveys/frss/publications/2005015/6. asp.

② Plante Johanne and David Beattie Connectivity and ICT integration in Canadian elementary and secondary schools：first results from the Information and Communications Technologies in Schools survey，2003/04 Ottawa，Canada，http：//www. statcan. ca：8096/bsolc/english/bsolc？catno = 81 – 595 – MIE2004017.

3. 英国

根据英国教育与技能部（Department for Education and Skills）的调查统计，2003 年英国中学的生机比小于 6，小学为 8，并且 99% 以上的学校都接通了互联网。[①]

4. 韩国

韩国政府十分重视中小学教育信息化建设，在韩国教育人力资源部的大力推动下，到 2003 年，韩国中小学生机比为 9.8∶1，所有中小学都连接了互联网。在 ICT 应用于教育的二期计划中，韩国计划将生机比降为 5∶1。[②]

5. 日本

日本教育信息化发展迅速，到 2003 年，各类中小学的互联网接入率就已超过 99%，小学、初中、高中的生机比分别为 12.6∶1、8.4∶1 和 7.4∶1。日本政府在 1999 年制订的《教育信息化实施计划》中提出，到 2005 年，全国中小学的所有科目都要实现利用计算机和互联网授课。[③]

上述发达国家建设的先进的信息基础设施，为信息化教学提供了有利条件，其中美国、英国等国家已经开始在中小学建设无线网络环境，早在 2003 年，英国就已经有 80% 以上的中学可以无线上网。功能完善的信息化环境，使师生在教学中可以方便地应用各种信息化教学资源，探索新型教学模式。

三　国外信息化教学资源建设的现状与经验

发达国家在信息基础设施建设过程中，相当重视信息化教学资源的建设，特别是网络教学资源的建设。许多国家投入大量经费开发与教学相配套的信息化教学资源，建起了各类信息化教学资源库和教学资源门户网站，下面分别探讨几个发达国家信息化教学资源建设的现状与经验，使我国信息化教学资源建设与应用能从中获得借鉴与启示。

（一）美国

自 1993 年 9 月克林顿政府提出"国家信息基础设施"建设计划以

---

① "Department for Education and Skills"，英国教育技能部网站（http：//www. dfes. gov. uk/）。

② 韩国教育人力资源部网站（http：//www. moe. go. kr）。

③ 日本文部省网站（http：//www. mext. go. jp/）。

来，信息技术在美国教育领域得到广泛应用，基于信息技术设计与开发的教学资源不断增多。但是，美国国家教育图书馆（NLE）的研究人员却在1996 年发现，虽然互联网提供了丰富的教学资源，但由于未经分类和科学组织，教师获取与利用网络教学资源的效率不高。针对此问题，美国教育部与国家教育图书馆在该年联合发起了"课程门户统一目录"（Curriculum Gateway Union Catalog，简写为 CGUC）专门项目，该项目的名称于1998 年改为"教育资源门户"（The Gateway to Educational Material，简写为 GEM）。由此，美国日益重视网络教学资源的组织管理与应用。教育资源门户网站主要是教育资源元数据描述的记录数据库，提供的搜索引擎使各类网络教学资源联系起来，为美国乃至全世界的教师、家长、学生提供教育资源信息，人们可以方便地检索、使用网络教学资源。表 2—2 反映了美国 GEM 教学资源的建设（统计时间为 2005 年 3 月），网站主要为中小学提供适用的教学资源，学前教育阶段、成人教育及高等教育阶段的教学资源较少。

表 2—2　　　　从适用对象看美国 GEM 教学资源的建设情况①

适用对象	数量	适用对象	数量
一年级	8962	一〇年级	15900
二年级	9497	一一年级	15947
三年级	11456	一二年级	15832
四年级	13084	可用于所有年级	1735
五年级	14086	幼儿园	6271
六年级	15331	学前教育	2287
七年级	15461	成人教育	2287
八年级	15736	社区大学	1706
九年级	16311	高等教育	4167

美国有 4 个由政府出资建设的资源中心。一是成立于 1966 年的美国教育资源信息中心 ERIC（Educational Resource Information Center），是目

---

① 吴振华：《美国网络教育信息资源的现状及发展成因研究》，上海师范大学，2005 年，第 22 页。

前世界上最大、访问量最大的教育数据库之一，主要为教育工作者、研究人员和公众提供教育知识与信息资源。二是联邦优质教育资源（Federal Resources for Educational Excellence），是主要为教师学习提供服务的系统，提供众多免费的教学资源。三是俄亥俄州图书馆和信息网络，它是用一个州的力量建成的，连接全州83所大学、学院和俄亥俄州图书馆，实现了图书资源的共建共享。四是教育资源中心项目（CERES）。按照美国自然科学的教育标准实现天文学课程的教学资源的共享，有十分丰富的图片和数据。此外，还有完全由公司提供的教学资源，如美国Adobe公司建立的Educational Resource网络教育资源网站，内容既有面向基础教育的K12资源，也有保健、航天、历史文化等方面的专业资源。资源形式以文献居多，也有大量课程计划和方案，视音频资源相对较少。资源中心有其特定服务对象，其中许多资源需要付费使用。

总体上看，美国网络教学资源十分丰富。虽然美国很重视知识产权问题，但在网络教学资源建设上，还是持比较开放的态度，许多教学资源都可以免费使用。因此，美国大量的图书、资料被数字化，一些图书馆已基本数字化，学校基本上可免费使用；一些中小学包括大学，不仅为自己的学生提供教育计划，甚至开始为更广泛的地区乃至全球提供课程。各州教育部与当地的学区教育部门负责将社会各界十分丰富的信息资源进行分类整理，并上传到教育网站，包括大量的网址和网站链接；教师自己开发的内容也可以很快上传到网站。师生可以在网上很方便地获得自己所需要的各类信息，包括图片和视频资源。为方便师生快速、高效地获取所需的资源，教育网站一般都十分简洁。

此外，美国还向公立中小学提供远程教育课程，这类课程是向本学区注册的中小学生提供的、可获得学分的、师生异地的、通过声像材料、互联网或其他计算机技术来传授的课程。据美国国家教育统计中心公布全国性公立中小学远程教育课程调查，2002—2003学年美国公立中小学的远程教育课程，美国总计15040个公立学校学区中，大概有1/3的学区有学生选修远程教育课程，8200所公立学校有学生选修远程教育课程，约占全国总数的9%，选修学生约有32.8万人。农村地区有46%的学区、15%的学校存在学生选修远程教育课程的情况，城市的比例则分别为23%和5%，郊区分别为28%和7%。贫困学区有42%存在学生选修远程教育课程的情况，而较富裕地区学区的这个比例仅为33%。[①]　虽然美国中小学开设远程教育课程原因多种多样，但在较小学区和农村学区里，学生选择远程教育的最主要原因是本校无法自行提供这类课程，例如外语课程、一些大学水平的课程。远程教育在为这类中小学校的学生提供教育机会方面发挥了很大作用，并解决学习进度不一等问题。

美国信息化教学资源建设主要是利用信息技术公司的力量来制作，主要有三种情况：第一种是大学教师做好资源的教学设计后，由媒体公司进行制作，如印第安纳大学；第二种是信息技术公司为了自身发展，为具有教育职能的网站制作的教学资源；第三种是一些大学中从事远程网络教学的学院组织开发的教学资源。美国的教学资源有辅助学校教学的素材库，也有用于远程教育的课程网络教材以及针对知识点的配合课堂教学或学生自学的多媒体课件。

（二）英国

英国在进行网络教学资源建设时，特别重视网络资源的统一管理与共享。早在1998年，英国就建成了全国统一的教育门户网站——全国学习网络（National Grid for Learning，简写为NGFL），以求连接所有的学校与教育机构，后来，全国学习网络发展成为欧洲最大的教育门户网站，2006年4月，英国教育传播与技术署的网站整合了全国学习网络的资源服务，全国学习网络被关闭，由教育传播技术署的网站提供资源检索服务，以此整合和改进为学校和教师提供的资源服务。英国很重视面向教师的网络资源建设，2000年开通了专门为教师建设的教师网，为教师提供丰富的资源与服务。英国教师还创建了教师资源交流中心，这个服务教师并由教师自己维护的网站中的所有内容，都经过了学科专家的审核，所有教师都可以免费下载网站的资源，上传自己的资源。2001年，全国课程网站（http://www.nc.uk.net）增加了新的搜索系统，网站不再只是具有公布国家课程的功能，还允许教师直接建立国家课程相应阶段的学习计划和相关资源的链接。英国的目标是国家课程中的每个知识点都有相应的网络资源。虚拟教师中心（Virtual Teacher Centre）的网站集搜索、整合和交互功能为一体，提供广大教师和教育工作者交流的机会与条件。英国积极探索基于网络的教育教学组织模式，开发网络学习资源，并且已经开发出了

---

① 任长松：《美国公立中小学远程教育现状》（http://www.edu.cn）。

为七至九年级学生而设计的网上教学课程——拉丁语和日语课程，英国希望借此探索构建"未来课堂"的方法。

英国不仅重视网络教学资源的建设，而且重视对资源的评估，已经形成了一种良性的可持续发展的资源开发机制。英国教育传播与技术署和资格能力与课程署（Qualification and Curriculum Authority，简写为QCA）负责对商业公司开发的资源进行评估，评估通过的资源会发布到国家课程在线网站，同时列入学校可采购资源的清单，政府为了鼓励学校购买教学资源，专门设立了 ELC 电子化学习基金，该基金由中央财政通过地方教育部门分配到所有学校，学校在已经通过评估的资源清单中选择购买所需资源。① 教师对这些通过评估的教学资源的质量评价比较高，有 70%—80%认为"很好"或"非常好"。② 除国家政府部门的努力外，地方教育部门也为辖区内的学校建设教育资源门户网。例如英格兰中部的沃里克郡教育局，由郡政府投资，为辖区学校开发了教育信息网和社区电子化学习项目，来推动电子化学习在辖区内的发展。电子化学习项目通过与专业公司的合作，为辖区学校开发了集教学行政管理、教学资源管理、课堂管理等功能的综合管理平台，以服务于教师教学与学生学习。

由此可见，英国的中小学信息化教学资源建设已经形成了可持续发展的完善机制，不仅重视教学资源的建设，而且重视对教学资源的评价，由专门的机构对教学资源把关。教学资源采购方面，给予学校和教师高度的自主权，这种做法有利于教学资源建设的健康发展。政府虽然在教学资源建设中投入了大量资金，依然注重与公司合作进行教学资源建设，注重学校与社区在互动中发展。

（三）日本

日本十分重视信息化教学资源的建设，早在 1994 年，日本就建立了由教育委员会和民间软件开发企业组成的软件开发组，专门研究学习软件的开发。日本邮政省与文部省合作共同编写适应信息化教学需求的电子教材和电子课本，以改变目前日本中小学中纸质教材比重过大的状况。编写电子课本的教育宗旨是使中小学生掌握电子通信技能，并通过电子数据信

---

① 何亚力：《漫步英国教育信息化》，《教育信息化》2006 年第 7 期。

② BECTA，The BECTA Review 2005，Millbum Hill Road，Science Park，Coventry CV4 7JJ UK，2004（http：//www. becta. org. uk/page_ documents/research）.

息的传送和收发丰富教学内容，提高中小学生的网络学习能力。文部省为推动中小学数字化教材的编写，成立了由产、官、学三方组成的"因特网教育系统推进恳谈会"，成员主要由教育界和信息通信产业界的专家学者组成，同时吸收中小学相关教师和学生家长代表参加，该会将对日本电子数字化教育的发展提出具体政策性建议。该会研究和开发适用于中小学的计算机软件，制作反映地域风俗习惯的本土化特色软件，研究编写学生喜闻乐见的反映当地产业、历史等情况的音像教材。"因特网教育系统推进恳谈会"将研究重点放在普及中小学生的网络学习，通过开发中小学适用的教学资源，把最先进的信息技术推向中小学校园。日本在信息化课程的开发中，不仅统一考虑和统筹安排从幼儿园、小学、中学到大学的课程，强调统一性，而且强调多样性，力求课程内容在信息技术教育基础上更加广泛。日本在信息化教育方面很重视综合课程，强调多媒体技术在各个领域、各个学科中的使用。

日本在信息化教学资源建设中，重视发挥政府、企业和专家学者的作用，注意调动中小学教师和家长积极参与，注重建设符合当地文化风俗和需求的本土教学资源，电子教材和电子课本的开发是日本信息化教学资源建设的发展趋势。

（四）韩国

韩国十分重视信息化教学资源的开发与普及，1996年教育网站开通后，教学资源建设逐步转变到网络教学资源建设。韩国很重视教学资源的开发与规划，其网上教学资源主要有两类：一类是韩国教育信息技术研究院开发及主持下开发的教学资源；另一类是民间部门或其他与教育相关的部门开发的教学资源，包括网络学习教材、科学虚拟实验室、中小学参考网址及教师的教学活动资源等。韩国信息化教学资源的开发包括教育部和市、道教育厅，韩国信息技术研究院等公共机构和一些民间组织。

韩国政府于1996年4月建立了主要为中小学服务的教育网站（EDUNBT），提供各种各样的教学内容、资料库和教育信息服务。韩国每年开发18500项多媒体教材，到2003年韩国已开发了5万种多媒体教材。① 韩国政府将加大相关投入，以此达到每一个学科都有相应教育软件

---

① 　韩国教育人力资源部网站（http：//www.moe.go.kr/）。

的目标。

（五）其他发达国家和地区

新加坡在政府向教育大规模投资的情况下，教育信息化发展十分迅速，教育信息化一期规划提出为学生提供丰富的学习资源，中小学的教材也进行了大规模的改革，出现了只读光碟和电子书包等。二期规划提出开发丰富的数字媒体教学内容，实现学习方式的根本转变。新加坡教育部与经济发展局合作推行"MOE‒LIUP 提升计划"，协助本地企业（电子出版公司）提高课件制作水平。

加拿大约 1/10 学校的学生参加了在线课程学习。超过 1/3（36%）的中学生参加了在线课程学习，而小学参与在线课程学习的学生只占3%。近 40% 的乡村中学和 35% 的城镇中学为学生提供在线课程。①

法国充分利用国家和政府管理的优势，由教育部代表国家与全国各大新闻、出版、图书资料、影像、统计等公立与私立部门进行协商，要求在中小学使用其商业化的知识产品，并允许其继续保留其知识产权。教育部则向它们支付相关产品使用权和复制权的费用。其中一部分知识资源可以是免费用于学校教育，一部分要支付其产权的包干费用，并还要支付未来新的知识资源费用。法国建立了教育信息专门网络"Educanet"，方便教师之间的交流。2002 年 5 月，法国教育部开始构建中小学信息网"知识数字空间"，同时实施"数字书包"等工程，并出现了"电子书包"、"电子教科书"、"虚拟学校"等概念。中小学信息网汇集了大量基础知识类教学资源，允许以标准化和安全化的条件进入，即以教育为目的免费与自由使用这些资源，学生和教师可以从中选择文本、图像、视频等各类教学资源。

香港特区行政长官董建华在 1997 年的施政报告中就提出要普及资讯科技教育。2000 年 11 月，香港资讯教育城的综合教育网站正式开通，网站汇集了香港教育署制作的网上教学资源、各学校及教师提供的教材和出版商制作的软件，为教学提供了丰富的教学资源。由香港教育工作者联会主办的教与学信息库，通过搜集内地的优质信息化教学资源，并修改转为适合香港中小学适用的教学资源，方便香港中小学教师使用。香港教育统筹局

---

① 李志涛、李震英：《加拿大中小学信息化发展走笔》（http://211.153.22.135/esrnet/site）。

在 2007 年 2 月推出"电子学习金计划",并委托香港教育城建立新的电子
和互动教学资源资讯平台即学与教资料区,让学校浏览及搜寻各种不同的
数字化资源,同时让供应商推介及示范他们的电子产品。香港在信息化教
学资源建设方面十分注意发挥教师、学生、家长和社会各界的力量。

（六）值得借鉴的经验

发达国家和地区的信息化教学资源建设主要以网络教学资源建设为
主,资源建设各有其特点,概括起来有下述值得借鉴的经验。

（1）重视大型教学资源门户网站建设。例如美国的 ERIC,英国的
NGFL,韩国的 EDUNBT 等,这些教学资源门户网站不但提供丰富的教学
资源,而且十分重视对教学资源的组织与分类,提供相关目录检索等服
务,方便师生便捷地获取教学资源。

（2）重视信息化教学资源的规范建设。规范建设有两个方面的含义:
一方面是指重视教学资源建设标准的制定和遵循,例如法国教育部在
1999 年"国家工业产权署"申请了"教育认可"（RIP）标志,以此来保
证教育软件和多媒体教学资源的可靠性,使其适应教育系统的需求。信息
化教学资源必须通过教师和专家的鉴别,确认其符合教育学要求,并由多
媒体委员会认证,才可以在学校教育中使用。凡是法语国家或欧盟成员国
的作者和出版者均可向法国教育部申请此标志。获得 RIP 标志的教学资源
必须符合教育学、技术和法律三个方面的标准。另一方面是指重视对教学
资源建设的整体规划和组织管理,例如上文中的韩国和英国。

（3）重视政府、企业、学校以及社区、家庭之间的合作,充分发挥
各方面的力量共同建设信息化教学资源。日本和韩国都十分重视发挥民间
力量的作用,英国虽然已经建有丰富的教学资源,依然很重视与公司的合
作以及与社区的互动。

（4）信息化教学资源的共享与本土教学资源建设并举。国外在尊重
知识产权的前提下,不仅重视通过各种途径共享国内外的教学资源,而且
重视对外来教学资源的加工整理,以符合本国的社会文化价值观。并且重
视对本土教学资源的建设,例如日本就十分重视开发符合当地文化风俗和
需求的教学资源。

（5）重视信息化教学资源的评价,注重发挥学校和教师在信息化教
学资源建设中的作用。国外在教学资源建设主体多元化的情况下,仍然十
分重视学校和教师的作用。学校和教师不仅参与教学资源建设,而且对教

学资源评价有重要的影响，美国和英国通过调查等形式了解教师和学生对教学资源使用的评价意见，英国学校和教师在对教学资源分析评价的基础上，自主采购需要的教学资源。

（6）为偏远落后地区以远程教育的形式提供信息化教学资源。例如美国通过远程教育，向偏远地区和农村的公立中小学提供可以获得学分的课程，丰富了这些地区的教学资源，使学生得到了更多、更好的学习与发展机会。

四　国外信息化教学资源的应用

（一）应用现状

国外向来重视信息化教学资源在课堂教学中的应用，近年更加关注学生对信息化教学资源的应用。

美国布什总统于 2001 年发布《不让一个孩子掉队》（*No Child Left Behind*）的教育改革计划，将数字化学习（E－Learning）作为美国基础教育信息化发展的新战略，促进了信息化教学资源在中小学的应用。据调查，在 2003 年，美国有 86% 的教师在网络上查找课程资料，有 66% 的教师利用网络教学资源来增强课堂教学效果，有 30% 的教师组织学生利用网络资源进行探究学习。[①]

为了充分了解信息化教学资源在基础教育信息化中的地位，英国教育传播与技术署在 2000 年做了相关调查和研究。BECTA 通过调查 2110 所 3—6 年级学校，来研究信息技术和信息化教学资源在学校实际应用中的效果，结果显示，具备良好信息化教学资源的学校有 77% 的学生达到了国家课程要求的水平，而不具备良好信息化教学资源的学校达到要求的人数则是 68%，[②] 由此可见，信息化教学资源有提高教学质量的重要作用。2006 年 3 月，英国教育传播与技术署组织的关于信息化教学的调查结果显示，继交互白板在教学中的应用以后，网络教学资源在教学中的应用迅速增加，参与调查的 21% 的中学教师反映，至少有一半的课程应用了网络教学资源。[③]

日本利用信息化教学资源来改变以往学校传统的、以班级为单位的集

---

① 《美国国家教育统计中心 2003 年统计资料》（http：//nces. ed. gov）。

② 葛建新：《英国中小学信息通信技术教育概况》，《中小学信息技术教育》2002 年第 7—8 期。

③ "Curriculum Online Evaluation Update"（http：//partners. becta. org. uk/page_documents/corporate/projects/cab/col_evaluation_update. pdf. ）。

体学习方式，主张在课堂教学中利用信息化教学资源。1999 年 12 月，日本政府制订了《教育信息化实施计划》，提出到 2005 年全国中小学所有科目都要实现计算机与互联网授课，充分利用互联网上丰富的教学资源。文部省规定从 2002 年新学期起，新课程"综合学习课"必须把该课程教学与互联网结合起来。

韩国教育部在 1999 年提出小学、初中要"把教学从以书本为中心的教育中解脱出来，使之能灵活运用教育信息网和多媒体、计算机进行教育"，重视中小学的信息化教学。

新加坡早在 2001 年，小学里 30% 的课程教学就是利用计算机进行的。新加坡教育信息化二期规划更强调在已有硬件的基础上，将信息技术融入新教学体系，并通过改造学校的文化，推动和支持学生自主学习。

发达国家不仅重视信息化教学资源在课堂教学中的应用，而且重视利用信息化教学资源促进教学方式和学习方式的变革，培养学生利用信息化教学资源学习的能力，促进信息素养的提高和创新能力的培养。此外，发达国家普遍重视对教师的培训，提高教师进行信息化教学的能力，促进信息化教学资源的应用。

（二）应用方面的研究

在教育技术发展的不同阶段，美国一直关注如何在中小学教学实践中应用不同的教学资源，早在视觉教学阶段就明确提出要根据使用者的需求开发相应的教学资源。教学资源只有应用于教学实践，才能发挥其应有的作用。美国在不同的阶段采用不同的理论指导中小学教学资源建设与应用。在视听教学阶段，韦伯在赫尔巴特教学理论的指导下提出电影资源教学的 6 个步骤：准备、放映、非正式讨论、补充放映、正式背诵、检查。霍邦等人在 1937 年出版的《课程的视觉化》一书中提出了视觉教材的分类模式和选用原则，[①] 指出在选择视觉教材时要考虑视觉教材本身的现实性、学生过去的经验范围和性质、教育目的和教师环境、学生智力的成熟程度四个方面，这些原则对于网络教学资源的应用仍有指导价值。20 世纪 60 年代，在传播学和系统论的影响下，美国开始把教学资源作为教育传播过程的一个要素进行研究。其中有代表性的是艾博克博士（Sidney C. Eboch），他根据对教学资源应用的具体方法和环境，以及反馈信息的

---

① 张祖忻：《美国教育技术的理论及其演变》，上海外语教育出版社 2002 年版，第 87 页。

分析，提出了"视听与教育传播过程的关系"的理论模型。

随着网络的普及和网络教学资源的日益丰富，美国在关注其他形式的教学资源研究的同时，更多地关注网络教学资源应用的研究。在影响教学资源应用有效性的因素、教师对信息技术的应用、学生的学习效果、教学资源的应用的指导等方面取得了一些研究成果。M. J. 汉纳芬与 K. L. 佩克在 1988 年写的《教学软件的设计、编制、评价》中不仅论述了优秀教学软件资源的标准，还论述了怎样使用教学软件资源才能使教学最为有效，这些成果在中小学的推广提高了中小学信息化教学资源的应用效果。近年来，关于网络教学资源的研究更加深入，注重网络教学资源的应用过程中对教师、学生产生的影响以及网络教学中交互效果等方面的研究。Falvo. David A.（1999）博士对西弗吉尼亚州五位参与 K12 农村网络项目的教师进行了定性研究（K12 项目是由美国科学基金会资助的为西弗吉尼亚 400 所学校培训科学教师的项目），探讨教师如何将网络教学资源融入课堂教学，并分析了网络教学资源应用对教师专业实践的影响，教师除了在学校范围内交流，还可以在广阔的空间中在交流中发展。[①] N. K. Omisda 博士（2003）研究了学生应用网络学习资源的态度变化，对学生使用传统学习资源如印刷教材等与使用网络学习资源学习时的态度进行了对比研究，指出学生的信息素养与网络教学资源的应用相关度比较高，信息素养较高的学生应用网络教学资源学习的态度更积极。[②] Bartoshesky Abigail（2004）博士对中学语言教师应用网络教学资源教学进行了研究，指出设计良好的语言教学网站有助于教师便捷地获取与应用资源，语言教师不仅在发音、口语、写作和词汇的教学中使用网络教学资源，而且文化背景知识的教学中会更多地应用网络教学资源。[③]

应用网络教学资源教学引发了教学模式的变革，例如自主学习模式、合作学习模式以及探究性学习模式等教学模式，其中影响最大的是探究学习模式，即 WebQuest 学习模式。WebQuest 学习模式是由美国圣地亚哥州立

---

① Falvo. David A（1999），A qualitative study of five West Virginia K – 12 RuralNet Project teachers merging the Internet into their instruction and how the Internet affects professional practice, West Virginia University.

② Njagi. Kageni Omisda（2003），Students' attitude towards Web – based learning resources, Clemson University, Dissertation Abstracts International, Volume：64 – 07.

③ Bartoshesky Abigail（2004），Cyber resources for language education：Accessing and using Web – based target language materials, The George Washington University.

大学 Bernie Dodge 和 Tom March 于 1995 年年初开发的一种基于网络教学资源、以学生主动探究为主的学习模式。学习需要有明确的学习主题或问题，这类问题可通过资源利用而得到解决，问题有多种解答。一般的探究学习模式包括了介绍、任务、资源、过程描述、学习建议、评价和总结七个方面。这一模式在全球不同国家得到了推广，促进了网络教学资源的应用。

此外，国外学者对偏远地区应用网络教学资源的新型教学模式做了实验研究，例如苏格兰教育机构组织了由官方资助或多方合作投资的多项专题实验研究。针对苏格兰大部分地区人口密度小而且分散偏远等区域特点，进行了实验研究。① 其中偏远社区乡村小学跨越信息高速公路的教学实验，使位于阿伯丁和当蒂地区的 18 所乡村小学校（指教师人数在 2—4 人之间的学校）和几所中小学师生突破时空限制应用网络教学资源，探索问题解决型（Problem – Solving）教学模式。

（三）小结

国外对信息化教学资源应用的理论和实证研究都取得了较多成果，美国、英国等发达国家注重根据信息化教学资源需求开发资源，并通过建立资源门户网站管理和促进信息化教学资源的共享，重视对中小学网络教学资源应用的研究，并探索了应用网络教学资源的新型教学模式。通过建立教学资源中心为信息化教学资源应用提供支持服务，实施中小学远程教育，开展了贫穷、偏远、落后地区网络教学资源应用的实验研究。国外虽然在信息化教学资源的优化方面取得了较多的研究成果，但对贫穷、边远、落后地区中小学信息化教学资源的应用研究还比较欠缺，这方面的研究还未得到政府和研究人员的足够重视。

第二节　国内研究现状

一　文献检索与搜集

由于指称信息化教学资源的概念较多，笔者在进行文献调研时，除了以"信息化教学资源"为关键词在专业数据库和搜索引擎中检索外，还用与其名称和意义一致或趋近的词进行了搜索，使文献调研尽可能充分全面。表 2—3 是 2006 年 6 月的检索结果。文献检索在初期的大规模调研

---

① 张舒予：《英国苏格兰的教育改革与学校信息技术教育》，《外国教育研究》2003 年第 6 期。

后，贯穿课题研究的整个过程，支持课题研究的不断深入。对数据库中的检索结果，笔者在逐条浏览的基础上，筛选研读有价值的文献。当数据库中用题名方式检索到的结果较少或为零时，笔者又以关键词方式、摘要方式进行扩展检索。搜索引擎上的检索结果在 1000 条以下时，逐条浏览筛选；检索结果超过 1000 条时，对前 500 条逐条浏览，然后利用从中提炼出的关键词以及设计、开发、建设、管理、应用、评价等关键词在结果中再次检索，对二次检索结果逐条浏览，筛选有价值的文献做了全文研读。此外，还运用追溯法等方法，从各种途径搜集并研读相关文献。

表 2—3　　　　　　　　国内信息化教学资源相关文献的检索情况

检索式	数据库	检索结果
TITLE （教学资源）	中国期刊全文数据库	614
	中国优秀博硕士学位论文全文数据库	62
TITLE （教育资源）	中国期刊全文数据库	65
	中国优秀博硕士学位论文全文数据库	65
TITLE （学习资源）	中国期刊全文数据库	129
	中国优秀博硕士学位论文全文数据库	6
TITLE （教育信息资源）	中国期刊全文数据库	97
	中国优秀博硕士学位论文全文数据库	6
TITLE （多媒体资源）	中国期刊全文数据库	18
	中国优秀博硕士学位论文全文数据库	6
西部教育	中国期刊全文数据库	118
	中国优秀博硕士学位论文全文数据库	12
信息化教学资源	Google	2460
信息化教育资源	Google	4280
信息化学习资源	Google	556
数字化教学资源	Google	5140
数字化教育资源	Google	1990
数字化学习资源	Google	2230
远程教育资源	Google	134000

检索式	数据库	检索结果
多媒体教学资源	Google	32300
信息化教学资源	Baidu	2980
信息化教育资源	Baidu	2280
信息化学习资源	Baidu	729
数字化教学资源	Baidu	7180
数字化教育资源	Baidu	2440
数字化学习资源	Baidu	3290
远程教育资源	Baidu	182000
多媒体教学资源	Baidu	14800

二　信息化教学资源建设的研究

信息化教学资源建设研究主要有信息化教学资源的设计、开发、资源建设标准、建设策略等方面。信息化教学资源的开发与应用作为教育信息化的核心，研究不够充分。根据中国期刊网中的检索结果（见图 2—1），可以发现信息化教学资源的研究随着教育信息化的发展在逐步增多，从信息化建设之初对信息化环境的关注转为对教学软件使用的关注，再到目前对信息化教学资源建设与应用的关注是一致的。从图 2—1 中可以看到，对信息化教学资源的研究自 2001 年才开始逐渐增多，之前只有少量零星的研究，信息化教学资源的研究还比较欠缺，现有的研究主要是资源建设的方法、原则、目标及策略等方面的内容。

（一）信息化教学资源开发方法、原则与目标方面的研究

宋玉英（2004）从宏观的视角指出，教学资源开发是一个非常复杂的系统工程，既包括教师、教材、学生资源的开发，还包括传统教育技术及手段、现代教育技术、学校及社会中科技资源、国际教学资源的开发与利用等等。[①] 朱亚莉（2002）提出了中小学网络教学资源的分类体系与开

---

① 宋玉英：《教学资源的开发与利用》，《兰州教育学院学报》2004 年第 2 期。

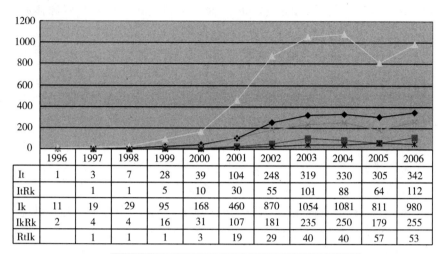

	1996	1997	1998	1999	2000	2001	2002	2003	2004	2005	2006
It	1	3	7	28	39	104	248	319	330	305	342
ItRk		1	1	5	10	30	55	101	88	64	112
Ik	11	19	29	95	168	460	870	1054	1081	811	980
IkRk	2	4	4	16	31	107	181	235	250	179	255
RtIk		1	1	1	3	19	29	40	40	57	53

注：It、ItRk、Ik、IkRk、RtIk 表示在中国期刊全文数据库中检索方式；

It：TITLE（教育信息化）　　ItRk：TITLE（教育信息化）AND KEYWORD（资源）；

Ik：KEYWORD（教育信息化）　　IkRk：KEYWORD（教育信息化）AND KEYWORD（资源）；

RtIk：TITLE（资源）AND KEYWORD（教育信息化）。

图 2—1　1996—2006 年国内关于教育信息化与资源的研究情况

发建议。[1] 王曼文、丁益民（2004）在对远程教学资源建设存在问题分析后指出，教学资源建设要充分考虑学生的学习需求，走多元化的道路。[2] 李宇（2005）研究了基础教育中网络英语课程资源的开发与利用。[3] 余艳等学者（2006）指出，网络教学资源建设要从技术性、教学性、人文性和个性化四个方面考虑。[4] 周玉滨等学者（2006）提出数字化教学资源库开发与设计应遵循教学性、科学性、开放性、应用性、层次性和经济

---

[1]　朱亚莉：《中小学网上课程资源的分类体系及开发建议》，《中国远程教育》2002 年第 10 期。

[2]　王曼文、丁益民：《浅议远程教育教学资源的建设与应用》，《河南广播电视大学学报》2004 年第 3 期。

[3]　李宇：《基础教育中网络英语课程资源的开发与利用》，湖南师范大学，2005 年。

[4]　余艳、王忠华、易鹏：《教育信息化环境下的网络教学资源建设》，《教育技术导刊》2006 年第 8 期。

性原则。[①] 柯和平、周玉芬（2006）提出了高校数字化教学资源体系的建设方案。[②] 马宁、余胜泉（2006）对区域性教育资源建设与整合的关键环节做了探讨，提出了地区级教育资源建设与评价的原则及管理方法等。[③] 房雨林（2006）在总结广东省教育信息化实践经验的基础上，指出信息化教育资源应成为信息化设施与教学实践之间的中介，信息化教学资源建设与应用的规划和推进应以人的发展作为系统的核心价值，以促进教育系统的整体优化为目标。信息化教育资源建设要以促进师生发展、支持常规课程教学、实现动态持续发展为目标。[④]

（二）信息化教学资源建设现状与策略的研究

为了了解教学资源建设的状况，避免教学资源重复建设和适用性差的问题，有学者对教学资源的建设现状与需求情况进行了调查研究（陈莉，2002；夏明会，2002；曾祥翊等，2004；王珠珠等，2005；张天霞，2005；徐恩芹等，2006；郭晓宁，2006；齐秋香，2006）。谭金波等（2005）对基础教育网络资源现状与教师需求做了调查研究。[⑤] 齐秋香（2006）研究了山东省基础教育中数字化教育资源建设的现状，并就存在的问题提出了对策。徐恩芹等学者（2006）对北京市中小学教师教学资源需求的调查发现，在信息化建设比较好的北京地区中小学，软件教学资源的建设还不能满足教师的需要。

常明立（2004）针对教学资源建设中存在资源冗余、利用低效、区域建设不平衡、质次、类型单调等问题，提出通过更新教育观念、规范操作、优化资源配置等来开发满足教学需要的教学资源。[⑥] 李长著、俞树煜根据对西北民族教育信息化进程的研究，指出信息化教学资源中民族教育信息资源匮乏。[⑦] 王冬梅（2004）研究了农村中学信息化教学资源建

---

① 周玉滨、付国鑫、宋海峰：《数字化教学资源库的设计与开发》，《边疆经济与文化》2006 年第 1 期。

② 柯和平、周玉芬：《数字化教学资源体系的构建与应用研究》，《职业技术教育（教科版）》2005 年第 16 期。

③ 马宁、余胜泉：《区域性教育资源建设与整合》，《中国电化教育》2006 年第 2 期。

④ 房雨林：《基础教育信息化资源开发与应用的有效性研究》，《电化教育研究》2006 年第 9 期。

⑤ 谭金波、石晋阳、李艺：《基础教育网络资源现状与教师需求的调查研究》，《中国远程教育》2005 年第 6 期。

⑥ 常明立：《教学资源建设：现实与思考》，《江苏广播电视大学学报》2004 年第 3 期。

⑦ 李长著、俞树煜：《西北民族教育信息化进程探析》，《电化教育研究》2004 年第 12 期。

设策略。[①] 孟小芬（2005）研究了中西部地区农村中小学现代远程教育工程资源建设体系。[②] 何克抗（2003）提出，在区域内由基层的教育行政机构组织，采取以教师建设为主、购买为辅，分步建设、各校共享的资源内容建设模式，以及采用专家评审与群众（用户）评价相结合的资源评审方式。[③] 王珠珠等（2005）在对全国中小学教育信息化建设与应用状况进行大量调研的基础上，针对基础教育信息化教学资源建设中的问题，提出了资源建设的对策。[④] 张敬涛、李馨（2006）在分析我国基础教育资源建设的现状和国外中小学教育资源发展态势的基础上，进一步探讨了基础教育资源建设的发展策略。[⑤]

高秀英（2006）提出建设信息化教学资源库要积极利用已有的教学资源，充分发挥企业作用，积极参加课题开发任务，鼓励教师按知识点开发。[⑥] 熊才平（2006）针对现阶段学校信息化教学资源配置城乡差距巨大的现实，提出要以信息技术促进基础教育信息资源配置城乡一体化，以县为中心，集中资金建设大型数字化基础教育信息资源库的解决方法。[⑦]

教育信息化发展不平衡的现状以及人们对教育信息化效益的关注，吸引了一批学者开始关注区域教学资源建设。桑新民等（2005）学者从区域教育信息化发展的视角，提出在加强校本教学资源建设的同时，资源建设应由学校向区域提升。[⑧] 梁展鸿（2005）分析了区域内中小学网络教学资源建设中的具体问题。马宁、余胜泉（2006）从理论上对地区级教育资源建设与整合做了探讨。[⑨] 区建峰、何克抗（2006）研究了支持新课改

① 王冬梅：《农村中学信息化教学资源建设策略研究》，东北师范大学，2004年。

② 孟小芬：《中西部地区农村中小学现代远程教育工程资源建设体系研究》，陕西师范大学，2005年。

③ 何克抗：《把脉中国教育资源建设》，《中国远程教育》2003年第8期。

④ 王珠珠、刘雍潜、黄荣怀、赵国栋、李龙：《中小学教育信息化建设与应用状况的调查研究报告（上）》，《中国电化教育》2005年第10期。

⑤ 张敬涛、李馨：《论我国基础教育资源建设策略》，《电化教育研究》2006年第10期。

⑥ 高秀英：《论信息化教学资源的开发建设》，《教育信息化》2006年第9期。

⑦ 熊才平：《以信息技术促进基础教育信息资源配置城乡一体化研究》，《中国电化教育》2006年第3期。

⑧ 桑新民、郑文勉、钟浩梁：《区域教育信息化的战略思考》，《电化教育研究》2005年第3期。

⑨ 马宁、余胜泉：《区域性教育资源建设与整合》，《中国电化教育》2006年第2期。

的区域性网络教育资源建设，指出区域性网络教育资源建设应以学习者为中心并以与教育人力资源、教育环境资源、教育信息资源三者交互结合的"人文发展观"为指导，结合"资源开发—资源整理—资源共享—资源应用—资源更新"的资源建设流程，采用"五维发展循环"的资源建设新模式。①

三　信息化教学资源管理方面的研究

信息化教学资源应用在教学过程中出现了一些问题，促使学者们对教学资源建设问题进行研究和反思，关于教学资源建设质量与管理的研究逐渐增多。并参照国外相关标准，制订了符合我国情况的相关标准以规范教学资源建设。主要有我国教育信息化技术标准（CELTS）体系中与资源建设有关的《学习对象元数据》（CELTS－3）、《教育资源建设技术规范》（CELTS－41）、《基础教育教学资源元数据规范》（CELTS－42）3 个标准。

对信息化教学资源管理研究方面，周敏（2001）研究了基于分层代理结构的现代远程教育资源组织管理方法与技术，张勉（2003）对基于数据库的多媒体资源库管理平台做了研究，李兴朝（2004）研究了电子绩效支持系统在网络教育资源管理中的应用，邢冰（2004）研究了知识管理在教育资源管理系统中的应用，周金凤（2005）根据网络教育技术标准研究了教育资源管理系统的设计，张淑英等（2006）对基于 EJB 技术的网络教育资源管理系统进行了研究，姚娜（2005）对基础教育网站资源建设的现状和问题做了调研分析，朱敏（2006）研究了基于网格的教育资源管理，窦明武（2005）、李莹（2006）研究了基于校园网的教学资源管理系统。

四　信息化教学资源应用方面的研究

随着我国教育信息化从硬件建设进入普及应用阶段，关于信息化教学资源的应用研究成果也逐渐增多。人们也从教育信息化建设起步阶段关注信息技术应用转向关注资源应用。信息化教学资源应用的研究方针从两个

---

① 区建峰、何克抗：《支持新课改的区域性网络教育资源建设研究》，《课程·教材·教法》2006 年第 4 期。

方面展开：一是宏观方面的教学资源的共享，二是信息化教学资源在教学中的应用。

（一）信息化教学资源的共享

教育信息化的效益问题与优质教学资源的短缺，吸引学者们研究教学资源的共享问题。黄荣怀（2004）调查了信息技术在中国中小学教育中的应用现状，提出要加快开发和制作符合新课程改革精神，适应不同地区、不同要求的教育教学资源，研究中小学教育教学资源共享机制，制定相应的认证标准，形成良好的市场和共享机制。曾祥翔等（2004）从数字化资源的五个方面调查研究了中小学网络教育的现状与问题，提出了对策与建议。周凌（2004）提出，要用系统的观点整合教学资源，发挥教学资源的最大效益。雷淑霞（2006）从共享环境建设、模式建设、平台建设、基础建设和方向建设五个方面提出了西部欠发达地区基础教育信息资源共享建设的思路。蔡海波（2006）研究指出，网络教育资源整合要注重综合利用资源、动态补充资源、协调管理资源、完善管理制度四个方面，针对资源库在教学实践运用中存在的问题，提出要加强资源规划、因地制宜整合资源等措施。冉新义（2006）概括了教育信息资源的校（馆）际交换共享、卫星电视直播共享和互联网络共享的三种模式，并分析了教育信息资源共享的障碍。

（二）信息化教学资源应用现状及相关因素的研究

胡之骐（2005）对重庆市普通中学网络教育资源利用情况进行了调查研究，提出了开发利用网络教育资源的对策。王珠珠（2005）研究指出，数字化资源应用要与教学策略相结合。王珠珠等（2005）调查了中小学教育信息化建设与应用状况，发现东西部之间、城乡之间在教育信息化和教学资源的应用方面有很大差距，教师技能培训不足、学校缺乏相应的推动与鼓励政策是信息化教学资源应用的阻碍因素。马贵斌（2005）对校园网络环境下网络课程的教学应用方式进行了研究。彭声泽对西部地区高校网络教育资源利用现状进行了研究，指出西部地区网络教育资源应用中存在信息资源环境落后、个人应用技能不足、资源适用性差等问题。滕瀚（2005）运用个案研究法，对薄弱学校通过网络对外校优质教学资源的运用做了研究，提出将网络教学资源进行校本化，可以增强教学资源的适用性和应用效果。

农村中小学远程教育工程实践存在的问题，吸引了不少学者对远程教育资源应用展开研究。王曼文、丁益民（2004）根据对远程教育资源应用的研究，指出在资源建设时要充分考虑学生的学习需求，走多元化建设道路。高勇、魏玲玲（2005）指出，远程教学资源缺乏整合应用，造成了教学资源的闲置浪费和应用率不高。张秋生（2005）分析了农村中小学教师在现代远程教育资源应用中的障碍，提出了相应对策。张朝华、赵呈领（2006）研究了IP资源在农村中小学课堂教学中的具体应用，万力勇（2005）对IP资源在西部欠发达地区中小学应用的现状和对策进行了研究。张晓军（2006）研究了农村远程教育中卫星教学收视点的资源应用。吴丽娟、方正平（2006）对农村中小学现代远程教育资源应用现状进行了调研，发现教师的资源应用水平低下、资源与教材不匹配、资源整合深度不够、缺乏优秀的资源应用平台与基于课程的系统化资源是远程教育资源应用中存在的主要问题。[①] 龚道敏（2006）对湖北省恩施州中小学现代远程教育资源的应用现状进行了调查，指出了存在的问题，总结了一些应用的经验。[②]

五 西部地区教育信息化的相关研究

西部地区中小学教育信息化以外力推动为主，主要是近年来国家实施的一系列重大工程的推动：现代远程教育工程（1999）、"校校通"工程（2000）、西部中小学现代远程教育工程项目（2001）、农村中小学现代远程教育工程（2003）等。农村中小学现代远程教育工程提出的三种模式是西部地区中小学特别是农村中小学教育信息化发展的主要模式。在农村中小学现代远程教育工程（2003）实施之前，关于西部地区教育信息化的研究较少，从中国期刊数据库中以"教育信息化"题名加"西部"关键词检索到的40篇文献中，有6篇是信息报道类，其余34篇文章中，有9篇是论述教育信息化对西部地区发展的重要性，有3篇探讨高等教育信息化，1篇是关于西部少数民族地区教育信息化，2篇是关于教育信息化的融资方式，其余19篇是关于西部地区教育信息化发展中问题的分析与建议。从博、硕士论文库中检索到关于教

---

① 吴丽娟、方正平：《农村中小学现代远程教育资源应用现状分析与建设思考》，《教育技术导刊》2006年第3期。

② 龚道敏：《恩施州中小学现代远程教育资源应用现状调查》，《中国远程教育》2006年第6期。

育信息化的57篇论文中，相关性较高的是6篇研究西部地区教育信息化发展的论文。

分析上述文献，西部地区教育信息化发展中存在的问题主要有思想观念落后、资源有限、教育信息化投入不足、缺乏规划，教育资源的分布和发展不均衡与教育信息化规模效应之间的矛盾，教育信息化人才欠缺与人才单向流动的矛盾，城乡教育信息化发展不平衡等问题。郭炯、郭绍青（2004）指出，信息化教学资源重复建设，资源缺乏针对性等问题困扰着西部教育信息化的发展。耿才华（2006）指出西部农村教育信息化不能套用城市教育模式，要设计符合农牧区的教育模式和信息化发展模式，根据当地教育情境的特殊性，将信息化教学资源的引进与改造相结合。6篇学位论文中，孟庆军（2004）研究了内蒙古地区的民族教育信息化，吴琼（2005）研究了四川省中小学教育信息化现状及评价指标体系，冉新义（2005）对贫困地区基础教育信息化做了研究，熊才平（2001）和危义斌（2005）对基础教育信息化区域性均衡发展问题进行了理论探讨，石峰（2006）研究了重庆市民族地区中小学教育信息化。研究者根据研究中发现的问题，提出了一些相应的对策，对信息化教学资源建设的问题，只是略有涉及，民族教育信息化，农村和偏远地区的教育信息化是西部教育信息化的重点与难点。

六　信息化教学资源研究存在的问题

国内对信息化教学资源的开发、建设的原则和目标研究较为深入，提出了一些信息化教学资源的建设策略。有学者根据对信息化教学资源建设现状的调查研究，指出了信息化教学资源建设中存在的问题，提出了一些建议。从区域特点出发，对信息化教学资源建设与应用现状和问题进行研究的还很欠缺。一些学者对区域教育信息化、教育信息化的均衡发展等问题有所关注，提出了一些促进区域教育信息化发展的策略，但对于区域信息化资源建设与应用方面的研究很少涉及。针对某个区域信息化教学资源建设与应用存在的问题，如何结合区域特点和区域教育信息化的发展状况，整合优化区域信息化教学资源还没有取得有价值的研究成果。如何解决信息化教学资源建设与应用中的问题，提高信息化教学资源建设的质量、优化信息化教学资源的结构，探索出适合区域教学资源需求的信息化教学资源建设与管理机制，是目前亟待研究的问题。

　　虽然有学者关注教育信息化过程中的均衡发展问题，围绕西部教育信息化的问题开展了一些研究，但如何针对西部地区教育信息化的特点，优化西部地区的信息化教学资源，促进信息化教学资源在中小学应用方面的研究还比较少。当前在国家将基础教育均衡发展和教育公平作为教育发展重点的背景下，西部地区如何通过信息化教学资源的建设与应用缩小与东部地区和发达地区之间的教育差距，寻求适应西部地区教育特点的信息化教学资源应用策略，是亟待研究的重要问题。

第二篇　现状篇

第三章　西部地区中小学信息化
教学资源的应用现状

第一节　信息化教学资源概述

一　信息化教学资源的概念

信息化教学资源这一概念所指称的对象，与信息技术的变革有着密切的联系，人们对信息化教学资源概念的理解，在许多方面是一致的，同时由于它是新概念，人们对其内涵的理解又存在一些差异，缺乏严格的界定和完全一致的观点，致使理论研究与实践活动中出现了多种术语和概念来指称信息化教学资源。

与信息化教学资源的内涵接近或存在交叠、包含关系的概念主要有：数字化教学资源、教育信息资源、网络教学资源、网络学习资源、信息化学习资源、信息化课程资源及远程教育资源等。多种概念的出现，表明信息化教学资源作为新的资源形态，具有不同于传统教学资源的特点，使得人们从不同角度来诠释，每种概念都从某种角度强调其某方面的特征，有助于对信息化教学资源不同特点的认识，但同时，繁多的概念不利于对其内涵的准确把握，在使用时容易产生偏差和误会。因此，有必要对信息化教学资源进行深入研究，对其内涵做出明确界定，规范其概念和术语。另外，随着信息化教学资源的进一步发展，有些概念由于其自身的缺陷，会被时代所淘汰。

根据前文所述，借鉴其他学者对信息化教学资源的界定，笔者认为，信息化教学资源是指以现代信息技术为基础设计、开发、存储和处理的一切支持教与学活动的资源，主要包括信息化教学环境等硬件资源和信息化教学材料等软件资源以及人力资源。其中，现代信息技术是指现代媒体技术、现代传媒技术和现代教学设计技术，[①] 现代媒体技术是一种物化形态

---

① 　南国农主编：《信息化教育概论》，高等教育出版社 2004 年版，第 12 页。

的技术，主要指微电子技术、计算机技术和通信技术等①。本书主要研究信息化教学材料等软件资源，具体包括电子音像教材、电子文本、音频资源、视频资源、多媒体素材、课件、案例、题库、网络课程、多媒体软件等信息化教学资源。

二　信息化教学资源的类型

信息化教学资源有从资源建设、管理和元数据规范等方面的不同分类。本书主要从应用与管理的角度出发，考察信息化教学资源的类型，使其分类便于对资源的使用和管理，提高查找和使用资源的效率。信息化教学资源可以按其载体形式、传输方式、时空存在方式、内容表现方式等进行分类。

何克抗教授（2005）指出，狭义的信息化教学资源主要是指信息技术环境下的各种数字化素材、课件、数字化教学材料、网络课程和各种认知、情感和交流工具等。② 将信息化教学资源从表现形式上进行了分类。马贵斌（2005）认为，信息化教学资源包括教学软件、网络化教学资源、学习资源库等三大类型。③ 这种提法有待商榷，例如网络化教学资源和学习资源库中都可以有教学软件。王维等（2003）认为信息化教学资源包括数字视频，数字音频，多媒体软件，教学课件，CD - ROM、网站，电子邮件和数据文件等④，这里将各类信息化教学资源做了列举，但没有一个较为明确的资源类型划分标准。高秀英（2006）将信息化教学资源分为 8 类：课堂演示型、百科全书型、测量操练型、师生交互型、模拟仿真型、实验求解型、娱乐学习型及远程教学型。⑤ 这种划分突出了信息化教学资源的功能，体现了资源的应用特点，但类别之间有交叠，例如远程教学型资源中就可以含有测量操练、百科全书类等类型的资源。

教育部颁布的《教育资源建设技术规范》将常用的信息化资源主要分为 9 类：媒体素材（包括文本、图形/图像、音频、视频和动画）、试

---

①　何克抗、李文光编著：《教育技术学》，北京师范大学出版社 2002 年版，第 35 页。
②　何克抗主编：《教育技术培训教程（教学人员·初级）》，高等教育出版社 2005 年版，第 53 页。
③　马贵斌：《数字化教学资源的设计与应用》，硕士学位论文，山东师范大学，2005 年。
④　王维、解涛：《现代教育技术工作重在三 "心"》，《山东教育》2003 年第 14 期。
⑤　高秀英：《论信息化教学资源的开发建设》，《教育信息化》2006 年第 9 期。

题、试卷、课件与网络课件、案例、文献资料、常见问题解答、资源目录索引和网络课程。同时，该规范指出，"本规范所界定的教育资源是指以数字信号在互联网上进行传输的教育信息"①，可见，该规范是针对计算机网络教学资源制定的，没有包括以其他载体形式存在的数字化教学资源，例如光盘（硬盘等盘载）教学资源、卫星教学资源等。

余胜泉等（2004）根据上述规范将信息化教学资源概括为三大类：（1）素材类课程资源。包括媒体素材（文本、图形/图像、音频、视频和动画）、试题、试卷、文献资料、常见问题解答和资源目录索引等。（2）结构型课程资源。具体有课件/网络课件，操作与练习型、微型试卷、教育游戏类、电子期刊类、教学模拟类、教育专题网站、研究性学习专题、问题解答型、信息检索型、练习测试型、认知工具类和探究性学习专题等。（3）网络课程。② 余胜泉等提出，可以根据学科、适用对象和素材类型进行组合分类。

根据上述分类和西部地区信息化教学资源建设实际，信息化教学资源可以分类如下：根据资源传输方式，分为盘载资源（光盘、磁盘、硬盘等）、卫星数字教育资源、网络资源（局域网、互联网中的资源）等。按资源内容及表现形式，信息化教学资源分为：（1）素材资源（包括文本、图形/图像、音频、视频和动画）；（2）案例；（3）直播课堂；（4）课堂实录；（5）测试资料；（6）课件；（7）资源目录索引；（8）网络课程。（9）多媒体教学光盘；（10）工具类软件。下面就每类资源进行具体说明。

（1）素材资源。它是承载教学内容的基本材料单元，有文本类素材、图形（图像）类素材、音频类素材、视频类素材、动画类素材。

（2）案例。案例是指有现实指导意义和教学意义的代表性事件或现象。

（3）直播课堂。是指学生通过卫星网络和互联网络在异地实时接收教师讲课的形式，在课程学习过程中，师生可以借助电话、网络进行交流。

---

① 《CELTS－31：教育资源建设技术规范》（http：//www.edu.cn/html/keyanfz/doc20020210/13.doc）。

② 余胜泉、吴娟：《信息技术与课程整合——网络时代的教学模式与方法》（http：//www.etc.edu.cn/academist/ysq/newbook.htm）。

（4）课堂实录。是指将优秀教师的课堂教学或直播课程的教学过程录制下来，并进行二次开发改进，以适合学生自主学习的教学资源。

（5）测试资料。是指根据教育评价理论与数学模型等方法，针对教学内容，利用计算机系统实现的某个学科测试题目的集合。

（6）课件。是指通过教学设计、利用相关工具软件开发的展现一个或几个知识点的软件资料。

（7）资源目录索引。指列出某学科领域中各类载体形式的资源目录索引。

（8）网络课程。指通过网络表现的某门课程的教学内容及其实施教学活动的总和。

（9）多媒体教学光盘。是指利用文本、图形/图像、音频、视频和动画等多种媒体形式呈现的结构化的教学资源。

（10）工具类软件。指包括字处理软件、做图工具、搜索引擎等效能工具，语义网络工具、数据库、专家系统等认知工具，E - mail、聊天室等交流工具以及支持信息化教学的软件工具。

三　信息化教学资源的特征

信息化教学资源是应信息时代的技术发展而出现的新型教学资源，与传统教学资源有不同特征，信息化教学资源的特征可以从两个方面来看。

（一）信息化教学资源的主要特征

何克抗教授指出[①]，信息化教学资源具有以下特性：（1）处理数字化；（2）存储海量化；（3）显示多媒体化；（4）超文本结构组织信息；（5）良好的交互性。

余胜泉和吴娟对信息化教学资源特征概括较为全面[②]。（1）处理数字化；（2）存储海量化、管理智能化；（3）显示多媒体化；（4）超媒体非线性组织；（5）传输网络化；（6）交互性；（7）教学过程智能化；（8）信息结构的动态性；（9）探索性。

（1）处理数字化：是指将声音、文本图形、图像、动画、视频等信

---

① 何克抗主编：《教育技术培训教程（教学人员·初级）》，高等教育出版社 2005 年版，第 54 页。

② 余胜泉、吴娟：《信息技术与课程整合——网络时代的教学模式与方法》（http://www.etc.edu.cn/academist/ysq/newbook.htm）。

息经过转换器抽样量化，由模拟信号转换成数字信号，数字信号的可靠性远比模拟信号高，对它的纠错处理也容易实现。

（2）存储海量化、管理智能化：信息化资源一般包括大量视、音频数据，需要海量的存储设备，一般是大容量的磁盘阵列或者光盘库，通过大型数据库管理，可以实现快速查询和检索。

（3）显示多媒体化：是指利用多媒体计算机技术存储、传输、处理多种媒体学习资源，如声音、文本、图形、图像、动画等。这与传统的单纯用文字或图片处理信息资源的方式相比要丰富得多。

（4）超媒体非线性组织：信息化学习资源采用超媒体技术构建，支持文本、音频、视频、图形（图像）、动画等多媒体信息，并采用超文本方式组织信息，适合表现非线性的网状知识，非常适合人脑的认知思维方式，也有利于有效地组织教学信息，促进知识迁移。

（5）传输网络化：信息可以通过网络实现远距离传输，学习者可以在任何一台上网的计算机上获取自己需要的信息。

（6）交互性：交互性是新一代以"学"为中心的学习资源的核心特征，也是有别于传统信息交流媒体的主要特点之一。传统信息交流媒体只能单向地、被动地传播信息，而交互性的信息化学习资源则可以实现人对信息的主动选择与控制。

（7）教学过程智能化：它包括教学软件的专家系统对教学过程中信息资源使用的实时监控、数据采集、分析、提供帮助等机制，能根据学生的不同特点选择最适当的教学内容和教学方法，并可对学生进行有针对性的个别指导；不仅能发现学生的错误，而且能指出学生错误的根源，提出有针对性的辅导或学习建议。

（8）信息结构的动态性：对于各种学习资源，用户可以按照自己的目的和认知特征重新组织信息，增加、删除或修改节点，重新建立链接。

（9）探索性：网络上的学习资源非常丰富，可以看作是全球性的数字图书馆，人们需要的大量信息，基本都可以通过在网络上检索得到。

（二）新课程改革对信息化教学资源的特征要求

随着我国基础教育阶段新课程改革的全面实施，以学生发展为中心的新课程理念要求信息化教学资源具备新的特征，符合新课程的理念。

（1）新课程要求信息化教学资源的内容是面向学生的"以学为主"的"学习型"资源。要求改变过去资源建设主要为教师教学服务的"以教为主"的"助教型"资源建设思想。新课程要求信息化教学资源不但要便于学生掌握系统知识，还要支持以学生为中心的多样化学习方式，如研究型学习、协作学习、问题导向式学习、基于项目的学习等，倡导体验式学习和研究性学习，使新课程背景下的信息化教学资源既能帮助教师"教"得更好，又能帮助学生"学"得更快、更好、更轻松。

（2）新课程要求信息化教学资源的结构是"主题单元型"的系统化和结构化资源。需要根据先进的教育理论对教学资源进行精心设计。改变过去对文本、图片、视频、音频、动画等多媒体素材的简单堆积和对教学内容的简单呈现的做法。在"以学为中心"的教育理论指导下，对主题进行深度挖掘，引导学生思考，以启发、探索的方式促进学生学习，体现教师的帮助者和促进者角色。

（3）新课程要求信息化教学资源在形态上重视动态智慧型资源建设。以往的资源大多以静态素材库、课件库、教案库、试题库等形式存在，以硬盘或光盘为存储介质存放在服务器上，供师生下载使用，资源内容更新缓慢，没有充分发挥新技术的优势，将各地的智力资源利用起来。随着互联网的核心转向人力资源的"互联"、人的智慧的"互联"，"人"作为一种最宝贵的教育资源，在新课程改革背景下，要将人力资源的开发和利用作为信息化教学资源建设的重要内容，在继续加强着眼于"物"的静态的资源库建设的同时，要加强发展着眼于"人"的动态资源建设，使师生在交流、互动与合作中发展。

（4）新课程改革要求信息化教学资源是"智能化的知识管理"型资源。从资源系统性和结构性出发的传统管理模式，难以适应信息更新快、传播迅速的信息时代的要求，学习者和教师面对越来越多的教育信息资源，要能准确、有效、迅速地对海量信息进行筛选加工，必须改变传统的资源管理模式，采用"智能化知识管理"方式，使知识的获得、储存和传播更优化和合理化，充分利用各种智能技术，使师生借助知识管理平台共享和利用知识，激发师生生产和创造知识，丰富信息化教学资源。

四　信息化教学资源的建设模式

近年来"建网、建库、建队伍"的方针反映了各地教育部门对硬件环境建设、资源建设和教师队伍建设的重视。当许多校园网、城域网建设完成后，教育资源短缺问题日益凸显。何克抗教授指出："资源内容匮乏涉及的核心问题是资源内容如何建设，即建设模式问题。"①

目前，我国信息化教学资源主要有下述三种建设模式。

（一）从学校教学资源的来源看，有引进式和自主开发式两种模式

在引进式资源建设模式下，信息化教学资源主要是通过购买或者共享方式获得。在目前共享机制还不完善、共享意识不强的情况下，除了国家教育部门统一组织开发和提供的资源以外，大部分资源是向教育公司购买而来。引进式资源建设模式，可以在短期内获得大量可直接应用的资源。如果由省、市教育部门组织学校统一购买，还可以对本地区的教学资源进行宏观规划和配置，避免学校重复购买，节省资源建设成本。但是这类资源往往难以贯穿和体现新课程的理念，针对性和系统性也较差，不同公司资源的兼容性等问题，都影响到教师对资源的应用和应用效果。自主开发式资源建设模式有效地弥补了引进式建设模式的不足。自主开发式资源建设模式中建设主体以教师为主，资源建设能从教学需求出发，资源针对性和适用性较强。但这种资源建设模式对教师的能力要求比较高，资源建设缺乏统筹规划和充足的经费支持，容易出现低水平重复建设。

（二）从学校的资源建设途径看，有"征集评审式"和"课题引领式"两种建设模式

"征集评审式"模式通常是由教研部门结合教学资源建设现状与发展趋势，提出一定的资源评审标准和类别，以通知和文件的形式号召学校教师参与教学资源建设的模式。这种模式可以征集到来自教学一线的大量优秀教学资源，并且能在较短时间内获得大量资源，缓和教学资源供求不足的矛盾。但是，这种建设模式容易造成资源结构性短缺。"课题引领式"是基于项目管理的资源建设模式，通过教育研究者和教师申报各种级别和类型的科研课题来引导和促进教学资源建设。这种模式有利于根据教育教学改革的最新发展趋势，使科研人员与中小学教师协作开发教学资源，发挥研究者与教师各自的优势。广大中小学教师与教研员在课题培训与研究过程中，能得到专家的理论指导，研究人员与中小学教师的协作，使资源的设计开发能从中小学的教育教学实践出发，能避免资源的盲目开发和重复建设，又能提高教师教育研究水平和专业能力。"课题引领式"建设模式，需要有充裕的课题和经费支持，受课题经费的限制，有些资源建设难

---

① 何克抗：《把脉中国教育资源建设》，《中国远程教育》2003 年第 8 期。

以达到预期的标准和要求。

（三）基于资源平台建设模式和基于学科群网站建设模式

基于资源平台的建设模式可以方便资源存储和管理，这种方式利用数据库系统来存储资源，资源管理效率高，安全性好，这样能形成比较规范、通用的资源数据库。但其以数据记录为核心的资源用户界面视图过于生硬，界面不友好，不符合学习者的认知思维方式，不便于分主题检索和使用资源关联性较差。基于学科群网站的资源建设模式是在整合原有资源库基础上设立多个学科门户网站，以主题的方式向用户呈现某一学科相关资源，网站教育资源按照学科结构以及教师使用习惯设定不同的栏目及资源内容，可将每个学科的资源细化到教材的知识单元和知识点，使资源系统更加专业化、结构化，并可根据学科自身特色采用多种表现形式和管理方式。学科教师既可以直接运用门户网站开展教学活动，也可以在原始资源库中进行更为精细的检索，根据教学需要重新组合，形成了一个集资源共建共享、网络在线学习、联机电子备课、学科信息发布、多重互动交流等功能于一体的多学科、多层次的教学资源应用环境。

五 我国中小学的教育信息化现状

1. 中小学信息化建设取得了阶段性成果

自 20 世纪 90 年代后期以来，我国的基础教育信息化得到迅猛发展。苗逢春学者将 2003 年之前称为我国第一轮基础教育信息化，这一阶段取得的成就主要有：（1）我国中小学的信息基础设施初具雏形。截至 2003 年年初，全国中小学约有计算机 584 万台，平均 35 个学生一台（李连宁，2003），全国建成校园网和局域网约 10687 个。（2）信息技术必修课得到开设。截止到 2001 年年底，全国普通高中有 12519 所学校（92.15%）开设了信息技术课程，大中城市初中有 12511 所学校（65.32%）开设了信息技术课程；44190 所小学（10.32%）开设了信息技术必修课，并且教育部先后颁发了《中小学信息技术教育指导纲要（试行）》和高中信息技术课程标准。（3）教师对信息技术的学习和应用日益重视，相关的培训与教研活动提高了中小学教师信息技术应用水平。（4）学科教学更加重视对信息化教学资源的应用，信息化教学资源的建设越来越受到相关部门和教师的重视。

2. 中小学校园网发展迅速，但存在区域性差异

据王珠珠等（2005）的调查结果显示，63%的中小学已经建设了校园网，另外23%的中小学也计划在未来2—3年内建设校园网，也就是说，未来2—3年内，拥有校园网的中小学比例可能达到86%。城市与农村地区的差距仍然比较明显，城市地区已经有89%的中小学建设了校园网，而农村地区拥有校园网的中小学比例仅为35%，而且有29%的农村中小学没有建设校园网的计划。西部地区的校园网建设步伐远远落后于东部地区，东部地区将要达到普及中小学校园网的目标，已有95%的中小学建设了校园网，3%的中小学计划2—3年内建设校园网，而西部地区中小学校园网普及率仅为26%，有28%的中小学没有建设校园网的计划。①

3. 各类信息化教学资源日益丰富，建立了许多各有特色的教育网站

地区级的教育资源库建设规模不断扩大，内容逐步丰富和实用，建设了许多涵盖中小学各学科的音频、视频、动画、图片等教学资料，既适合教师备课时创作电子讲授稿，也适应学生课后自主学习的教育网站。相关的教学背景资料和教学案例，更加适合中小学生扩大知识视野和教师对教学重、难点的掌握。教学资源建设日益受到国家和各级教育部门的重视，广大中小学学科教师也参与并开发了一些适应中小学网络教育的教学资源，丰富了中小学校网络教学的资源。政府和教育科研类的非商业网站发展较快，许多教育行政部门、电教馆、教育信息中心、教研室、教科所等教育机构先后建立了教育信息网，一些教育报纸杂志等陆续建立了网站，提供网络版的报纸杂志，许多中小学校建起了校园网，有些积极性高、信息技术能力强的教师甚至建立了学科类网站等。这些网站提供的各种各样的教育信息和教育内容，大大丰富了信息化教学资源。②

4. 中小学教育信息化从基础设施建设期进入信息化教学资源应用期

随着"校校通"工程和中西部地区农村中小学现代远程教育工程等项目的推进，我国各地中小学都将逐步具备基本的教育信息化条件，我国基础教育信息化由基础设施建设阶段转向信息化教学资源应用阶段。"天地合一"的现代远程教育传输网络和基础教育资源库及各类学科专业网

---

① 王珠珠、刘雍潜、黄荣怀、赵国栋、李龙：《中小学教育信息化建设与应用状况的调查研究报告（上）》，《中国电化教育》2005年第10期。

② 曾祥翙、庄秀丽、刘德亮、黄慧：《我国中小学网络教育教学的现状、问题、对策及其发展趋势（下）》，《电化教育研究》2004年第11期。

站的建设，为信息化教学资源应用提供了基础。2004 年 12 月 15 日教育部印发了《中小学教师教育技术能力标准（试行）》，是我国中小学教育信息化进入教学资源应用阶段的重要标志。

5. 中小学教育信息化过程中存在严重的"数字鸿沟"

目前我国县镇以下农村中小学校有 53 万所，占中小学校总数的 88%，在校生 1.62 亿，占中小学生总数的 81%。这些地区，特别是中西部农村地区信息技术教育的设备和资源与发达地区相比存在巨大差距。截至 2002 年年底，全国中小学拥有电脑 584 万台，比 2001 年增长 59%，达到平均每 35 名学生才拥有一台电脑；在上海，平均每 8 名高中生、每 10 名初中生和每 15 名小学生在学校拥有一台电脑。而据 2001 年的统计数据，云南省平均每 186 名学生才拥有一台电脑，贵州省平均每 118 名学生才拥有一台电脑，甘肃省平均每 93 名学生才拥有一台电脑。西部农村乡镇以下的许多学校几乎没有一台电脑。全国共有小学校 49.13 万所，独立建制的小学将信息技术作为必修课的开课率仅为 10.33%，而且主要集中在大中城市。① 为了改变西部地区中小学教育信息化的落后状况，近年来国家先后实施了一系列工程推动西部地区的教育信息化建设。

6. 我国基础教育信息化存在的问题

我国在教育信息化建设过程中，存在下述主要问题：（1）教育信息化基础设施建设有待加强。（2）教师信息化水平，尤其是中西部教师信息化水平亟待提高。（3）教育资源建设和教育软件开发不够，网上优质教育资源匮乏，不能有效整合，难以实现资源共享。一些学校网站、专题学习网站、专业网站、教师个人网站和学生学习网站等，由于资金有限、技术力量参差不齐等原因，网站上的资源内容比较散乱，不成体系，不便于检索和应用。（4）农村中小学计算机网络普及程度低，服务于农村中小学的教育资源和服务于当地农村经济发展的农业科技资源严重不足。（5）经费投入严重不足，严重制约了教育信息化的发展速度。（6）教育信息化发展不均衡。西部农村地区学校缺少最起码的网络和信息技术环境，西部教育信息化基础设施建设滞后，严重制约了西部教育的发展。②

① 吕瑶、吕森林：《谁在填平"数字鸿沟"》，《中国远程教育》2003 年第 20 期。

② 陈至立：《教育信息化发展与展望》（http：//xxb. lzu. edu. cn/index/wzxx/xx－02. htm）。

六　我国信息化教学资源的建设现状

1999 年，国务院批准了教育部提出的《面向 21 世纪教育振兴行动计划》，明确提出教育信息化是教育发展的重要主题，并指出信息化教学资源建设是重点。同年 3 月，教育部起草了《全国远程教育资源建设规划》，提出从 1999 年到 2001 年年底，投入 1.5 亿元开发教育资源库，该规划得到国务院的批准。此后，我国各类教育资源开发与建设不断升温，不仅各级教育部门和学校，而且包括一些教育公司都投入了大量人力、物力建设信息化教学资源，K12、中基网、科利华、清华同方等开发的教育资源库不断升级自己的资源。[1] 2000 年开始实施"校校通"工程，有力地推动了中小学教育信息化建设。2004 年，为加强基础教育资源的建设、整合现有基础教育资源，教育部在中央电教馆成立了基础教育资源中心，负责基础教育信息化及多媒体教育资源建设。在基础教育资源中心、中央电教馆和各地资源中心、电教馆的共同努力下，建设了大量教学资源，这些教学资源以免费方式提供给广大中小学使用。

"十五"期间我国教育信息化建设取得明显进步，初步形成了"天地合一"的现代远程教育传输网络。"有 90% 的高校、3.8 万多所中小学、近 6000 所中职学校基本建成校园网，农村中小学共建成近 8 万个教学光盘播放点、近 5 万个卫星教学接收点和 7000 多个计算机教室。初步建成了基础教育资源库、高等教育精品课程资源库、国家职业教育资源库。"[2]"到 2007 年农村中小学现代远程教育工程计划建成 11 万多个教学光盘播放点，38.4 万多个卫星教学接收点和 3.75 万多个计算机教室，受益农村中小学生将达 1.6 亿。"[3] 据教育部基础教育司司长姜沛民介绍，基础教育资源中心目前已经征集到的资源播出容量达 1000 GB，基本覆盖了义务教育阶段的所有科目，其中人民教育出版社制作的配套教学光盘有 2000 多个学时，都已送到中西部 22 个省、自治区、

---

[1]　余冠仕：《教育信息化：引领中国教育走向现代化》，《中国教育报》2002 年 10 月 12 日。

[2]　《落实科学发展观　加快教育事业发展——"十五"期间教育事业发展和改革的主要成就》，《中国教育报》2005 年 10 月 12 日。

[3]　吕诺、聂建江：《陈至立在农村中小学现代远程教育教学应用现场交流会上的讲话》，《中国教育报》2005 年 7 月 5 日。

直辖市的 1000 多个县；中国教育电视台每天播出 11 个多小时的空中课堂节目。一些地方开发了具有本地特色的教育教学资源，陕西省征集到 500 多件优秀课例、课件；湖北省成立 5 个资源建设工作组，开发了空中英语课堂；新疆和西藏还自制了约 1000 课时的维吾尔语、哈萨克语、藏语教学节目。①

当前，我国基础教育资源的数量、类型和质量都得到了很大发展。面向各个年级、学科和教材版本的光盘教学资源、卫星教学资源和计算机网络教学资源，都在不断丰富，并在中小学得到了使用。其中，各种中小学教育资源库和教育网站建设发展较快。除了中国基础教育网、中国中小学教育教学网等综合教育网站外，各类学科教学网站和网络资源库建设也取得了不少成果。各省市先后建设的基础教育信息网、国之源，校际通教育资源库，以及 TCL、科利华、K12 等公司开发的教育资源库等。

我国基础教育信息化教学资源的建设成果主要表现在下述方面：（1）在教育部门的规划和新课程改革的推动下，建设了一批符合新课程理念的优质教学资源；（2）信息化教学资源在信息化环境建设较好的城市和发达地区中小学得到了应用，取得了一定的成效；（3）通过农村中小学现代远程教育工程等项目推动，建设了多种形式的教学资源，有力地改变了农村学校教学资源严重匮乏的状况；（4）初步形成了由学校教师、教育事业单位、出版单位、企业等多种力量构成的资源建设队伍；（5）国家基础教育资源中心和部分省市区基础教育资源中心相继成立，基础教育资源的组织、管理机构逐步健全。

从总体上看，目前适合我国中小学教育教学需要的优质教育教学资源总量匮乏、质量不高、有效共享和有效应用程度偏低的现状不容乐观。优质教学资源如何与农村学校的实际顺利对接和应用，教学资源的结构性匮乏如何解决，信息化教学资源建设如何与新课程改革相结合，如何根据多种新教材、新的教育观念开发教学资源的模式等问题，是我国中小学信息化教学面临的现实而迫切的问题。

----

① 董洪亮：《农村中小学现代远程教育：教育公平新乐章》，《中国教育报》2005 年 7 月 5 日。

第二节　西部地区中小学的教育信息化现状

一　西部基础教育的特点

西部地区是指包括内蒙古、广西、重庆、四川、贵州、云南、西藏、陕西、甘肃、青海、宁夏、新疆在内的 12 个省市自治区，面积 685 万平方公里，占全国总面积的 71.4%。2002 年年末人口 3.67 亿人，占全国的 28.8%，[①] 地广人稀、自然条件差、经济发展落后等客观条件导致西部地区的教育发展落后，在总体上与东部地区及发达地区存在较大差距。在全国教育信息化从硬件环境建设转向教学应用阶段时，西部许多学校的信息化环境建设尚未完成。西部地区的基础教育主要有如下特点。

1. 西部地区教育发展落后，"两基"问题还未能解决，文盲率偏高，受教育人口比例低

2004 年时，仍有 372 个县没有普及九年义务教育，其中 60 多个县还未普及小学教育，260 多个县还没有基本扫除青壮年文盲。[②] 西部地区的青壮年文盲率达 7.3%，高于全国平均水平，而全国平均水平也是由于西部部分省区过低的文盲率拉低的，如贵州、西藏、甘肃、青海、宁夏等省，具体见表 3—1。

表 3—1　　　　　　　　　　西部地区人口文盲率[③]　　　　　　　单位:%

全国	内蒙古	广西	重庆	四川	贵州	云南	西藏	陕西	甘肃	青海	宁夏	新疆
6.72	9.12	3.79	6.95	7.64	13.89	11.39	32.50	7.29	14.34	18.03	13.40	5.56

西部地区适龄儿童入学率和小学毕业升学率 2003 年分别为 98.1% 和 93.8%，东部大部分地区在 1990 年这两个指标就已经达到 100%。[④] 西部

---

① 蔡茂华:《西部少数民族教育的区域失衡与发展策略》,《教育发展研究》2005 年第 4 期。

② 教育部资料:《我国农村教育的历史成就及未来发展的思路与的措施》,《中国教育年鉴》,人民教育出版社 2004 年版,第 158 页。

③ 刘永雷、牛铮超:《西部地区教育现代化发展研究》,《兰州学刊》2005 年第 5 期。

④ 国家信息中心,对中国教育地区差距的实证分析及政策建议（http://www.sei.sn.cn/printpage.asp? ArticleID = 63958）。

地区教育落后的另一个表现是每万人口中的在校大学生人数少，落后于京津沪地区和东部地区，见表3—2。在近年大学持续扩招的背景下，西部地区在校大学生数有较快增长，但是增长幅度低于东部地区，绝对数依然最低。

表3—2　　　西部地区每万人口在校大学生数与其他地区的比较①　　　单位：人

年份 地区	1990	2000	2003
京津沪	96	254	287
东部	17	45	90
西部	15	34	63

2. 基础设施差，教育信息化程度低

基础教育投入严重不足，教育资源短缺，办学条件差，是西部地区普遍存在的问题。据国家教育发展研究中心对中、西部地区农村的抽样调查：样本小学、初中课桌椅残缺不全的分别占37.8%、45.9%，实验教学仪器不全的分别占59.5%、70.3%，教室或办公室有危房的分别占22.3%、28.8%，购教具、墨水、纸本、粉笔资金不足的分别占32.5%、35.0%。② 受社会信息化水平的制约，教育信息化程度低，与东部及发达地区之间存在"数字鸿沟"。例如，东部地区生机比达到20:1的学校比例为74%，中部地区为61%，而西部地区仅为41%；东部地区已有95%的中小学建设了校园网，而西部中小学校园网普及率仅有26%。③ 西部不少省区在地理位置上属于我国边疆地区，交通不便，社会经济发展落后，信息化程度相当低。例如，地处我国北疆的内蒙古自治区，区域跨度大，人口居住及生产、生活方式分散。由于地区差异、经济发展不平衡等因素的制约，电信与广电网络在全区还未能实现全方位覆盖，一些边远和较落后地区的人们还不能享受到最基本的电话通信和

① 国家信息中心：《对中国教育地区差距的实证分析及政策建议》（http：//www. sei. sn. cn/printpage. asp？ ArticleID = 63958）。
② 于咏梅：《国家投入与西部地区的教育发展》，《理论导刊》2006年第9期。
③ 中小学教育信息化建设与应用状况的调查研究课题组：《城乡差距何时才能彻底消除？——中小学教育信息化建设与应用状况调查》，《中国教育报》2005年7月4日。

广播电视服务，电信网、广电网与计算机网等基础设施建设都不能满足内蒙古自治区经济、社会和教育发展的需求。

3. 城乡教育差距大，区域内部教育发展不均衡

农村教育是西部地区教育发展的重点和难点。部分城市中小学拥有全国一流的教育信息化环境和资源，但"西部地区还有 34% 的中小学没有计算机"①，这些学校 90% 以上是地处偏远的农村中小学，而且西部地区的农村人口大约有 2.82 亿，占西部总人口数的 78.4%②，农村地区经济不发达的现状制约着农村地区学校的教育信息化水平。

4. 少数民族众多，少数民族地区教育是西部教育的薄弱环节

据不完全统计，55 个少数民族中有 52 个分布在西部，西部地区少数民族人口占我国少数民族人口总数的 55% 以上。西部少数民族聚居区的小学中包含了众多规模小、效益低的小学甚至还有许多点校、帐篷小学、马背小学等。③ 少数民族大多数都拥有自己的语言、文字和宗教习俗，形成了各具特色的地缘文化和历史文化，这些特点增加了西部教育的难度。中国少数民族最多的云南省有 52 个民族，少数民族人口占全省人口总数的 38.07%，25 个人口在 4000 人以上的少数民族，有 23 个有自己的语言，有 11 个民族的 14 种语言文字已在民族地区学校作为母语教学。贵州省占全省人口 34% 的少数民族人口，有 1/3 不通汉语或汉语基础薄弱。为了解决这些地区教育的语言文字问题，一般都采用双语教学，但因能胜任双语教学的师资匮乏，少数民族文字课本的编订相当困难，适应双语教学的教学资源十分短缺。④

5. 师资力量薄弱

师资力量薄弱表现在教师数量不足、学历达标率低、能力素质较低等方面。西部地区中小学教师学历偏低，根据教育部 2007 年公布的最新数据来看（具体见表 3—3），西部 12 省区小学专任教师的学历水平与国家要求的专科以上的标准还有很大差距，除青海省高中及高中以下教师占小学教师总数的 39.94% 以外，其他 11 省区的比例均超过了 40%，其中广

---

① 刘永雷、牛铮超：《西部地区教育现代化发展研究》，《兰州学刊》2005 年第 5 期。

② 窦鹏辉、罗列、谷小勇：《西部农村教育的差距分析及其对策》，《中国农学通报》2005 年第 6 期。

③ 蔡茂华：《西部少数民族教育的区域失衡与发展策略》，《教育发展研究》2005 年第 4 期。

④ 梁克荫：《西部地区农村教育现状问题及其对策研究》，《民办教育研究》2005 年第 4 期。

西、贵州、云南、西藏、甘肃五省区超过60%，而北京和上海则有将近80%的小学教师具有专科以上学历。而且，由于西部地区教学条件差、教师待遇低，很难留住优秀教师，出现了优秀教师"孔雀东南飞"的情况，师资流失较为严重，代课教师较多。西部一些贫困地区农村地广人稀、生源分散，造成了不少教学点"一师一校"的状况，教学质量难以保证。此外，教师结构不合理、信息能力弱是西部地区中小学教师的另一薄弱之处，在西部农村地区尤其突出。据王嘉毅等学者（2006）对9686名西部地区农村中小学教师抽样调查结果显示，85%以上的教学点教师从来没有使用过计算机。①

表3—3　　　西部地区小学专任教师学历情况及百分比（总计）②　　单位：人，%

省份＼学历	合计	本科	专科	高中	高中以下
全国	5627465	257650	2485580	2789184	95051
百分比	4.58	44.16	49.55	1.69	
北京	48723	10765	28107	9572	279
百分比	22.07	57.64	19.63	0.57	
上海	38103	3712	25890	8264	237
百分比	9.74	67.93	21.68	0.62	
内蒙古	124307	7248	52517	62292	2250
百分比	5.83	42.24	50.11	1.81	
广西	200529	2126	77084	115899	5420
百分比	1.06	38.44	57.79	2.7	
重庆	113984	5363	62931	43916	1774
百分比	4.7	55.2	38.52	1.56	
四川	307859	9796	137305	154343	6415
百分比	3.18	44.59	50.12	2.08	

① 王嘉毅、吕国光：《西部地区农村教师计算机应用状况的调查与分析》，《电化教育研究》2006年第8期。

② 《小学专任教师学历、职称情况》，教育部网站（http://www.moe.gov.cn/edoas/web-site18/level3.jsp? tablename=1943&infoid=26948）。

续表

学历 省份		合计	本科	专科	高中	高中以下
贵州		180778	1963	52941	113946	11928
	百分比	1.09	29.28	63.03	6.6	
云南		218969	4170	72005	133364	9430
	百分比	1.9	32.88	60.91	4.31	
西藏		13610	133	3823	8801	853
	百分比	0.98	28.09	64.67	6.27	
陕西		188026	5506	84841	93156	4523
	百分比	2.93	45.11	49.53	2.41	
甘肃		128690	2996	45783	74748	5163
	百分比	2.33	35.57	58.07	4.01	
青海		27803	1365	15320	10469	649
	百分比	4.9	55.04	37.61	2.33	
宁夏		33897	1754	16095	15384	664
	百分比	5.17	47.47	45.38	1.96	
新疆		134862	8076	67215	57593	1978
	百分比	5.99	49.82	42.69	1.47	

6. 教育经费短缺严重，国家的教育扶持政策和财政转移支付等手段对西部教育影响重大

受经济发展水平的制约，教育投入有限，西部广大地区特别是农村地区的教育信息化建设，需要国家在政策和财政上的大力支持，自我发展的能力严重不足，许多农村学校信息化建设是通过国家的教育投入和相关项目建立起来的，可持续发展能力弱。仅从西部地区的生均教育经费就可见教育经费的短缺状况，如表3—4所示。

表 3—4　　　　　　　　不同地区生均教育支出情况对比①

地区	京津沪	东部地区	西部地区
教育投入指数	85.1	64.0	53.4
小学生均教育经费支出（元）	4193	1438	1183
初中生均教育经费支出（元）	4927	1944	1544
高中生均教育经费支出（元）	9782	4599	3051

　　长期以来，我国实行以乡镇为主的义务教育财政投入体制，使西部地区的中小学基础设施建设和师资配备等方面存在诸多问题。尽管 2001 年我国义务教育改为以县为主的财政投入体制，但西部地区由于所处的地理位置、自然条件、经济发展基础、社会发育程度等方面的差异，县级的财政能力不强，教育投入不足。例如在"国家八七扶贫攻坚计划"确定的592 个重点贫困县中，有 366 个县就属于西部地区②，国家的教育扶持政策和财政转移支持等手段对西部地区的教育影响较大。

二　西部地区中小学教育信息化现状

1. 国家实施的重大工程有力地推动了西部地区中小学教育信息化

　　西部地区中小学教育信息化离不开外力的推动，近年来国家实施的重大工程主要有：现代远程教育工程（1999）、"校校通"工程（2000）、西部中小学现代远程教育工程项目（2001）、农村中小学现代远程教育工程（2004）等一系列工程。"农村中小学现代远程教育工程"提出的三种模式是西部地区中小学特别是农村中小学教育信息化发展的主要模式。

　　1999 年，教育部开始立项远程教育扶贫示范工程，并于 2001 年 2 月正式宣布与香港李嘉诚基金会共同实施西部中小学现代远程教育工程项目，这是网络化、数字化、交互式远程教育在基础教育领域实践的开始。在 2003 年 12 月召开的西部中小学现代远程教育项目会议上，教育部部长周济宣布，经过近三年的努力，该项目在中国西部的 12 个省、自治区、直辖市，三个少数民族自治州和 240 个贫困县的 1 万所中小学建立了远程教育示范点。

---

　　① 闵维方、王蓉：《2005—2006 中国教育与人力资源发展报告》，北京大学出版社 2006 年版，第 198 页。

　　② 冯强：《中国西部地区的扶贫开发》（http：//202.115.49.147/bian/content. asp？ID = 161）。

西部大部分地区是经济欠发达的农村地区，中小学布局分散，情况复杂，教育信息化程度低，信息化进展十分缓慢，"农村中小学现代远程教育工程"是西部地区尤其是广大农村地区中小学实现教育信息化的主要方式。例如贵州省 2003 年以来，组织实施农村中小学现代远程教育工程，共建光盘播放点 8089 个，卫星教学收视点 14037 个，计算机教室 1572 个，共培训省级骨干教师 17745 人，覆盖了全省 95% 以上的农村中小学，受益学生 460 万人，教师 17 万人。[①]

2. 西部地区中小学教育信息化区域内发展不均衡，城乡差距大

例如宁夏中小学生机比为 34∶1，在全国平均水平之上，但其南部山区贫困县海原县在校学生 70028 人，仅拥有计算机 238 台，生机比为 294∶1。政府投入的资金，主要用于解决九年义务教育乃至温饱问题，边远农村小学和山区中小学的信息化建设只能靠国家西部扶贫项目乃至发达地区的捐赠[②]。

3. 优质教学资源的本土化问题

目前由国家统一组织开发或者由发达地区的学校、企业等机构开发的教学资源，由于缺乏西部地区中小学的本土特点，适用性较差。教学资源的本土化涉及语言、政治、历史、地域、法律、宗教风俗等多方面的因素。教育活动离不开当地的文化背景和社会环境，在农村中小学居多、少数民族聚居较多的西部地区，需要研究优质教学资源的本地化问题，使信息化教学资源既保持其特殊情景性，又能与当地的社会文化相适宜。

第三节　西部地区中小学信息化教学资源应用现状的调查

一　调查方法

为了了解西部地区中小学信息化教学资源的建设与应用现状，笔者运用文献研究法、实地观察法、访谈法、问卷调查法、网络研讨法等方法对西部地区的中小学教师、校长、管理人员进行了调研，掌握了西部中小学信息化教学资源应用的现状。在重点介绍问卷调查的实施结果之前，先简

---

① 任平：《贵州农村中小学现代远程教育工程的科学实践》，《中小学信息技术教育》2006 年第 10 期。

② 曾海军、郑兰琴：　《信息技术在中国大陆中小学教育中的应用现状与发展》（www3. fed. cuhk. edu. hk/ited/appofcomp2004）。

单介绍访谈法和网络研讨法在现状调研中的实施情况。

1. 访谈法

根据文献研究和实地走访的结果，为了进一步了解西部地区中小学信息化教学资源的应用现状，笔者编制了访谈提纲，于 2006 年 7—8 月，抽样访谈了西部地区 24 位中小学校长、25 名管理人员、30 位中小学教师，30 名中小学生。获取了丰富的第一手资料，掌握了西部地区中小学信息化教学资源应用的现状及不同人员在信息化教学资源应用过程中存在的问题。

2. 网络研讨法

笔者在参与教师博客群、咸阳民间电教网、新疆教师群、金张掖联盟、陕西教育联盟、隆安英语教师等西部中小学教师网络社群中关于信息化教学资源问题研讨的基础上，为了更有针对性地深入了解西部地区中小学信息化教学资源应用的问题，创建了"教育资源论坛"QQ 群开展专题研讨。网络研讨既弥补了西部地域广阔、受地理位置和经费等制约笔者不能对西部 12 省的教师进行大面积实地访谈的缺陷，又实现了传统的研究方法所不能达到的效果，将不同地理位置的教育管理者、中小学校长、学科教师、学校资源管理人员以及教育研究人员，聚集在一起，突破时空限制，进行同步和异步交流研讨。"教育资源论坛"群内的成员主要是西部 12 省区的教育行政管理人员（包括省、市、县的电教人员）、中小学校长、学科教师和中小学的资源管理人员及行政管理人员，此外，还有东部及发达地区的教育行政管理人员、学科教师和教育培训机构的人员，以及教育研究人员。在"教育资源论坛"中，以西部地区信息化教学资源设计、开发、应用、管理等为主题，对这些问题进行深入研讨，弥补了实地访谈、电话访谈的不足，并且能针对同一问题，听到不同地区、不同学校、不同人员的观点和见解，有助于对问题的全面了解和深入分析。在群内形成了由各成员可以选择自己感兴趣的教学资源话题主持讨论的氛围，而且，不同学校、地区的教师之间还可以进行资源共享。这种突破时空的交流方式不仅为本书提供了宝贵资料，而且促进了教师之间的交流与合作。

二　调查问卷的设计与实施

在前述文献研究与实地走访的基础上，笔者设计了《西部地区中小学信息化教学资源应用现状的调查问卷》，并征求华南师范大学 8 位专家、西北师范大学 4 位专家以及香港中文大学 1 位专家的意见进行了修改。2006 年 3 月，笔者请甘肃省兰州市和甘肃省会宁县的 20 位中学教师和 20 位小学教师，重庆市 3 位中学教师、2 位小学教师和陕西省 2 位中学教师、1 位小学教师，四川省 4 位小学教师，共 52 位中小学教师进行了测试，根据测试结果对问卷进行再次修改，形成正式问卷。问卷包括封闭式题目和开放式题目，对中小学信息化教学资源的现状、开发建设、管理状况、应用方式、应用的影响因素、应用效果、教师培训、应用面临的困难、应用中存在的问题等方面进行了调查。

2006 年 9—10 月，笔者采用专门递送的方式，对内蒙古、广西、重庆、四川、云南、甘肃、青海、宁夏、重庆、陕西、贵州、新疆 12 个省区的中小学进行了抽样调查，共发放问卷 580 份，回收问卷 501 份，回收率为 86.4%；有效问卷为 414 份，有效率为 82.6%。为了能尽可能全面地了解相关问题，每所中学的问卷发放数量控制在 8 份左右、小学在 6 份左右，每所学校发放数量不超过 10 份，每省在保证调研抽样广泛性的基础上，尽量多调查一些农村中小学，以发现西部中小学信息化教学资源应用的实际状况和存在的问题。调查结果采用统计软件 SPSS10.0 进行了统计分析。

三　调查对象的基本情况

问卷的第一部分是调查对象的基本情况，包括了调查对象的性别、年龄、教龄、民族、学历、职称等个人信息，以及所在学校类别、学校信息化建设情况、上网地点、采用的教材版本等基本情况，下面逐一说明。

在调查问卷的发放过程中，为了消除各省区教育规模不均衡对调查的影响，笔者对中小学在校学生总数不足 110 万，与其他省区（中小学生总数一般在 500 万左右）差距较大的西藏、青海、宁夏三省区各发放问卷 35 份，对西部中小学教育规模最大、中小学在校学生总数 1000 万以上的四川省发放问卷 75 份，对其他八省区各发放问卷 50 份，使抽样代表性较高。调查对象分布情况如表 3—5 所示。

表 3—5　　　　　　　　　调查对象的省区分布情况

省份	四川	广西	内蒙古	云南	重庆	甘肃	陕西	青海	新疆	贵州	宁夏	西藏	总数
人数（人）	53	42	41	40	38	36	31	30	29	28	25	21	414
百分比（%）	12.8	10.1	9.9	9.7	9.2	8.7	7.5	7.2	7.0	6.8	6.0	5.1	100

　　调查对象的性别、学历、职称等个人信息及所在学校类别情况见表3—6。教师的性别比例与西部中小学的教师的总体情况基本一致。有40.8%的教师是大专学历，大专以上学历的教师不到70%，有近15%的教师是高中及以下学历，高级以上职称的教师不到10%，有18.4%的教师没有任何职称。教师的学历与职称分布情况与教育统计结果比较接近，抽样的代表性较好。从学校类别来看，70%以上的教师来自乡镇及以下学校，学校类别涵盖了西部地区各类中小学，与西部地区大部分中小学地处农村的状况相一致。

表3—6　　　　调查对象的性别、学历、职称及所在学校类别情况

类目		人数（人）	百分比（%）
性别	男	242	58.5
	女	172	41.5
学历	高中以下	10	2.4
	高中	49	11.8
	中专	67	16.2
	大专	169	40.8
	本科	118	28.5
	硕士	1	0.2
职称	无职称	76	18.4
	三级	68	16.4
	二级	149	36.0
	一级	82	19.8
	高级	38	9.2
	特级	1	0.2
学校类别	城市中小学	95	23.0
	乡镇中小学	238	57.5
	村级小学	58	14.0
	小学教学点	23	5.6
总数		414	100

从表3—7可见，调查对象中有 18 个民族，其中少数民族有 17 个，但人数却占总人数的 27.05%，对西部少数民族师资状况教育问题能有所反映。

表 3—7　　　　　　　　　　调查对象的民族分布情况

民族	人数（人）	百分比（%）
布依族	1	0.24
哈尼族	1	0.24
东乡族	1	0.24
撒拉	2	0.48
土家族	2	0.48
哈萨克族	2	0.48
满族	3	0.72
傣族	3	0.72
纳西族	3	0.72
土族	3	0.72
苗族	4	0.97
彝族	5	1.21
维吾尔族	8	1.93
蒙古族	11	2.66
藏族	13	3.14
壮族	21	5.07
回族	29	7.00
汉族	302	72.95
总数	414	100

从图3—1和图3—2可知，调查对象的年龄主要分布在 30—45 岁之间，教龄主要分布在 10—25 年之间，教龄和年龄分布情况较为一致，比较符合客观情况。这些教师是中小学教学的主要力量，通过对他们的调查，能比较好地反映西部中小学教学的实际情况。

学校信息基础设施是教师开展信息化教学的重要物质基础，由图3—3

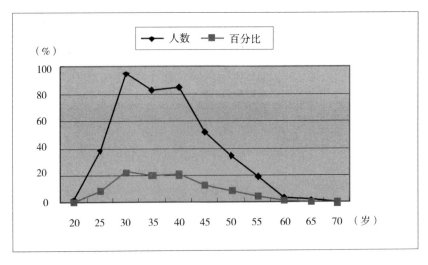

图 3—1　调查对象的年龄情况

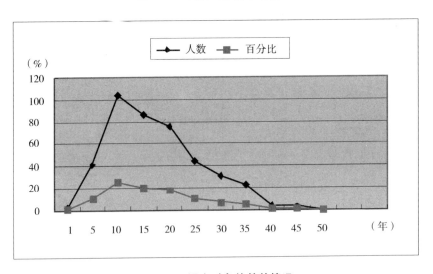

图 3—2　调查对象的教龄情况

可知，71.5％的调查对象所在学校有教学光盘播放系统，64％的有计算机网络教室，有卫星教学收视系统的学校接近60％，28.3％没有校园网的学校接通了互联网，提供了师生获取信息化教学资源的重要途径。

教师使用网络的具体情况如图3—4所示，除了19.3％的教师从未使用过网络外，教师上网的主要地点依次是学校、家庭和网吧。

学校采用的教材版本较多。其中73％的学校使用的是人民教育出版

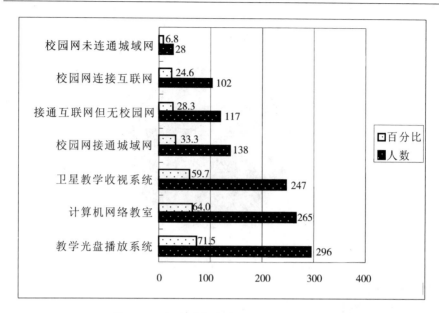

图 3—3　调查对象的学校信息化建设情况

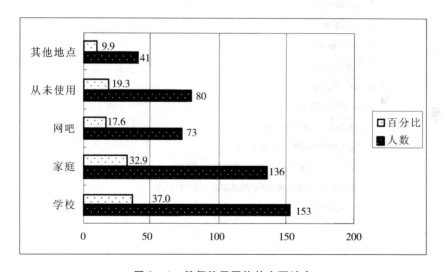

图 3—4　教师使用网络的主要地点

社根据新课程标准编制的教材，此外，还有北师大课标版、华东师大课标版、苏教版以及一些省区自己开发的教材，具体情况如图 3—5 所示。

　　调查对象的任教科目中，语文、数学、英语三科较多，其他科目大体相当，具体情况如图 3—6 所示。调查对象学科分布广泛，使调查在发现

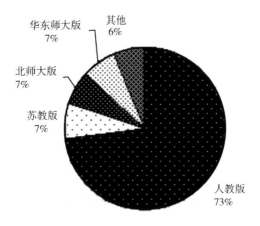

图3—5　学校使用的教材版本情况

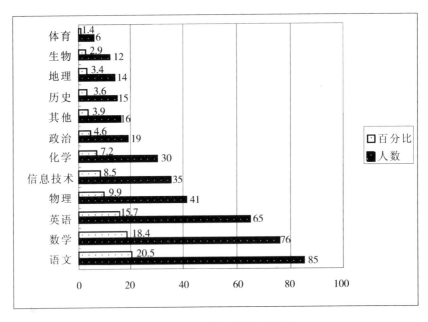

图3—6　调查对象的学科分布情况

共性问题的基础上，能够发现各个学科在信息化教学资源应用中的特殊问题，其他项目中包括了音乐、美术等人数不足4%的学科。

综上所述，本次调查对象的省份、性别、年龄、教龄、民族、学历、职称、任教科目、学校类别等方面的情况，均有较好的代表性，本次调查结果，能反映西部地区中小学在信息化教学资源应用中的实际状况与问题。

第四节　西部地区中小学信息化教学资源的应用现状

下面主要根据问卷调查结果，结合访谈、实地观察、网络研讨及文献研究的结果，分析西部中小学信息化教学资源应用的现状。

一　西部中小学信息化教学资源的现状

（一）信息化教学资源的建设情况

目前，西部大部分中小学的信息化教学资源还比较短缺，建有内容丰富的教学资源库的学校比较少，远程教育资源是西部地区中小学主要的信息化教学资源，许多学校"仅有一些远程教育资源"。"资源建设前调查师生的需求"的得分率（F = 0.376）很低，反映出很少有学校能够在教学资源建设之前了解教师需要的资源，学校不了解教师所需要的资源，就很难做到"学校能及时开发建设师生急需的资源"（F = 0.363），教师得不到所需要的资源，影响了教师使用信息化教学资源的积极性，也表明学校在教学资源建设过程中盲目性较大。"学校以自主开发、购买、共享等多种方式建设资源"的得分率 F 仅为 0.472，表明学校教学资源建设方式不够多样，结合访谈结果可知，学校一般很难自主开发建设资源，仅有一些自主开发的教学资源基本上是教师参加教育部门组织的公开课竞赛或课件大赛过程中开发建设的，教学资源比较零散，结构性较差。

表 3—8　　　　西部中小学信息化教学资源建设的相关情况

序号	资源建设情况	完全符合	基本符合	一般	不太符合	完全不符合	得分率 Fi
		5	4	3	2	1	
1	有内容丰富的教学资源库	21	37	50	185	121	0.432
2	有较为丰富的分类整理的教学资源	32	49	72	158	103	0.479
3	仅有一些远程教育资源	108	167	68	39	32	0.735
4	资源建设前调查师生的需求	2	27	49	177	159	0.376
5	有相关措施支持鼓励教师开发资源	29	73	86	125	101	0.505

序号	资源建设情况	完全符合	基本符合	一般	不太符合	完全不符合	得分率 Fi
		5	4	3	2	1	
6	学校以自主开发、购买、共享等多种方式建设资源	21	53	98	125	117	0.472
7	学校能及时开发建设师生急需的资源	0	18	63	157	176	0.363
8	有明确的资源建设规划	19	103	83	157	52	0.468

以教师使用的信息化教学资源的主要来源的调查结果来看，西部中小学使用的信息化教学资源主要是由教育部门提供、学校统一购买、网络下载的资源，具体情况见图3—7。教育部门提供的教学资源为最主要的来源，占教师所用信息化教学资源的56.3%，反映出西部地区许多中小学特别是农村中小学的信息化教学资源是在农村中小学现代远程教育工程支持下建设起来的。学校组织开发的信息化教学资源所占比例还不及教师所用资源的20%，学校的资源开发能力有待提高。使用"自己制作"的教学资源的教师仅为21.5%，在访谈中发现，教师认为的"自己制作"，其实就是对现有教学资源的加工和修改，能达到真正意义上的自己开发制作教学资源的教师比例更小。"校际共享"普遍没有受到学校的重视，其百分比仅为12.6%，西部中小学在信息化教学资源的共享方面有很大发展空间。"网络下载"是教学资源的重要来源之一，有39.6%的教师使用了网络教学资源。笔者在访谈中发现，有些教师虽然是乡镇中小学的教师，学校不具备上网条件，但教师通过办理家庭上网，可以检索下载教学资源，这主要是一些对信息化教学热情较高的年轻教师。例如四川南充某乡级小学的石老师，为了教学需要，办了家庭上网，通过网络来学习和下载所需要的资源。

对西部中小学信息化教学资源质量的调查结果如图3—8所示，认为学校教学资源质量"很好"的比例仅为1.9%，认为"比较好"的也只有20.8%，认为"比较差"和"很差"的比例合计超过了30%，可见，西部中小学的信息化教学资源质量较差，需要改善。

从应用的角度考察信息化教学资源的质量时，除了资源本身的质量之外，另一个衡量指标就是资源的可用程度，调查结果如图3—9所示。认

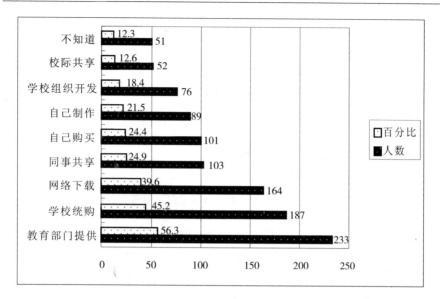

图 3—7　西部中小学信息化教学资源的主要来源

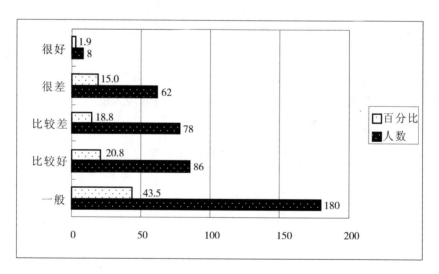

图 3—8　西部中小学信息化教学资源的质量

为学校资源"完全可用"和"基本可用"比例之和仅为 50%，教师认为学校教学资源的可用性比较差，教学资源的质量和适用性都需要改善和提高。

信息化教学资源的评价，对信息化教学资源的建设有重要的导向作用。根据对教师了解的信息化教学资源的评价主体的调查（见表 3—9），"专

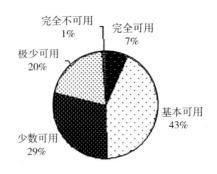

图 3—9　学校信息化教学资源可用程度

家"、"资源开发人员"、"教研人员"、"学校行政管理人员"的得分率 F 都大于 0.7，落在"一般"趋向于"基本符合"的一端，说明专家、资源开发人员、教研人员、学校行政管理人员是信息化教学资源的主要评价者；"教师"、"资源管理人员"的得分率 0.6＜F＜0.7，处于"一般"与"基本符合"接近于"一般"的方向，说明教师和资源管理人员对信息化教学资源评价参与不多。"学生"的得分率 F 小于 0.6，说明学生很少参与信息化教学资源评价。"学生家长"的得分率 F＝0.343＜0.4，说明家长极少能参与信息化教学资源的评价活动。信息化教学资源的评价主体相对单一，主要是专家、资源开发人员、教研人员和学校行政管理人员等，学生和家长很难有机会参与资源评价活动。

表 3—9　　　　　　　信息化教学资源的评价主体

序号	评价主体	完全不符合 1	不太符合 2	一般 3	基本符合 4	完全符合 5	得分率 Fi
1	专家	8	32	113	118	143	0.772
2	教师	40	75	88	132	79	0.665
3	教研人员	23	44	98	116	133	0.741
4	学生	66	97	117	83	51	0.579
5	资源开发人员	14	33	97	131	139	0.768
6	资源管理人员	31	42	156	115	70	0.673
7	学校行政管理人员	35	53	94	111	121	0.711
8	学生家长	187	168	48	11	0	0.343

（二）信息化教学资源共享的情况

从前文信息化教学资源的建设来源可见，校际之间信息化教学资源共享的程度并不高，仅有 12.6% 的资源是通过校际共享的方式得到的。教师作为信息化教学资源的重要建设者和使用者，对资源共享影响较大。教师对个人自主开发制作的教学资源共享方式的认同情况如表 3—10 所示。"付费使用"的得分率 F = 0.589 < 0.6，表明教师不太同意以付费方式进行资源共享，其他共享方式的得分率 F > 0.6，落在"一般"趋向于同意的一端，表明教师认同以其他方式共享信息化教学资源。"在学校内免费共享"和"与其他教师交换使用"两项的得分率 F > 0.8，F 值落在"基本同意"和"完全同意"之间，表明教师十分赞同以这两种方式共享个人开发制作的教学资源，结合教师所用信息化教学资源的来源来看，与同事共享是比较重要的共享方式。"上传到相关网站，换取其他资源的使用权"、"学校或教育行政部门给予奖励后，在校内和网络上免费共享"的得分率 F 接近于 0.8，说明教师比较认同这两种共享方式。对"注明作者后，免费上传到网络"的得分率 F = 0.672，处于"一般"与"基本同意"之间偏近于"一般"，说明教师对这种共享方式的态度认同度不高。比较各项的得分率可知，教师更赞同在校内共享和与他人交换共享或通过网站进行交换共享方式，教师比较重视学校和教育部门的奖励和肯定。总体来看，教师对信息化教学资源共享持肯定与较为积极的态度。

表 3—10　　教师对自主开发制作的教学资源共享方式的认同情况

共享方式	完全同意	基本同意	一般	不太同意	完全不同意	得分率 Fi
	5	4	3	2	1	
在学校内免费共享	250	78	55	16	15	0.857
与其他教师交换使用	225	118	45	13	13	0.856
上传到相关网站，换取其他资源的使用权	157	126	86	34	11	0.786
注明作者后，免费上传到网络	94	113	92	78	37	0.672
学校或教育行政部门给予奖励后，在校内和网络上免费共享	143	123	89	43	16	0.761
付费使用	55	93	96	114	56	0.589

　　虽然教师对共享信息化教学资源持积极态度，但实际的共享程度并不高，表明从态度转化为行动还需要相关支持。结合表3—11的调查结果可见，教师将信息化教学资源与他人共享的几种情况中，只有"现有资源与本校教师共享"得分率 $F = 0.669 > 0.625$，落在"较少"与"较多"之间靠近"较多"一端，表明教师一般能与本校教师共享信息化教学资源。但其他几种共享情况的得分率 $F < 0.5$，说明教师很少将自己开发的信息化教学资源与他人共享。访谈中进一步发现，教师现有的信息化教学资源不够丰富，自己开发制作和可用于共享的信息化教学资源较少。由于缺乏相关支持，信息化教学资源的校际共享程度低。

表3—11　　　　　　　　教师将信息化教学资源与他人共享的情况

共享情况	极多	较多	较少	极少	得分率
	4	3	2	1	Fi
现有资源与本校教师共享	97	154	95	68	0.669
自己开发的资源与本校教师共享	35	62	163	154	0.487
现有资源与本地教师共享	18	52	148	196	0.435
自己开发的资源与本地教师共享	11	23	151	229	0.389
现有资源通过网络共享	35	49	127	203	0.449
自己开发的资源通过网络共享	27	53	103	231	0.425

（三）信息化教学资源的管理

　　西部地区中小学相关人员的信息化教学资源管理意识不强，从表3—12的调查结果来看，除了"有专人负责资源管理"的得分率 $F = 0.611 > 0.6$，处于"一般"与"基本符合"之间外，其他各项的得分率 F 都小于0.6，说明较多学校设了专人负责资源管理，但是信息化教学资源管理不够规范，缺乏专门的资源存储与管理场地，有些学校还没有建立资源管理制度，部分学校现有的资源管理制度不够科学合理。"资源管理以服务应用为目标"的得分率 F 仅为0.468，落在"不太符合"与"一般"之间，接近于"不太符合"，说明信息化教学资源的管理目标还很不明确，资源使用后的评价意见和建议还没得到应有的重视，资源管理机制尚不完善。

表 3—12　　　　　　**西部地区中小学信息化教学资源的管理情况**

序号	相关情况	完全符合	基本符合	一般	不太符合	完全不符合	得分率 Fi
		5	4	3	2	1	
1	有专人负责资源管理	55	98	110	116	35	0.611
2	有专门的资源存储与管理场地	36	78	124	129	47	0.565
3	有科学合理的资源管理制度	28	75	132	114	65	0.545
4	资源分类整理，有资源目录可供查询和检索	22	73	101	157	61	0.522
5	能定期更新资源	33	62	93	152	74	0.517
6	重视资源使用后的评价意见和建议	15	37	93	190	79	0.464
7	资源管理以服务应用为目标	19	46	80	181	88	0.468

　　根据上述调查结果可见，西部地区中小学的信息化教学资源还不够丰富，许多学校主要是由教育部门提供的免费资源；信息化教学资源的建设对教师的资源需求重视不足，盲目性较大；建设缺乏规划，自主开发建设的资源很少，学校在资源建设过程中，主要以购买为主，对校际之间的共享重视不足；没有充分调动和发挥教师的积极性。信息化教学资源的质量和可用程度都比较差，信息化教学资源质量亟待改善，需要从本地实际出发建设适用的教学资源。信息化教学资源的评价主体较为单一，在资源评价中没有发挥教师应有的作用，学生和家长很少能参与资源评价，资源评价主体需要多元化、合理化。教师对信息化教学资源的共享持赞同的态度，但在实际共享过程中，面临较多困难，共享程度不高。信息化教学资源管理不够明确，管理机制还不完善，需要进一步健全和规范。

二　信息化教学资源应用的现状

（一）信息化教学资源应用方式

　　信息化教学资源有多种应用方式，其主要应用情况如表3—13所示。在信息化教学资源的11种主要应用方式中，"教师备课"、"课堂教学"、"教师培训"方面用得最多，得分率F均大于0.6，可见西部中小学的信息化教学资源主要用于教师备课和课堂教学，其次是教师培训。"教师备课"的得分率 F = 0.693，表明大部分教师在备课活动中应用信息化教学资源；但是用于"课堂教学"的得分率 F = 0.636，表明有些教师虽然在备课时应用了信息化教学资源，但要应用于课堂教学，还有一定的困难，说明教师的信息化教学能力有一定的不足，需要培训提高。信息化教学资源在教师自主研修和教学研讨、课堂教学和教师培训方面的应用率很低。学生自主学习、农民科技培训和农村党员教育方面，信息化教学资源的应用程度最低，表明学生在自主学习过程中，很少有机会使用学校的信息化教学资源，学生一般是在教师的指导下集体使用信息化教学资源进行课外活动。

农村中小学在为农服务方面的得分率 F 均小于 0.5，说明农村中小学应用信息化教学资源为农服务的程度较低，还需要加强对农民的科技培训，在教育部门和当地政府的倡导下，特别是农远工程实施以来，一些农村中小学开始向农民提供科技信息服务，只有少数学校做得比较好，但整体上为农服务的程度不高。

表 3—13　　　信息化教学资源的各种应用方式的使用情况

应用方式		频繁使用	经常使用	很少使用	从未使用	得分率
		4	3	2	1	Fi
教师备课		61	227	97	29	0.693
课堂教学		56	149	174	35	0.636
课外辅导		30	94	205	85	0.542
教师培训		44	159	178	33	0.629
自主研修		53	95	156	110	0.555
教学研讨		35	111	192	76	0.563
学生自主学习		14	35	185	180	0.429
学生课外活动		34	66	206	108	0.516
农村学校适用	农村科技信息服务	18	52	156	93	0.496
	农民科技培训	15	31	169	104	0.466
	农村党员教育	21	41	160	97	0.489

说明：来自农村中小学的调查对象总人数为 319。

（二）教师应用信息化教学资源的情况

信息化教学资源主要用于教师的教学活动，下面结合信息化教学资源的类别和内容，来分析教师在教学活动中对资源的使用情况。

从表3—14可知，各类教学资源的使用频率和使用效果的得分率都比较低，使用频率的得分率F介于0.368和0.671之间，教学资源的使用率不高，整体偏低。得分率F值大于0.5的仅有"电子教案"、"视频类素材"、"课件"、"多媒体教学光盘"、"测试题"、"电子文本素材"和"图形/图像类素材"，这些应用相对较多的资源，应用率也不高。教师应用最多的是"电子教案"，教师可以从电子教案中学习优秀教师的教学设计和教学方法，使用效果相对也比较好。"网络课程"、"直播课堂"、"文献资料"这三类教学资源的使用频率最低，是很少使用的教学资源，具备良好网络环境的学校比较少，限制了网络课程在课堂教学中应用。从表3—14所示的16类信息化教学资源的调查结果来看，西部中小学信息化教学资源的应用率不高。

表3—14　　　不同类型的信息化教学资源的使用频率与使用效果

序号	资源类别		极多	较多	较少	极少	得分率
			4	3	2	1	Fi
1	电子文本素材	使用频率	38	157	121	98	0.582
		发挥作用	27	98	173	116	0.522
2	图形/图像类素材	使用频率	30	110	132	142	0.517
		发挥作用	26	112	114	162	0.501
3	音频类素材	使用频率	22	95	144	153	0.492
		发挥作用	15	76	145	178	0.457
4	视频类素材	使用频率	68	143	114	89	0.615
		发挥作用	35	109	138	132	0.504
5	动画类素材	使用频率	21	92	145	156	0.487
		发挥作用	16	70	162	166	0.461
6	案例	使用频率	24	86	155	149	0.491
		发挥作用	19	81	163	151	0.481
7	直播课堂	使用频率	13	75	131	195	0.443
		发挥作用	4	42	150	218	0.399

序号	资源类别		极多	较多	较少	极少	得分率
			4	3	2	1	Fi
8	课堂实录	使用频率	32	79	132	171	0.483
		发挥作用	21	62	142	189	0.449
9	测试题	使用频率	56	135	123	100	0.589
		发挥作用	59	115	136	104	0.578
10	课件	使用频率	75	142	106	91	0.621
		发挥作用	38	92	150	134	0.521
11	电子教案	使用频率	90	178	72	74	0.671
		发挥作用	51	169	113	81	0.615
12	资源目录索引	使用频率	23	49	166	176	0.451
		发挥作用	18	52	141	203	0.431
13	网络课程	使用频率	4	25	134	251	0.368
		发挥作用	0	17	128	269	0.348
14	多媒体教学光盘	使用频率	71	140	97	106	0.606
		发挥作用	32	115	132	135	0.527
15	网络论坛（BBS、聊天室等）	使用频率	29	96	128	161	0.496
		发挥作用	26	93	122	173	0.483
16	文献资料（如政策、法规等）	使用频率	23	51	148	192	0.443
		发挥作用	6	38	149	221	0.395

信息化教学资源的使用效果相当差，根据表3—14和图3—10所示具体结果，各类信息化教学资源的使用效果普遍较差，其中有一半以上"发挥作用"得分率F值小于0.5。从使用频率与使用效果的对比情况来看，两者的变化趋势一致，相关度很高，说明尽管信息化教学资源在应用中发挥的作用不大，但信息化教学资源的使用频率越高，所发挥的作用也越大。分析图3—10可以发现，信息化教学资源的应用率越高，应用效果越好。整合加工后的资源应用效果相对比较好，应用效果最好的是电子教案，其次是测试题、多媒体教学光盘和电子文本素材等教学资源，这些教学资源，教

师在使用过程中修改起来难度不大，使用较多的教师一般能够根据需要进行修改。而视频类素材，教师要进行修改需要掌握相关的信息技术和软件应用，教师很难对这类素材进行修改，虽然使用频率相对较高，但应用效果相对较差，要通过提高教师的信息化教学资源的整合加工能力来提高应用效果。应用效果最差的是网络课程，其次是文献资料和直播课堂，网络课程对信息化设备的较高要求与教师的教学能力现状的差距、文献资料应用率偏低、直播课堂可控性差等因素制约了资源作用的发挥。

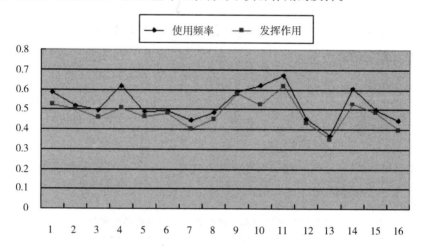

图3—10 不同类型信息化教学资源的使用频率与使用效果的得分率对比

要促进信息化教学资源的应用，需要了解教师喜欢使用的教学资源的内容组织类型，根据调查，有40.8%的教师喜欢"按学科知识点组织、结构化程度较高，便于直接应用"的资源，22.5%的教师喜欢使用"按教学单元或专题组织的、结构化程度较高，便于直接应用"的资源。综合几项来分析，教师喜欢选择便于直接应用的结构化程度较高的教学资源，对于结构化程度低、需要整合加工的教学资源，教师的积极性不高，需要提高教师整合加工教学资源的能力，如表3—15所示。

表3—15　　　　　　　教师喜欢的信息化教学资源的组织类型

资源组织类型	人数（人）	百分比（%）
按学科知识点组织、结构化程度较高，便于直接应用	169	40.8

续表

资源组织类型	人数（人）	百分比（%）
按教学单元或专题组织的、结构化程度较高，便于直接应用	93	22.5
按教学单元或专题组织的、结构化程度较低，便于整合加工	68	16.4
按学科知识点组织、结构化程度较低，便于整合加工	53	12.8
其他类型的资源	31	7.5

从前文可知，西部中小学现有的信息化教学资源的可用性还比较差，信息化教学资源不能满足教师需要的情况比较多。从调查结果可见，当信息化教学资源不能满足教师的教学需要时，有45.2%的教师会"用印刷类材料代替"，30.4%的教师"对现有资源进行加工改造"，有24.9%的教师"寻求其他方式获取"，选择"自己开发制作"的教师仅有17.9%，还有超过10%的教师"用类似信息化教学资源勉强代替"，总体来看，有将近60%的人会选择用其他教学资源代替，重新搜集或开发制作信息化教学资源的比例很低，仅占20%左右，如表3—16所示。

表3—16　　信息化教学资源不能满足教学需要时教师的做法

具体做法	人数（人）	百分比（%）
用类似信息化教学资源勉强代替	57	13.8
自己开发制作	74	17.9
寻求其他方式获取	103	24.9
对现有资源进行加工改造	126	30.4
用印刷类材料代替	187	45.2

（三）信息化教学资源的综合应用情况

教育系统是开放发展的系统，信息化教学资源不但要服务于学校的教学活动，而且要向学生家长和当地社区开放，特别是农村地区的中小学，目前西部地区中小学信息化教学资源综合应用的程度和形式还比较单一。下面结合调查结果进行具体分析。

西部中小学信息化教学资源对校外用户的开放程度还不高，具体情况如图3—11所示。有20%的学校未对任何校外用户开放教学资源，仍然处于封闭办学的状况。能使用信息化教学资源的校外用户主要有学生家长、本社区党员干部、本社区居民、外校师生等。向校外用户开放得最多的是学生家长，但也只占32.9%，比例还很低；对外校师生开放的比例也只有13.8%，无论是家校合作、社区合作还是校际合作，都有很大的发展空间，学校要通过扩大信息化教学资源对校外用户的开放，促进学校与社会各界多方面的合作。

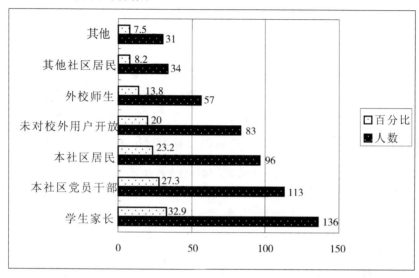

图3—11　西部中小学信息化教学资源对校外用户的开放情况

　　校外用户使用信息化教学资源的方式，反映了学校对校外用户的开放程度和在应用中所起的作用。由于有20%的调查对象所在学校未开放信息化教学资源，因此本项调查反映的是其他80%的调查对象所在学校校外用户使用资源的情况，具体内容见表3—17。29.6%的校外用户是在教师组织下学习相关内容，是主要的应用方式；用户自主使用资源学习的比例较小，仅有19.3%。在其他应用方式中，包括学校之间的互相参观和交流，但比例非常低，校外用户使用信息化教学资源的方式还需要进一步丰富。

表3—17　　　　　　　校外用户应用信息化教学资源的方式

应用方式	人数（人）	百分比（%）
用户自主使用资源学习	64	19.3
管理人员帮助下载打印资料	70	21.1

续表

应用方式	人数（人）	百分比（%）
与相关部门开展合作培训	91	27.5
教师组织学习	98	29.6
其他	8	2.4
总数	331	100

由于近80%的中小学在农村，因此，为农服务是中小学信息化教学资源综合应用的重要内容，本调查中的319名调查对象来自农村中小学，根据这些调查对象的实践与经验，当地农民感兴趣的内容比较多，有82.4%的人认为，当地农民感兴趣的主要是致富信息类资源，其次为农牧业生产类和科技文化类资源，具体情况见表3—18。

表3—18　　　　　　　　　当地农民感兴趣的资源内容

资源内容类型	人数（人）	百分比（%）
致富信息类	263	82.4
农牧业生产类	211	66.1
科技文化	198	62.1
卫生健康类	111	34.8
政策动态类	109	34.2
时事新闻类	101	31.7
其他	45	14.1

（四）小结

信息化教学资源在西部中小学的应用现状不容乐观，应用方式比较单一，主要用于教师的教学活动，学生发展、社区发展方面的应用十分薄弱，需要扩展资源应用方式，促进资源的综合应用。教师对信息化教学资源应用率不高，从资源类别来看，相对应用较多的是电子教案、视频类素材、课件、多媒体教学光盘等资源。应用效果较差，既需提高信息化教学资源的应用率，又需提高其应用效果。教师喜欢使用结构化程度较高、便于直接应用的资源，而结构化程度低、便于整合应用的资源不受欢迎，这表明教师整理加工资源的能力比较差，基本上是将资源直接应用于教学活动中，必然会影响资源应用的效果，需要提高教师应用信息化教学资源的能力。当现有信息化教学资源不能满足教学需要时，大部分教师会采用印刷类材料代替，说明教师的资源应用意识、资源获取与开发能力需要提高。虽然相关部门一直强调要将农村中小学办成当地的文化中心、科技教育中心，但目前信息化教学资源的综合应用程度不高，对校外用户不够开放，校外用户自主应用资源的机会很少，没有形成互利互促的信息化教学资源应用环境。

三　信息化教学资源应用的作用

信息化教学资源的应用会对教师、学生、学校等产生多方面的作用，从调查结果来看，教师对信息化教学资源应用持肯定态度，下面从教师、学生、学校等方面来分析信息化教学资源应用的具体作用。

（一）信息化教学资源应用对教师的作用

教师作为最主要的使用者，能深刻感受到信息化教学资源的作用，对教师来说，信息化教学资源的应用在促进教师教学观念的改变、丰富教师的学科知识、提高信息化教学能力、增强交流协作能力等方面都有一定的积极作用，具体情况见表3—19。

由图3—12和表3—19可知，目前，信息化教学资源的应用除了未在提高工作效率方面发挥积极作用外，在教师教学观念的更新等方面都有一定的积极作用，各项的得分率 $0.6 < F < 0.8$，落在"一般"和"基本同意"之间，说明教师对信息化教学资源的应用基本上持肯定态度。具体来看，信息化教学资源的应用促使教师更新教学观念、丰富学科知识、提高自主研习能力和信息化教学能力，以及提高教师交流协作能力。信息化教学资源的应用促进了教师对信息化教学资源的设计、开发、应用、管理和评价的能力，"能提高资源应用能力"的得分率 $F = 0.745$，也是得分率最高的项目，接近于0.8，表明大部分教师认为在应用信息化教学资源过程中，提高了资源应用能力。虽然信息化教学资源的应用能促进教师资源设计、管理和评价能力的提高，但得分率 F 都小于0.7，落在"一般"与"基本同意"区间靠近"一般"的一端，教师对信息化教学资源应用能提高资源设计、管理与评价的能力基本持中立的态度，除了在资源应用中提高这些方面的能力之外，还要寻求其他途径来提高教师的资源设计、管理

和评价方面的能力。

表 3—19　　　　　　　信息化教学资源应用对教师的作用

序号	作用	完全同意	基本同意	一般	不太同意	完全不同意	得分率 Fi
		5	4	3	2	1	
1	能更新教学观念	101	101	142	59	11	0.707
2	能丰富学科知识	117	123	126	38	10	0.744
3	能提高自主研习能力	93	120	137	40	24	0.705
4	能提高信息化教学能力	98	127	141	35	13	0.727
5	能增强交流协作能力	92	117	157	33	15	0.715
6	能提高资源设计能力	64	139	153	46	12	0.695
7	能提高资源开发能力	79	130	152	39	14	0.707
8	能提高资源应用能力	103	148	120	32	11	0.745
9	能提高资源管理能力	62	135	159	45	13	0.691
10	能提高资源评价能力	65	145	146	41	17	0.697
11	能丰富教学模式	108	117	136	38	15	0.728
12	能改进教学方法	102	127	133	39	13	0.729
13	能提高教学质量	38	102	162	84	28	0.618
14	能提高工作效率	54	72	103	96	89	0.555

　　"能提高工作效率"的得分率 $F = 0.555 < 0.6$，落在"不太同意"与"一般"之间，表明教师对此持较否定的态度，大多数教师并不认同信息化教学资源的应用可以提高工作效率，在访谈过程中，大多数教师认为应用信息化教学资源增加了工作负担，教师需要付出更多的时间和精力才能将信息化教学资源应用于教学中；有少数教师认为，应用信息化教学资源提高了工作效率，资源的获取便捷，备课过程中可以参考优秀的案例，有些问题也可以通过网络求助，这些教师都是信息化教学能力比较高，经常使用信息化教学资源进行教学。可见，应用信息化教学资源能否提高工作效率与教师的应用程度和应用水平关系较大。"能提高教学质量"的得分率 F 仅为 0.618，教师认为信息化教学资源应用在提高教学质量方面的作

用一般，需要寻找并采取措施消除制约信息化教学资源发挥作用的因素，发挥信息化教学资源在提高教学质量方面的积极作用。

　　根据信息化教学资源应用对教师作用各项得分率曲线图来看，信息化教学资源应用在教师教学和教学能力发展方面发挥的作用不大，信息化教学资源应用并未提高教师的工作效率，从另一个方面反映了教师还不能熟练地应用信息化教学资源，信息化教学资源的应用在提高教学质量方面没有发挥明显的作用。

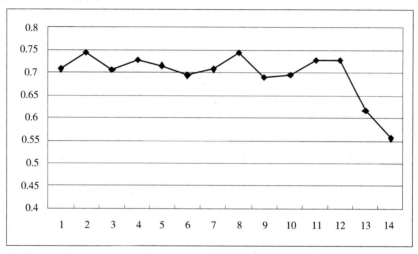

图 3—12　信息化教学资源应用对教师作用的得分率曲线图

（二）信息化教学资源应用对学生的作用

　　在教学中应用信息化教学资源，在提高学生学习兴趣、开阔视野等方面有积极作用，具体的调查情况见表 3—20。"能激发学习兴趣"、"能开阔学生视野"两项的得分率 $F > 0.8$，落在"基本同意"与"完全同意"之间，表明信息化教学资源的应用在这两个方面对学生的促进作用最显著。结合表 3—20 和图 3—13，可知除上述两项外，其余各项的得分率 $0.6 < F < 0.8$，落在"一般"与"基本同意"之间，"能提高学习效果"的得分率 $F = 0.695$，偏向于"一般"外，其他各项均靠近"基本同意"，表明信息化教学资源在丰富学习方式、提高学生信息素养、培养创新能力、实践能力以及增强合作能力和培养健康情感方面有着积极的作用，但是 F 值没有超过 0.8，表明这方面的作用还未得到充分发挥，要加强应用信息化教学资源促进学生的能力发展。信息化教学

资源的数字化、多媒体等特性，使学生可以通过多种感官进行学习，有助于培养多方面的能力，学生在其他方面虽有发展，但却并未明显提高学习效果，解决这个问题需要探讨影响信息化教学资源应用和作用发挥的因素，下文将详细探讨这方面的问题。

表 3—20　　　　　　　　信息化教学资源应用对学生的作用

序号	作用	完全同意	基本同意	一般	不太同意	完全不同意	得分率 Fi
		5	4	3	2	1	
1	能激发学习兴趣	171	126	84	30	3	0.809
2	能开阔学生视野	168	134	75	32	5	0.807
3	能丰富学习方式	114	139	108	41	12	0.746
4	能提高信息素养	123	159	83	39	10	0.767
5	能培养创新能力	102	150	111	43	8	0.743
6	能增强实践能力	87	125	128	64	10	0.704
7	能增强学习能力	96	146	110	51	11	0.728
8	能提高学习效果	80	123	134	68	9	0.695
9	能增强合作能力	89	135	139	45	6	0.724
10	能培养健康的情感	155	104	106	46	3	0.775

从图 3—13 可以发现，信息化教学资源在学生能力发展等方面起着积极作用，不同方面作用发挥的程度也不同，差别较大。如何在激发学生学习兴趣、开阔视野和培养健康情感的基础上来提高学习效果，增强学生的实践能力是在应用信息化教学资源教学时需要考虑和解决的问题。

（三）信息化教学资源应用对学校的作用

信息化教学资源的应用促进了教师和学生的发展，那么对学校有哪些影响和作用呢？下面根据调查结果来分析信息化教学资源在促进学校信息化建设、丰富教学资源等方面的作用，调查结果见表 3—21。从表 3—21 可知，信息化教学资源应用在促进学校领导观念的转变、学校信息化建设、丰富教学资源、理顺资源管理机制以及教师培训方面的得分率 0.7 < F < 0.8，落在"一般"与"基本同意"之间，接近"基本同意"一端，

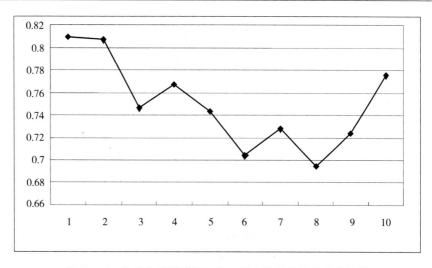

图 3—13　信息化教学资源应用对学生作用的得分率曲线图

表明信息化教学资源应用在这几方面产生了较为积极的作用，相对较好。在健全资源建设制度、增强校际合作、缩小本地及城乡校际差距，以及加强学校与社区合作方面的得分率 0.6 < F < 0.7，在"一般"与"基本同意"之间，趋近于"一般"，表明信息化教学资源应用在这些方面产生的积极作用很小，需要充分发挥其积极作用。

表 3—21　　　　　信息化教学资源应用对学校的作用

序号	作用	完全同意	基本同意	一般	不太同意	完全不同意	得分率 Fi
		5	4	3	2	1	
1	促进了领导观念的转变	101	148	103	50	12	0.733
2	促进了学校信息化建设	141	127	99	38	9	0.771
3	丰富了教学资源	131	126	105	44	8	0.758
4	健全了资源建设制度	39	171	136	58	10	0.683
5	理顺了资源管理机制	101	162	94	48	9	0.744
6	促进了教师培训	112	147	102	42	11	0.748
7	增强了校际合作	52	134	142	63	23	0.662

序号	作用	完全同意	基本同意	一般	不太同意	完全不同意	得分率Fi
		5	4	3	2	1	
8	缩小了本地校际差距	48	119	151	68	28	0.644
9	缩小了城乡校际差距	56	120	135	74	29	0.648
10	加强了学校与当地社区的合作	46	132	142	69	25	0.651

从图3—14可见，得分率不高，没有一项的得分率 F > 0.8，说明信息化教学资源应用对学校发展的促进作用很小，在缩小本地区学校之间、城乡学校之间的差距方面，影响甚微；学校之间、学校与社区之间的合作程度不高，信息化教学资源的共享程度不高，综合应用不充分。

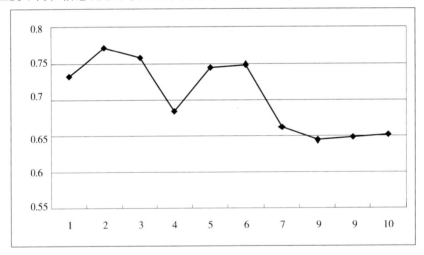

图3—14 信息化教学资源应用对学校作用的得分率曲线图

（四）小结

信息化教学资源在西部中小学的应用，在促进教师教学活动、教师发展、学生发展和学校发展方面产生了一定的积极作用，但总体来看，效果还比较差，特别是在提高教学质量和学习效果方面的作用很小，需要采取措施，提高资源应用效果。信息化教学资源丰富了学校的教学资源，为师生提供了更好的发展条件，能促进教育的均衡化发展，但是从调查结果来看，信息化教学资源的应用并未在缩小本地区学校、城乡学校之间的差距方面表现出较明显的作用，有些教师甚至认为不同学校信息化教学资源的应用环境和支持程度不同，拉大了学校之间的差距。如何通过应用信息化教学资源促进学校之间、学校与社区之间的合作，缩小校际差距，是需要进一步探讨解决的问题。

四 影响信息化教学资源应用的因素

造成西部中小学信息化教学资源应用率不高、应用效果不佳的原因众多，下面结合调查结果，分析相关因素对信息化教学资源应用的影响情况。

影响信息化教学资源应用的因素涉及信息化教学设施、教师的教学能力、信息化教学资源的质量以及学生的信息素养等方面，各因素的具体影响情况见表3—22。由表3—22可知，教师在"资源应用中出现问题时，缺乏相关支持和帮助"是重要的影响因素，得分率 F = 0.816，影响程度处于"较大"与"极大"之间，影响较大，说明教师在信息化教学资源应用中十分需要相应的支持帮助。其他影响信息化教学资源应用因素依次为信息化教学设施不足、学校领导重视不足、教师的信息化教学能力较差、缺乏专家的指导、资源内容不适合当地的教学需要、经费不足以支持信息化设备与资源的持续使用、缺乏相关培训、资源类别和形式不够丰富，有效资源短缺，以及资源缺乏教学设计、质量较差等。

表 3—22　　　　　　影响信息化教学资源应用的因素

序号	影响因素	极大	较大	较小	极小	得分率
		4	3	2	1	Fi
1	信息化教学设施不足	181	163	63	7	0.813
2	信息化教学设施管理方式不当，使用不方便	152	140	95	27	0.752
3	资源内容与学校采用的教材不配套	126	174	98	16	0.748
4	资源内容不适合当地的教学需要	141	167	93	13	0.763
5	资源缺乏教学设计，质量较差	146	159	78	31	0.754
6	不知道如何查找和获取资源	125	146	84	59	0.704
7	资源类别和形式不够丰富，有效资源短缺	135	173	85	21	0.755

序号	影响因素	极大	较大	较小	极小	得分率
		4	3	2	1	Fi
8	学校领导思想观念落后，重视不足	181	128	90	15	0.787
9	缺乏相关的激励政策和措施	137	139	97	41	0.725
10	缺乏同事的鼓励与支持	102	185	71	56	0.701
11	缺乏专家的指导	156	145	94	19	0.764
12	教师的信息化教学能力较差	152	163	88	11	0.775
13	资源应用中出现问题时，缺乏相关支持和帮助	200	138	62	14	0.816
14	缺乏相关培训	145	159	87	23	0.757
15	经费不足，不能支持信息化设备与资源的持续使用	149	171	58	36	0.761
16	学生的信息素养低	109	165	97	43	0.705

结合图 3—15 可知，各项因素的得分率 F 均大于 0.7，接近于"较大"，表明上述各项因素对信息化教学资源的应用影响较大。其中除了第 3 项、第 6 项、第 9 项、第 10 项和第 16 项的得分率 $0.5 < F < 0.75$，F 值落在"较小"与"较大"之间接近"较大"一端外，其余各项的得分率 F 都大于 0.75，F 值落在"较大"与"极大"区间，表明这些因素对信息化教学资源的应用有较大影响。因此，必须解除这些因素的影响，才能促进信息化教学资源的应用。

影响信息化教学资源应用的因素不仅在总体影响程度上有一定差异，具体到各个地区、各个学校和个人时，影响因素也表现出一定差异。因此，在解决诸如"资源应用中出现问题时，缺乏相关支持和帮助"、"信息化教学设施不足"、"教师的信息化教学能力较差"等主要问题的同时，还要对其他影响因素进行分析，找出制约信息化教学资源应用的因素，并解除其影响，促进信息化教学资源应用，提高其应用效果。

五 教师培训现状

信息化教学资源能否得到应用、应用效果如何，教师起着关键性作

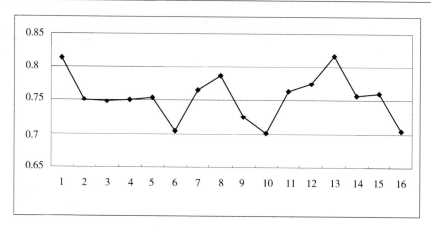

图 3—15　影响信息化教学资源应用的因素的得分率曲线图

用。信息化教学资源作为一项新事物，教师要接受并采纳这项创新，除了要转变教育思想和观念外，教师是否接受过相关培训，对教师信息化教学能力的培养和信息化教学资源应用十分重要。调查对象参加培训的具体情况见表 3—23。从表 3—23 可见，有 18.6% 的教师未参加过任何培训，表明培训工作还未全面展开，教师培训还没有得到普及。在参加培训的教师中，有 50.5% 的人参加过地县级培训，说明地县级培训是最重要的教师培训方式；有 29.7% 的人参加过校级培训，说明校级培训工作虽然有一定开展，但这种培训方式应用还不够广泛。教师很少有机会参加国家级和省级培训，只有 5.1% 和 15.0% 的人分别参加过这两类培训。

表 3—23　　　　　　　　教师参加各级培训的情况

人数＼培训级别	国家级	省级	地县级	校级	其他	无任何培训
人　数	21	62	209	123	9	77
占总人数百分比	5.1	15.0	50.5	29.7	2.2	18.6
占培训人数百分比	6.2	18.4	62.0	36.5	2.7	——

　　教师参加培训的机会不均等，具体分布见表 3—24。由表 3—24 可见，有 30.6% 人参加过两类以上的培训。从访谈中发现，参加省级、国家级培训的教师，基本上都接受过县级以上培训，少数教师得到了更多培训机会，仍然有不少教师尚未参加过任何培训活动。

表 3—24   教师参加各类培训的次数

培训类别数 人数	4	3	2	1
人 数	14	25	64	234
占培训人数百分比	4.2	7.4	19.0	69.4
累计百分比	4.2	11.6	30.6	100

各级培训各有优缺点，省级、国家级培训内容新颖，系统性、专业性强，但培训成本高，培训时间短，不容易组织，培训机会很少；由于培训规模较大，很难兼顾到各地、各学员的具体差异，培训内容与实践有较大差距，培训内容不容易运用于实践活动中去，教师需要进一步的指导。地县级培训是目前主要的培训形式，培训内容一般能从实际出发，内容安排比较灵活，组织起来相对容易，是受教师欢迎的培训方式，但是受时间和经费限制，并不是所有的教师都能有机会参加地县级培训。另外，地县级培训过程中，由于各相关部门之间合作不力，对培训需求缺乏调研，对培训对象的特点和差异分析不足，出现了培训目标不够明确，流于形式等问题，培训内容的针对性和培训质量需要提高。校级培训时间充裕、培训成本低，能从教师教学的实际问题出发，是比较实用的培训方式。但是，校级培训的质量参差不齐，很容易陷入低水平重复。

教师所接受的培训内容主要包括新课程理念与方法、信息技术能力、学科知识、信息化教学资源的开发（如课件、网页制作）、信息化教学资源的获取与管理（如卫星资源的接收、资源的分类整理等）、信息化教学资源的应用（如信息化教学设计等）等方面，具体情况见表3—25。由表3—25可见，信息技术能力是主要的培训内容，有70.6%的人参加过这方面的培训。有39.8%的人接受过信息化教学资源的获取与管理的培训，接受过信息化教学资源的开发、信息化教学资源的应用的教师分别为36.5%和30.3%。说明信息化教学资源的开发与应用还未得到足够重视，主要强调信息技术能力培训。从访谈中得知，有些培训名称是关于信息化教学资源应用方面的培训，具体培训时，往往演变为信息技术能力培训。

表 3—25　　　　　　　　　　　教师参加培训的内容

培训内容	人数	占培训总数的百分比
学科知识	65	19.3
新课程理念与方法	116	34.4
信息技术能力	238	70.6
信息化教学资源的获取与管理	134	39.8
信息化教学资源的开发	123	36.5
信息化教学资源的应用	102	30.3
其他	47	13.9

　　调查对象对培训的评价情况见表 3—26，"培训内容符合实际需要"、"培训目标明确"、"培训效果好"三项的得分率 F 刚刚超过 0.6，落在"一般"与"基本同意"之间，靠近"一般"，说明培训目标还不够明确，培训内容与实际需求还有较大差距，需要提高培训效果。"培训形式灵活多样"的得分率 F = 0.579，落在"不太同意"与"一般"之间，说明培训形式不够灵活丰富，教师对培训形式不够满意。

表 3—26　　　　　　　　　　教师对培训效果的评价

	完全同意	基本同意	一般	不太同意	完全不同意	得分率
	5	4	3	2	1	Fi
培训目标明确	46	96	83	71	41	0.621
培训内容符合实际需要	50	79	85	69	54	0.601
培训形式灵活多样	32	81	94	80	50	0.579
培训效果好	35	91	98	74	39	0.605

六　小结

　　根据问卷调查和访谈等调查研究的结果，厘清了西部中小学信息化教学资源建设、共享、管理和应用以及应用效果等方面的现状，发现了存在的问题。下一步需要通过分析这些问题产生的原因，寻求相关措施促进信息化教学资源应用。

第三篇　问题篇

第四章　西部地区中小学信息化教学资源应用中存在的问题分析

上一章主要根据问卷调查的结果，分析了西部地区信息化教学资源建设和应用的现状，发现信息化教学资源应用率不高、应用效果不佳，具体表现在信息化教学资源应用主体单一、综合应用程度低，信息化教学资源类别和形式不够丰富、有效资源短缺、可用性差，教师缺乏相关培训、信息化教学能力较差，支持服务不到位、资源应用中出现问题得不到相关的支持和帮助，学校领导重视不足、缺乏相关的激励措施和政策等一系列问题，本章结合上文分析结果和访谈、网络研讨和文献研究的结果，挖掘分析西部中小学信息化教学资源应用存在的问题及原因，进一步明确促进信息化教学资源应用要解决的问题。

西部地区中小学信息化教学资源应用存在的问题，可以提炼归纳为应用环境、应用领域、应用主体和信息化教学资源四大方面，具体如图4—1所示。

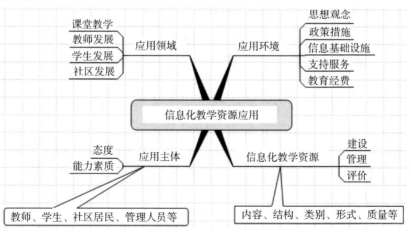

图4—1　西部地区信息化教学资源应用存在四大方面的问题

第一节　信息化教学资源的应用环境存在的问题

信息化教学资源的应用环境包括了思想观念层面的重视程度、制度层面的政策措施、服务层面的支持服务和物质层面的信息基础设施以及教育经费短缺等层面，其中，缺乏相关的支持服务是西部中小学信息化教学资源应用中最主要的问题，其次是信息基础设施落后、信息化教学设施短缺，以及相关的激励政策和措施不力及思想观念落后、领导重视不足。

一　思想观念落后

不少学校的领导尚未认识到信息化教学资源的重要价值，不重视信息化教学资源的应用，学校领导的思想观念既影响教师使用信息化教学资源的态度，又影响学校对信息化教学资源建设的政策与措施。在调研和访谈中，许多教师反映学校领导的思想观念与重视程度对信息化教学资源的应用影响较大。领导能够主动学习和应用信息化教学资源的学校，该校信息化教学资源应用的情况会比较好，应用方面存在的问题相对比较少。领导思想观念落后的学校，国家投资建设的信息化教学资源容易成为应付上级检查的摆设，导致资源的闲置和浪费。

二　政策措施不完善

许多学校缺乏完善的激励政策和措施鼓励教师应用信息化教学资源教学。在农村中小学现代远程教育工程等项目的推动下，项目学校制定了一些政策和制度，但其内容主要是针对硬件设备的管理与维护及远程教育资源接收方面的，在调动教师的积极性和主动性、促进信息化教学资源应用方面的激励措施与管理制度还不完善，学校对信息化教学资源应用缺乏明确的规划和引导，在教师管理和评价中未能对教师应用信息化教学资源提出要求，打击了少数教师应用信息化教学资源的积极性，又使其他教师未受到激励，致使资源应用意识与责任都不强。

三　缺乏支持服务

信息化教学资源作为一种新的教学资源，是基于现代信息技术设计、开发的资源，教师要顺利地应用信息化教学资源，不仅要掌握相关的信息技术能力，而且要熟悉信息化教学资源的获取、筛选、整理和加工方法等，对教师的能力和素质提出了更高的要求。在西部许多中小学尤其是一些农村中小学，师资薄弱，教师教学负担重，一名教师一般都要代两门以上的课程，教师的时间和精力有限，相关方面的培训和学习比较欠缺，资源应用过程中出现的问题比较多。由于师资紧张，很少设置专门的部门和人员为教师提供支持和帮助，教师在资源应用中遇到问题得不到及时帮助，挫伤了教师的积极性，使不少教师对应用信息化教学资源望而却步。四川省达州市某小学的林老师说："应用多媒体资源教学，十分吃力，学校的资源分散杂乱，虽然有信息技术教师兼职管理资源，可他们也不清楚有哪些资源可以用。上课过程中，如果机器出了故障，自己很难解决，其他老师（兼职负责设备维护的老师）也要上课，很少有人能帮你解决这些问题，除非是公开课或者学校规定必须要用，我一般很少使用。"教师要能顺利地利用信息化教学资源进行教学，需要相关部门和人员的支持帮助。学校要设置专门的部门和人员，负责信息化教学设备的日常维护，保障信息化设备的正常运作。由于学校的人力、财力十分有限，有些问题即使有专门的支持服务人员依然不能解决，需要向学校和教育行政部门求助，但学校之间缺乏合作、教育行政部门很少建立相关的支持服务体系，问题很难得到及时有效的解决。甘肃省会宁县某小学的张老师谈及去年的一次设备故障时仍然记忆犹新："卫星接收机坏了，学校没人能修得了，只好请县电教中心的人来修，可他们人手少，没时间下来，我们这里老师教学任务都比较紧，没时间专门送上去，耽搁了一个多月，后来还是上级部门要来检查了，才派人送到县里修好的。这个期间学校很多卫星资源都没有接收到。"可见，在信息化教学资源应用过程中，不仅教师需要相关的支持帮助，学校也需要相关的支持服务，才能保障信息化教学资源的顺利应用。信息化教学资源应用要求教学模式和教学方法的创新，需要理论和实践上的指导，由于西部中小学很少能参与课题研究，很难有机会得到专家的指导和帮助。

四　信息基础设施差

西部地区中小学信息化建设起步晚，信息基础设施不完善。尽管近年来西部地区中小学的信息基础设施在国家投资和国际合作项目等支持下取得了很大发展，但是仍然不能满足教学需要。西部好几个省、区的生机比远低于全国平均水平，农村地区的一些学校甚至还面临着危房改造等问题，无暇顾及教育信息化建设，农村乡镇以下学校的信息化教学设备短缺情况较为严重，许多乡村学校还没有计算机，无法开设信息技术课程的比例较大。在信息基础设施整体比较差的情况下，城乡之间、区域之间的信息化建设不平衡。信息基础设施差，制约了教学模式的选择和师生对教学资源的应用，信息化教学资源多限于教师的课堂教学应用，应用范围、应用对象受到了很大限制。教师课外使用和对专业发展的支持，学生使用和自主学习的开展，为当地社区服务的资源延伸应用活动受到了限制。信息化教学设施短缺，制约着信息化教学资源的应用，主要表现在以下四个方面。

1. 制约教师对信息化教学资源的应用

由于信息化教学设施资源短缺，教师不能充分地利用信息化教学资源备课，有些学校几十名教师只能共用几台计算机，每个教师能够使用计算机来查找、浏览和筛选资源的时间十分有限，如果要对资源进行加工和修改，就更加困难。信息化教学设施不足，使教师更倾向于使用现成的教学资源教学，信息化教学资源难以深入课堂，信息化教学受到客观条件限制。许多学校网络不通的状况，制约了教师获取丰富的网络教学资源开展教学和参与网络研讨提升自身能力。

2. 制约学生对信息化教学资源的应用

在信息化教学资源的支撑下，学生可以利用资源开展自主探究学习、网络协作学习等多种学习活动，也可以利用资源开展丰富的课外活动。在信息化教学设施不足的学校，学生能利用信息化资源进行自主学习的机会微乎其微，限制了学生主动性和积极性的发挥。有些学校有十多个班，却只有一个多媒体教室，正常的教学活动尚需要教师提前登记排队，难以谈及学生的应用。

3. 制约学校信息化教学管理的实现

学校进行信息化教学管理，不仅能提高教学管理的水平和效率，而且有助于促进学校领导和行政管理人员树立新的教学观念，接受新的教育思想。良好的信息化环境，是信息化教学管理的保障。在建立了校园网的学校，如果教师和学生没有方便的网络条件，学校在网络上发布的教务管理信息，师生就不能及时获取并做出反馈，信息化教学管理难以实现，是许多学校面临的共同问题。从传播学的角度来看，只有信息传播双方拥有相同的传播手段，才能基于该传播手段实现双方的互动传播和有效交流，如果只有一方拥有传播手段，难以实现双方的信息传播与交流。

4. 制约学校信息化教学资源对社区居民的开放

信息化硬件资源的不足，使学校不能及时为当地农民提供政策法规、科技动态等方面的信息服务，许多农村学校在为农服务和教育方面与国务院提出的"农村中小学可一校挂两牌，日校办夜校，积极开展农民文化技术教育和培训，成为乡村基层开展文化、科技和教育活动的重要基地"的要求还有较大差距。一些信息基础设施较差的学校，为农服务的内容与形式均受到限制。

总之，信息基础设施差，制约了教师、学生、学校管理人员和社区居民应用信息化教学资源的机会。制约了教师对新型教学模式的探索和参与多种形式的专业发展活动；制约了学生在信息化教学中的参与性以及利用资源开展自主学习等活动；制约了学校管理的信息化；束缚了学校向社区居民开放信息化教学资源。

五　经费短缺

信息化教学资源要有良好的应用环境，必须有充足的经费做保障，西部地区中小学教育信息化经费不足问题，使信息化教学面临许多困难。西部中小学经费既在总量上短缺，又有结构性短缺、区域性短缺和校际性短缺，这是在教育经费总量短缺的情况下，教育经费在不同地区、不同学校和用于不同用途的经费使用比例分配不够合理等问题的表现。

（一）教育经费短缺的几种情况

（1）教育经费的总量短缺，宏观上是我国穷国办大教育的现状引起的，西部地区经济发展落后，经费投入不足，使得西部中小学教育信息化经费总体上都处于比较短缺的状态。

（2）结构性短缺，是指在教育信息化的建设和应用过程中，由于现有的教育经费投入比例不够合理而引起的短缺状况，在教育信息化的硬件、软件资源和队伍建设方面，硬件建设投入过大，是一个普遍存在的问题。在信息化教学资源的建设与应用方面，可持续发展的经费短缺严重，在建设了一批资源后，没有相应的经费为资源应用提供相关的支持服务。

（3）区域性短缺，是不同区域在教育信息化发展方面存在差距的表现之一，在教育信息化建设起步较早，区域经济发展较好的地区，教育信息化经费投入相对比较充足，经济落后地区，尤其是偏远农村地区，教育信息化经费短缺十分严重。

（4）校际性短缺，是不同学校之间教育信息化经费投入差距和短缺程度的表现。例如，同为地处省城的甲、乙两所中学，甲校属省、市重点中学，教育信息化经费来源较多，经费较为充足，而乙校教育信息化资金严重不足，在"校校通"工程中建设的校园网，由于缺乏运行费用，已经停用。教育信息化经费投入在学校之间差别很大，这只是城市学校之间的比较，如果是城乡学校之间，差距更大。

（二）教育经费短缺引起的问题

（1）信息化教学设备正常运转、持续发挥作用缺乏经费保障。信息化硬件资源不仅在建设时需要投入大量资金，而且在维护、运营、管理、维修、更换等环节上也需要持续的资金投入，才能保障信息化教学设备的持续运行，为信息化教学资源的应用提供稳定的环境。西部地区许多中小学由于经费不足，无力支付相应的运行成本，致使信息化教学资源难以在教学中得到应用。在笔者走访的甘肃省某乡级初中，学校建有一个有15台计算机的教室，即使该计算机教室全天开放，也不能满足全校师生开设信息技术课程的需要，在这种情况下，只是电费一项对经费短缺的乡级初中来说已经是个不小的负担了。有些信息化教学设备使用寿命比较短，更新、购买的成本比较高，经费短缺的状况使不少学校提倡和支持师生使用信息化教学资源的力度大打折扣。

（2）制约了信息化教学资源的建设与更新。信息化教学资源的设计和开发需要充足的经费保障，在经费短缺的情况下，很难开发出高质量和高水平的教学资源，原有的教学资源也难以做到及时更新。

（3）教师专业发展得不到有效的支持。培训是教师专业发展的重要方式，经费不足减少了教师参与培训的机会，教师专业发展缺乏持续的支持。

（4）制约了信息化教学资源应用的广度和深度。应用信息化教学资源必须有信息化教学设备支持，而资金短缺，师生没有充分的机会熟悉并应用信息化教学资源，影响了资源应用的广度和深度。

第二节　信息化教学资源存在的问题

优质的信息化教学资源是信息化教学资源应用的前提和基础，信息化教学资源内容、结构、形式和类别是否符合西部中小学教学需要，信息化教学资源的建设、管理和评价模式与机制是否合理、完善，都影响着信息化教学资源的应用效果，目前，西部地区中小学信息化教学资源在这些方面都不同程度地存在一些问题。

一　信息化教学资源自身存在的问题

1. 信息化教学资源针对性不强，适用性差

目前信息化教学资源主要由一些教育公司、东部地区和发达地区的学校制作，这些资源在西部地区有些"水土不服"，难以适应当地教学的实际需要。"城市学生的知识背景、能力水平与农村学生差别很大，城市学校的课堂教学内容不一定适合农村学校的需要，有时还会与农村学校的课堂教学产生冲突。"① 有些实时资源由于教学进度、教学对象差异太大，很难应用于西部中小学的实际教学中。新课程改革的开展，增加了教材使用的多样化，出现了教学资源与所采用的教材不配套的问题。从教学活动的特点出发设计的教学资源十分有限，针对性较差，资源盲目堆积的现象较为严重，有些资源库中充斥着大量资源，但这些资源在收集和建设过程中缺乏明确的目标，盲目性较大，降低了教学资源的可用性，教师难以找到适切可用的资源，现有的教学资源往往需要整理加工后才可使用。有些教学资源只是书本搬家，没有发挥多媒体的优势，新的教学理念和教学方法没有融入教学资源中，部分资源内容过于陈旧，交互性差。

信息化教学资源未从西部地区的教学需要和师生的特点出发，降低了信息化教学资源在西部中小学的适用性。另外，教学资源内容来源渠道单一，也影响了资源的适用性。农村中小学是当地的文化与教育中心，在承担普通教学任务的同时，还为当地培养适用的人才、为农民提供教育和培训的任务。农村教师要改变目前几乎完全由发达地区和城市人员开发教学资源的局面，参与到资源内容的制作和采集中，建设适应农村中小学要求，满足农民需要的政策法规等方面的资源以及适合农村生产需要的技能培训等方面的内容。

---

① 刘和海、孙宗凌：《绩效视野下的农村中小学远程教育反思》，《中国电化教育》2006年第 6 期。

2. 信息化教学资源的结构不合理

教学资源内容结构不合理，表现在以下几个方面。第一，本土教学资源短缺。根据本区域和当地实际情况开发的教学资源很少。对少数民族众多的西部中小学来说，少数民族语种的教学资源严重短缺，表现少数民族文化生活、风俗习惯的教学资源和双语资源缺乏。对占中小学很大比例的农村中小学来说，体现和适合农村学校的教学资源不足。第二，适合教师课堂教学使用的教学资源多，适合学生自主学习、课外活动以及用于教师专业发展和社区居民使用的资源比较少，适合学校领导和管理人员培训使用的资源几乎没有。另外，教学资源建设中应重视及时总结成功的信息化教学资源建设与应用模式，信息化教学资源的建设与应用是一个动态的不断创新、不断总结经验的过程，及时总结成功经验，对于探索适合本地本校特点的教学资源应用具有重要借鉴价值。第三，教学资源的学科分布不均衡，语文、数学、物理、化学等学科的资源较多，而美术、体育等学科的资源相对较少。笔者在调研过程中，不少学校反映美术、体育等学科的信息化教学资源短缺。

3. 信息化教学资源的形式与类别不够丰富

仅从教育网站提供的资源来看，有些同主题的资源虽然较多，但形式与种类单一，内容差别不大，教师不能利用多种手段，发挥信息化教学资源的整体优势。对于一些农村中小学来说，多媒体教学光盘是其主要的教学资源，现有的教学光盘课件少，形式单一，教学示范多，交互性差，限制了在课堂教学中的灵活使用。教学资源的内容覆盖面还不广，提供给学生的资源覆盖面狭窄，一些网络教学资源的内容是将文本教案上传到网上，或附以教师授课的视频，资源形式不够丰富，缺乏吸引力。

4. 信息化教学资源质量欠佳

调查中，有30%以上的教师认为信息化教学资源质量比较差，不适合在教学中使用。有些信息化教学资源是典型的书本搬家、黑板搬家，缺乏先进的教育理论指导，没有体现新的教学理念和以学生为中心的教学设计思想，内容组织编排不合理。有些资源重视新技术应用而忽视资源内容之间的内在联系，没有将形式与内容有效结合起来。有些资源没有按照资源建设标准来开发，资源不符合相关规范要求，技术性、艺术性和教学性都比较差，资源难以应用在教学活动中。

二　信息化教学资源建设方面存在的问题

信息化教学资源建设包括了资源的设计和开发等环节，涉及资源建设目标、建设主体、建设模式、建设机制和建设经费等方面，这些方面存在的问题，是资源建设问题的具体表现。

1. 信息化教学资源建设目标不明确

采购是资源建设的重要方式，调查结果显示，很多学校在资源采购前没有调查教师的需求，资源建设存在较大的盲目性和随机性，很少有学校能为教师提供急需的教学资源。有些区县教育部门在为学校采购资源时，没有对学校的资源需求进行调查，不了解学校需要的资源类型和内容，出现采购的资源不适合学校实际需要的问题。学校自主开发的资源，基本上是一线教师自主制作的一些课件和教案，学校很少根据本校的资源建设目标来组织教师开发符合本校需要的教学资源。

2. 信息化教学资源建设主体构成不合理

信息化教学资源建设主体构成不合理，表现在三个方面。一是西部地区参与信息化教学资源建设的学校和教师还不多，除教育部门组织开发的资源外，一些教育公司、东部等发达地区的学校和教师是主要资源建设者，建设主体构成的不合理，造成符合西部地区中小学师生的现状和需求的资源很少。二是信息化教学资源建设主体的城乡分布不平衡。无论是资源建设的学校和教师还是教育公司，这些资源建设者大多地处城市，资源的设计开发以面向城市学生为主，很少兼顾到农村师生的特点，降低了资源的丰富性和适用性。三是学生、社区居民等很少有机会参与资源建设，没有发挥这些人员在信息化教学资源建设中的作用，使得一些优秀的学生作品、社区居民从本地社会文化情景中开发的教学资源没有及时收入资源库中，造成了一些优秀资源的流失浪费，没有发挥各方面的力量共同建设信息化教学资源。

3. 信息化教学资源建设模式相对单一

从调查结果来看，西部中小学的信息化教学资源，主要来源于教育部门统一提供、学校购买和网络下载，学校组织开发的资源不及20%。学校主要以引进模式进行资源建设，主要由学校领导和行政管理人员进行采购，教师、学生很少参与，没有调动各种人员广泛参与信息化教学资源建设。在以开发方式建设资源的过程中，西部中小学在很难得到研究课题支持的情况下，一般只能参加征集评审式的资源建设模式，很少有机会在课题引领下开发教学资源。西部中小学要建设优质的信息化教学资源建设，必须寻求多种资源建设模式。

4. 信息化教学资源建设机制不完善，教学资源建设缺乏统筹规划和调控

信息化教学资源建设缺乏区域性统筹规划和调控，学校之间、区域之间缺乏交流合作，信息化教学资源建设机制尚不完善，学校在资源建设过程中各自为政，低水平重复建设造成资源浪费。由调查结果可见，很多学校没有根据本校的实际制定信息化教学资源建设规划，没有建立相关制度来组织和引领教师参与资源建设，教师通常是单打独斗地开发教学资源，教学资源建设低效质差在所难免。

5. 信息化教学资源缺乏有效的教学设计

从调查结果来看，西部中小学教师喜欢使用按学科知识点组织、结构化程度较高，便于直接应用的资源。但是，现有的信息化教学资源缺乏教学设计，有效资源短缺，能够直接应用于课堂教学、符合新课程理念的教学资源比较少。许多教学资源沿袭了传统教学资源的设计思想，没有从信息化教学资源的类型和特点出发，未体现新的教育观念，新的教学设计理论未得到有效应用，资源的可用性不高。有些教学资源在开发前没有经过合理设计，资源开发中没有教学设计专家的参与，片面追求形式和技术的新颖，忽视学习情境和学习策略的设计。

6. 信息化教学资源的开发不够规范，资源分类不符合相关的资源建设标准

在教学资源库建设中，一些设计的资源分类架构不符合元数据分类的方法与标准，资源库管理和使用不便。有些资源库在建设时，更多地考虑资源管理的便利性，而忽略了对教学资源进行检索和使用方面功能的设计与开发，资源检索使用十分麻烦，使一些信息素养不高的教师望而却步。部分资源库中只是将零散的资源集中到一起，没有为资源使用设计和提供相关的资源整合工具。

7. 信息化教学资源的评价机制不健全

信息化教学资源的评价机制不健全，一方面，表现在资源评价主体相对单一，教师、学生和学生家长还没有成为资源评价的主体。目前，信息化教学资源的评价主体主要是专家、资源开发人员和教研人员等。信息化

教学资源的质量，应该从不同角度评价，尤其是教师和学生是最主要的使用者，更容易从应用的角度发现教学资源的优势与不足。另一方面，信息化教学资源还未形成反馈评价机制。信息化教学资源的质量究竟如何，要通过应用来体现，有些在理论上比较完美的教学资源，在实际应用中可能存在这样那样的问题，没有相应的反馈评价机制，教师和学生等使用者即使发现了问题或有资源改进的建议，也不容易与资源建设者取得联系和沟通，改进信息化教学资源。

三　信息化教学资源管理方面存在的问题

信息化教学资源管理的水平与质量，影响着教学资源是否能有效地服务于教学，也是广大师生愿用、能用、好用、用好的重要影响因素。由于各地教育发展不平衡，教育信息化管理体制和运行机制不健全，教学资源缺乏科学有效的管理。信息化教学资源管理方面存在的问题，既有区域层面对信息化教学资源的统筹规划、传输、更新、共享方式等方面的问题，也有学校对信息化教学资源的储存、整理、加工等方面的问题。

1. 信息化教学资源管理意识不强，缺乏对资源的分类整理和及时传输

许多学校和教学资源网站的资源管理意识不强，资源管理沦为对搜集来的资源简单堆积，缺乏为应用服务的观念和意识，资源更新意识和动态发展意识不强，甚至有个别学校担心信息化教学设备和资源损坏，不鼓励师生应用，资源管理的目标沦为保持信息化设备和资源的完好性，应付相关部门的检查。有些学校对信息化教学资源缺乏分类整理，没有将资源进行分类编目，有些学校是按资源获得时间或按资源形态对资源进行管理，没有根据学科、主题进行分类，资源查找和使用很不方便，缺乏目录检索服务。有些网站上的教学资源，缺乏对资源的审核评价。有些网站虽然实行会员制，一般是注册即可成为会员，对会员实行积分管理，对上传下载资源增加或扣减相应的积分，但是由于缺乏对资源的审核和分类，网站上的资源质量令人不敢恭维，从一些经常通过网络搜集资源的教师对网站资源管理质量的谈论中可见，信息化教学资源管理不到位已经严重影响了教师对资源的应用。

此外，信息化教学资源的传输渠道不畅通，传输不及时。有些学校校园网上的资源，只能在学校使用，外部用户无法访问，教师在家中使用网

络时，不能顺利获取校园网上教学资源。多媒体教学光盘的发放环节过多，一些同步课堂类教学资源由于传输不及时，跟不上实际教学进度，影响师生使用。

2. 信息化教学资源管理机制不完善，管理不规范

一是有些教育部门和学校没有设立专门组织负责信息化教学资源管理，资源管理缺乏可依托的机构，缺乏科学的决策组织和程序，资源管理的随意性较大。二是在设置了具体组织和专门的岗位负责信息化教学资源管理的教育部门和学校中，管理组织和人员的职责不明确，资源管理混乱，缺乏从区域或者整个学校发展的角度进行资源管理。同时在管理过程中，偏重于硬件设备的管理，对信息化教学资源的收集、加工、整理和分类等工作重视不够，管理不到位，造成了下述现象："使用信息化教学资源时，面临的主要困难是没有专人进行资源的收集、整理，工作比较忙，比较杂，没有时间使用信息化资源。我所需要的帮助就是能够设有资源建设与管理部门，帮助老师来整理信息化教学资源。"（宁夏青铜峡某小学教师）"学校资源在建设和管理上缺乏统一汇总，学校在这方面不重视。"（陕西礼泉某初中教师）"（信息化教学资源）使用起来不方便，找人开门，试用设备，组织学生，比较烦琐，所以老师宁肯不用。查找资源到处搜，没有系统的资源库。"（新疆石河子某小学教师）"资源分散在各个处室，校内资源很难实现共享，没有统一管理。"（重庆忠县某中学教师）这些问题，都是可以通过完善资源管理解决的。三是各级信息化教学资源管理部门互相之间缺乏合作，管理部门的条块分割引起了资源建设与应用上的封闭。四是管理部门缺乏充足的经费来保障管理制度与规范的实施。资源管理不到位，引起了劣质教学资源的重复开发和优质教学资源的短缺，造成了教学资源的结构性短缺。五是师生在信息化教学资源使用中出现问题时，缺乏畅通有效的反馈机制，得不到相关人员的帮助，问题难以得到及时解决。

3. 区域教学资源缺乏统筹管理，资源共享困难

在各级教育部门和学校的努力下，许多学校通过各种方式不同程度地拥有了一批信息化教学资源，在信息化教学资源应用过程中，区域教学资源统筹管理的程度越高，教师可使用的资源就越丰富。当前，信息化教学资源缺乏统筹管理的问题还比较突出，区域内的学校在资源建设时各行其是，相关教育部门未能有效发挥统筹协调作用，致使出现了相邻的两所学

校，各自购买相同的资源，造成资源重复建设与资金浪费。学校在教育信息化建设过程中，对教育信息化的相关标准与规范执行不力，软件系统的互操作性差，学校之间互联程度低，资源建设自成体系，交流和共享不足，"信息孤岛"现象严重，优质教学资源在区域内不能实现共享。随着教育信息化的深入和教学资源的广泛应用，区域层面教学资源统筹管理不足的问题更加突出。教育部门和机构对信息化教学资源缺乏长远规划，缺乏根据区域教育特点和从学校布局出发对教学资源进行有效的管理，制约了信息化教学资源的共享与应用。

第三节　信息化教学资源的应用主体方面存在的问题

信息化教学资源要发挥作用，要通过应用主体的行动来实现。应用主体对待信息化教学资源的态度观念和应用信息化教学资源的能力素质，直接影响信息化教学资源的应用效果。目前，西部地区中小学信息化教学资源的应用主体主要有教师、学生和社区居民，下面分别探讨各应用主体存在的问题。

一　教师

有学者指出，"目前最欠缺的不再是没有网络教学环境，不再是没有优质教学资源，而是缺乏熟悉并能够熟练运用这些资源的教师"[1]，指出了教师信息化教学能力不足的问题。教师是教学资源使用的关键，教师的信息化教学能力如何，决定着信息化教学资源利用的程度与水平，包括对资源的筛选与加工能力、分析与评价能力、整合应用能力和教学设计能力。在教育部的文件中指出："充分认识教师在办学中的主体地位，使广大教师掌握现代教育理念和应用优质教育资源实施教学的理论与方法，形成教师根据教学实际将优秀教学资源应用于教学的主动性和自觉性。"[2] 从笔者调查和访谈结果来看，教师应用信息化教学资源

---

[1]　张攀峰、王润兰、赵毅：《共享优质远程教育资源，培养优秀"资源教师"》，《中国远程教育》2005 年第 10 期。

[2]　《教育部办公厅关于全面推动农村中小学现代远程教育三种模式应用的指导意见》（http://www.moe.edu.cn/edoas/website18/level3.jsp? tablename = 1555&infoid = 14904，2006 - 07 - 23）。

的意识不强，信息化教学能力比较差，制约了信息化教学资源的应用程度和效果，具体表现在以下方面。

1. 教育观念落后，缺乏应用信息化教学资源的意识

信息化教学资源作为新形态的教学资源，是新媒体技术发展的产物。教学资源形态的改变，要求教学模式和方法做出相应的变革。现代教育观念强调在教育中应用先进的教育理论和信息化教学资源，优化教学效果，强调学生的个性发展、全面发展和全体发展，注重创造性人才的培养。现代教育观念要求教师不仅是知识的传递者，而且是信息化教学的设计者，学生学习的引导者、组织者、管理者和促进者。这些新的教育观念还尚未被中小学教师所接受，教师依然习惯于粉笔黑板的以教材为中心的教育方式，对信息化教学资源的重要性认识不足。同事的消极观念和领导保守落后的教育观念，特别是在农村地区信息闭塞，很多教师缺乏与外界的交流，在教学上得过且过，不主动接受新事物，影响教师对信息化教学资源的开发与应用。

2. 信息技术应用能力差

信息化教学资源是基于现代信息技术而开发、设计的各种教学资源，掌握相关信息技术能力，是顺利应用信息化教学资源的前提条件和基本要求。据调查[①]，西部地区有超过一半的教师很少和从不使用计算机备课，在农村地区，很少使用和从不使用计算机备课的老师达到了71%，而西部的大部分地区是农村。面对西部"大部分教师不能熟练操作计算机，更谈不上利用计算机、网络等进行教学，能够制作教学软件的教师只有极少数，其专业水平难以适应教育信息化发展的要求"[②]。根据王嘉毅等学者（2006）对西部地区农村中小学教师的调查，"调查对象中会使用电脑的教师电脑应用率很低，大部分教师只是偶尔利用电脑收发电子邮件"。[③]教师信息技术能力差，应用信息技术设备的主动性不强，应用目标不明确，制约着信息化教学资源应用的水平。城乡教师的差异较大，虽然同处

---

① 王珠珠、刘雍潜、黄荣怀、赵国栋、李龙：《中小学教育信息化建设与应用状况的调查研究报告（上）》，《中国电化教育》2005 年第 10 期。

② 刘峰、郭绍青：《西部农村教育信息化发展中存在的问题分析及应对》，《中国农业教育》2005 年第 6 期。

③ 王嘉毅、吕国光：《西部地区农村教师计算机应用状况的调查与分析》，《电化教育研究》2006 年第 8 期。

西部地区，城市中小学由于信息化建设与信息技术应用时间较长，教师基本掌握了信息技术的应用，而许多农村教师则处于学习探索阶段。

3. 信息化教学资源的应用能力不足

"如果现代远程教育不能解决教师接收后的应用问题，那么即使使用了再先进的技术，即使传递了再多数量的资源，也难以从根本上提高农村课堂教学的质量。"（彭声泽，2004）现实情况是，许多中小学教师的信息化教学资源应用能力较差。信息化教学资源的来源不同于传统的印刷教材，教师必须熟悉信息化教学资源的类型与特点，能通过多种途径获取满足教学需求的资源。而实际上，许多教师不熟悉教学资源的获取方式，教学资源的收集、整理能力较差，对现有的教学资源进行分析加工的能力不足，不能有效地选择、评价和加工教学资源，不能因地制宜地应用教学资源，不知道使用何种资源，如何使用才是恰当的应用方式。同时，信息化教学设施短缺也限制了教师应用信息化教学资源的机会。有的教师在使用信息化教学资源时，不能将教学资源与教学活动相结合，使可以更加生动活跃的教学活动变成了资源展示过程，既未发挥学生的主体性，也没有体现教师的主导作用，为了应用资源而应用，缺乏将信息化教学资源与课堂教学进行整合应用的能力。

4. 信息化教学资源的开发能力欠缺

西部地区除了一些重点中小学和示范性中小学的教师接受过较为全面系统的培训，学校信息化硬件建设较好，教师不同程度地参与过信息化教学资源的设计与开发活动外，普通学校特别是农村地区的中小学教师，大多数从未参与过教学资源开发设计工作，在师资短缺、教师工作量过重和教育经费紧张的中小学，教师对教学资源的开发设计几乎一窍不通。一些有过开发经验的教师，教学理论准备不足，在开发设计过程中没有应用先进的教学理论作为指导，导致自行开发设计的大部分教学资源是低水平的重复建设，能满足本地教学需求的特色资源仍然不足。

5. 信息化教学设计能力亟待提高

良好的教学设计能力是恰当地应用信息化教学资源的重要因素，如果教师不懂信息化教学设计的理论与方法，即使在教学过程中应用了信息化教学资源，教学质量也难以提高，严重的甚至造成负面影响。如何根据教学需要确定教学目标、选择恰当的教学策略、设计合理的教学结构是许多教师欠缺的专业能力。

6. 教师专业发展问题较多

主要有以下几个方面：（1）教师自我专业发展的意识不强，自我专业发展能力较弱。教师自我发展需要和意识能够保证教师不断自觉地促进自我专业成长，是教师自我专业发展的内在主观动力，面对信息化教学对教师提出的新要求，教师应具有强烈的自我专业发展意识，能够对自己现在的专业发展状态、水平有正确的认识，能对未来专业发展进行有意识的规划，并通过各种努力，逐渐形成自我专业发展的能力。目前，西部地区中小学教师的自我专业发展需要和意识较弱，得过且过的思想比较严重，由于师资短缺，工作任务重，教师缺乏时间和精力关注自身专业能力的提高。甘肃和政县某初中的李老师在访谈中指出："我本来是数学教师，由于我们学校教师比较缺，在代数学课的同时，上学期我代了初二的地理课，这学期代了初一的历史课，能够有时间把课备好已经不错了，没有时间考虑自我提高的问题。除非是为了评职称或教育局要统一考核之类的原因。"教师面对基于新技术的信息化教学资源，不知如何来提高自己的专业能力，许多教师在自我反思、自我专业结构剖析和专业发展设计与计划的拟订方面存在困难，不了解教师专业发展的理论，遇到问题时，不能将专业发展理论与自身的实际相结合，不善于发现、创造和利用各种机会提高自身的专业能力。（2）教师的专业发展模式比较单一。在教师专业发展理论的指导下，教师专业发展模式在不断丰富。Sparks & Loucks - Horsley（1989）和 Drago - Severson（1994）研究指出了 7 种主要的教师专业发展模式：培训；观察/评估；参与发展/完善过程；研究小组；探究/行动研究；个体指导活动；辅导①。在西部中小学教师的专业发展模式中，培训是最主要的专业发展模式，培训需要相关部门的规划组织和经费支持，在经费短缺的情况下，制度化、长期性的培训不足，需要多种专业发展模式互为补充，充分发挥每一种模式的优势。（3）教师培训存在问题。首先是培训内容针对性不强。各级部门组织的培训内容各成体系，培训内容缺乏融合与互补，有些内容重复培训，有些教师急需的培训空白，导致教师对培训不感兴趣，造成人、财、物的浪费。从调查来看，信息技术操作方面培训较多，信息化教学资源设计开发和应用方面还比较少，培训的

---

① ［美］Thomas R. Guskey：《教师专业发展评价》，方乐、张英等译，中国轻工业出版社2005 年版，第 17 页。

针对性较差。其次是培训的形式与途径不够灵活。专家讲座、理论讲授型的面对面培训较多，参与式培训、任务驱动式培训还需要进一步探索。远程培训和研讨以其灵活方便的优势，逐步为教师所接受，各级教育培训部门对这种培训的组织引导和重视不足，如何将远程培训与现场培训相结合，将专家培训与自主研修相结合，是当前需要解决的问题。最后是培训效果不佳，管理与评价不规范，不重视对培训过程的管理和对培训效果的评价，难以促进培训者提高培训水平，根据培训对象选择适宜的培训内容，培训效果不佳。

可见，如果只是将优质教学资源输送到西部地区中小学是远远不够的，重要的是如何帮助教师使用这些资源、用好这些资源，发挥这些教学资源的价值和作用，促进教学质量的提高。

二　学生

各级教学部门和人员应用信息化教学资源的目的是为了促进学生的学习，培养全面发展的创新型人才，信息化教学资源应用的价值，要通过对学生学习效果与能力的提高体现出来，学生是学习的主体，教师的教也是为了学生的学。学生在信息化教学资源应用中主要存在下述问题：

1. 利用信息化教学资源自主学习的意识淡薄，自主学习能力不强

受传统的以教师为中心的教育思想影响，学生对教师依赖性较大，学生自主学习意识淡薄，对信息化教学资源应用存在畏难情绪，缺乏优秀榜样的示范带动。

2. 学生的信息素养较差

具备良好的信息素养是学生顺利应用信息化教学资源进行学习的必要前提，但目前许多学生面对丰富多彩的信息化教学资源，茫然失措，不能利用各种工具和手段选择适当的资源，不但影响学习进步，而且会成为新时代的文盲。联合国教科文组织在重新定义的文盲标准中指出，不能识别现代社会符号的人和不能使用计算机进行学习、交流和管理的人，均属于功能型文盲，在现代信息社会生活存在相当困难。加强学生的信息意识、信息知识、信息能力和信息道德是促进学生主动利用信息化教学资源的有效途径。城市中小学生的信息素养整体上比农村中小学生要高，这与城市中小学的信息化建设以及学生接触计算机和使用网络比较多相关性较大，信息技术课程的开设状况对学生信息素养的提升影响较大。从信息化教学

资源的应用目的来看，学生应该也是信息化教学资源建设的参与者和评价者，由于学生信息素养水平不高及各方面因素的影响，很少有学生能主动参与和胜任这方面的工作。

三　社区居民

社区居民包括了学生家长、党员干部、当地的其他居民等人群，学校作为当地社区的文化中心，其所拥有的信息化教学资源是社区居民获取科学文化知识的重要来源，尤其是在信息闭塞、文化落后的农村地区，社区居民对中小学信息化教学资源的应用对于促进当地经济和社会发展有重要作用。但是目前，社区居民利用学校信息化教学资源的意识还不强，许多活动还是在教育部门的倡导下，由学校主动组织开展的，农村居民由于文化素质普遍比较低，有相当一部分人普通的读写都有困难，更不用说自主应用资源的能力了。社区居民缺乏应用信息化教学资源的主动性和积极性，应用的形式相对比较单一，需要增强社区居民应用信息化教学资源的意识和能力，丰富信息化教学资源的应用形式，促进社区和学校的共同发展。

第四节　信息化教学资源的应用领域存在的问题

信息化教学资源的应用领域主要有课堂教学、教师发展、学生发展和社区发展四个领域。西部中小学信息化教学资源在应用领域方面存在以下两个问题：一是各应用领域应用不平衡，二是缺乏有效的应用策略。由于对信息化教学资源的狭隘理解和教育系统的封闭性的影响，可以在多个领域发挥作用的信息化教学资源，目前主要应用于课堂教学中，而在教师发展、学生发展和社区发展方面的应用明显不足。根据调查结果，信息化教学资源在课堂教学和教师备课方面应用相对较多，在教师培训、自主研修和教学研讨等教师发展方面、学生自主学习和学生课外活动方面，以及农村学校为农服务方面相对较少使用，要充分发挥信息化教学资源作用，必须促进信息化教学资源在各个领域的广泛应用。各个领域有不同程度的资源应用不当的现象，下面着重分析课堂教学等方面的问题。

一　课堂教学

信息化教学资源为课堂教学带来了教学模式和教学方法的更新，有助于实现新的教学理念，但是这些变革不会自然发生，需要在实践中不断地摸索和完善。目前信息化教学资源在应用于课堂教学时，有些教师过于偏重信息化教学资源在形式上的应用，没有将信息化教学资源与传统教学资源有机结合进行教学设计，使得整个课堂以课件为中心，忽视了师生之间的互动与交流。有些教师由于缺乏信息化教学经验，在模仿现有教学模式的过程中，忽略了学生的特点和实际情况，影响了教学效果。由于城乡差距、区域差距等因素，西部中小学的情况差别较大，在这种情况下，教师十分需要切合西部中小学实际的信息化教学策略来指导信息化教学资源的应用。

二　教师发展

西部地区的中小学教师由于受经费、时间及地域的限制，能够获得专业发展的机会比较少，本书的调查对象中，有近 20% 的人未接受过任何培训，教师的专业能力难以得到提升。信息化教学资源为教师提供了新的专业发展机会和方式，教师可以利用专家讲座、优秀课例进行自主研修，也可以参加网络社群进行教学研讨。但是，调查结果显示，在教师发展中很少应用信息化教学资源，例如"自主学习"和"教学研讨"中都很少应用信息化教学资源，信息化教学资源在教师发展中的应用缺乏学校和相关部门的组织，没有形成有效的应用策略和模式。

三　学生发展

新课程改革纲要指出，要"注重培养学生的独立性和自主性，引导学生质疑、调查、探究，在实践中学习，促进学生在教师指导下主动地、富有个性地学习"。"教师应尊重学生的人格，关注个体差异，满足不同学生的学习需要，创设能引导学生主动参与的教育环境，激发学生的学习积极性，培养学生掌握和运用知识的态度和能力，使每个学生都能得到充分的发展。"[①] 信息化教学资源丰富了学生的学习方式，学生可以利用信息化教学资源进行探究学习和合作学习等学习活动，但是从西部中小学的现状调查来看，受各方面因素影响，在自主学习和课外活动中，学生能直接应用信息化教学资源的机会比较少，资源应用的方式、方法也比较单

---

① 《基础教育课程改革纲要（试行）》，《中国教育报》2001 年 7 月 27 日。

一。并且学生的信息素养比较差，信息化教学资源在"提高学习效果"方面还没有发挥应有的作用。

四　社区发展

信息化教学资源不仅要服务于学校的教学活动，而且要向当地社区开放，特别是农村地区的中小学。国务院在 2003 年的农村教育工作决定中指出，"农村学校作为遍布乡村的基层公共服务机构，在培养学生的同时，还承担着面向广大农民传播先进文化和科学技术，提高农民劳动技能和创业能力的重要任务"①。西部地区有将近 80% 的中小学在农村，但目前只有少数学校能将信息化教学资源用于农村科技信息服务、农民科技培训和农村党员干部教育活动。学校信息化教学资源向校外用户开放、服务社区发展的程度还不高，有 20% 的学校没有对校外用户开放，服务社区发展更是无从谈起。信息化教学资源在社区发展中的应用形式还不够丰富，根据调查结果，大部分学校采用的是教师组织社区居民学习的形式，用户自主使用资源学习等形式应用得还不多。学校需要加强与社区的合作，扩大信息化教学资源为社区服务的范围和程度，促进学校与社区的互动发展。

---

① 《国务院关于进一步加强农村教育工作的决定》，国发〔2003〕19 号。

第四篇　策略篇

第五章　西部地区中小学信息化教学资源优化的策略

　　优质的信息化教学资源是信息化教学资源应用的前提和基础，面对西部地区中小学信息化教学资源存在的问题，必须改善信息化教学资源的内容、结构、形式和类别以符合西部中小学的教学需要；必须从信息化教学资源的建设、管理和评价等方面对西部地区中小学的信息化教学资源进行优化，才能从根本上促进和保障信息化教学资源的应用效果。

第一节　转变教育观念，树立现代教学资源观

一　形成现代教育观念

　　观念一般是指人们对客观事物的认识和看法。观念一旦形成，就会影响人们的行为与活动，不同的观念导致人们产生不同的行为活动。教育观念是指人们对教育问题的认识和看法，是内涵丰富、外延广泛的概念系统。有学者指出，教育观念是"按一定时代的政治、经济、文化发展的要求，反映一定社会群体的意愿，对教育功能、教育对象、人才培养模式、教育体制、教育结构、教育内容、教育过程及方法等根本问题的认识的看法"①。先进的教育观念能有力地促进教育的发展，落后的教育观念则会阻碍教育的变革与发展。西部地区信息闭塞、教育观念落后的现实制约了教育信息化的发展，无论是教育行政部门的领导，还是中小学校长、教师、学生等都应首先在教育观念上进行一次革命。

　　现代教育观念能够体现当代教育学、教学论、学习论、评价理论的最新观点和社会对教育的最新要求，具有理论上的先进性。反映社会、经济和文化发展要求的现代教育观念能对教育的发展起到引导和促进作用，转

---

① 　南国农主编：《信息化教育概论》，高等教育出版社 2004 年版，第 5 页。

变教育观念既是教育信息化深入发展的必然要求，又是教育观念反映教育发展趋势的必然表现。教育信息化的实践者和管理者，只有树立起下述现代教育观念，才能科学地开展教育活动，促进教育改革和发展，培养全面发展的创新型人才。

1. 现代教师观

在信息化教学活动中，教师不仅是"知识讲解者、传递者、灌输者"，而且是学生学习的指导者、帮助者、促进者、组织者、管理者和参与者；教师不仅是课程内容的实施者，而且是教学资源的设计者、开发者和评价者；教师不仅是教学改革的实践者，也是教育教学活动的研究者；教师不仅要有扎实的学科专业知识，还要具有良好的信息素养能力，能及时地获取、加工、处理信息，成为知识的创造者。同时，信息时代知识的快速更新，要求教师不断地掌握新知识、新技能，一名合格的教师必然是一名终身学习者。

2. 现代学生观

学生是学习的主体，教学过程是学生主动参与的一种实践活动。知识经济时代是一个瞬息万变的时代，学会学习、学会做事、学会与人相处、学会生存是每一位学生必须具备的能力，教学就是要促进学生的个性发展、全面发展和全体发展，学生的发展是持续的、终身的发展。要培养学生面向未来的适应能力、继续学习的能力、接受挑战的能力并改造自我和环境的能力。现代学生是平等的教育主体，学生不仅能利用各种资源进行自主学习和探究学习，而且也是信息化教学资源的建设者，学生在学习过程中的一些错误更是其他学生学习的宝贵资源。在信息化背景下，在丰富的信息化教学资源支持下，学生通过反思、协作、交流和意义建构成为主动学习者。

3. 现代教学观

教学观是教师对教学的认识、教学的主张和过程的基本看法，教学观决定着教师的教学态度与方法。著名教育家陶行知先生指出："先生的责任不在教，而在教学，而在教学生学。"长期以来，以"教师中心、教材中心、课堂中心"的传统教育观念影响着许多教师的教学活动，信息化教学要求树立"以学生为中心、以学生的发展为中心"的现代教学观，突出学生在教学过程中的主体地位。叶澜教授（2002）指出："在教学过程中，教师不仅要把学生看作'对象'、'主体'，还要看作是教学'资源'的重要构成和生成者。"① 教学不再是向学生灌输知识，而是教会学生主动获取知识、应用知识、创造知识。在教学过程中，要全面实施素质教育，培养学生的创新意识、创新精神和创新能力。

4. 现代教学资源观

以多媒体和计算机网络为代表的信息技术的发展，使教学资源全球化，教师和课本不再是仅有的教学资源来源，利用网络将全世界的教育资源联结为一个知识的海洋。教师的教学、学生的学习不再局限于传统的静态教学资源，而是可以利用各种现代技术手段，从全球范围内获取动态发展的最新的以多媒体形式呈现的教学资源。

5. 现代教育质量评价观

现代教育观念倡导以促进学生发展为目的的教育质量评价观，注重过程；终结性评价与形成性评价相结合，重视发展；淡化甄别与选拔，重视综合评价，关注个体差异。改变传统评价过于关注结果，忽视对学习者努力与进步的及时肯定，以教师为主体的评价方式。现代教育质量评价强调质性评价、定性与定量相结合，倡导参与和互动、自评与他评相结合，实现评价主体的多元化。

现代教育观念既是教育信息化发展的要求，又是教育信息化发展的表现。现代教育观念随社会、经济、文化的发展而变化，要用发展的眼光来看待。只有教育行政部门的领导、校长、教师等人员具备了现代教育观念，才能使学校向学习型组织转变，教师才能在教育教学中探索新的教学模式，敢于并乐于在教学中应用新的、开放的信息化教学资源，开展以学生为中心的教学活动。

二　现代教学资源观的内涵

思想观念决定和指引着人们的社会实践活动。信息化教育是在现代教育思想和理念指导下以培养和提高学生信息素养为重要目标的一种新的教育方式。信息化教育能超越时空，使教育向所有需要和愿意学习的人开放，并实现资源共享；知识之间不再是线性连接的关系，而是以多媒体和网络技术为基础的可以进行多种检索和连接的网状的、发散性的知识系

---

① 叶澜：《重建课堂教学观——"新基础教育"课堂教学改革的理论与实践探究之二》，《教育研究》2002 年第 10 期。

统。信息社会的到来，使信息素养成为每个人必备的基本素质，教育系统要培养出具有信息素养的人才，必须实施信息化教育。信息化教育的实现必然要基于大量的信息化教学资源的开发与应用，因此，信息化教学资源是信息化教育的必然要求和实施的基础，离开了信息化教学资源的应用，信息化教育就成为空谈。教育行政部门的领导、教师、学生只有树立了现代教学资源观，才能在教育教学实践活动中自觉主动地通过各种渠道获取、整理、加工和应用信息化教学资源，才能有意识地通过各种方式优化教学资源，改善教学资源的结构，积极开发优质的信息化教学资源，推动信息化教育的发展，进而提高教学质量。

1. 信息化教学资源是信息时代教学资源的新形态

信息化教学资源是信息技术应用于教育领域后产生的新型教学资源，它是以现代信息技术为基础设计、生产、存储和处理的一切支持教学活动的资源，是实现信息化教学的重要保障。教育信息化使得教学设施和教学手段改变了，传统单一的图书等教学资源不能满足信息化教学的需要，信息化教学资源处理数字化、存储海量化、管理智能化、显示多媒体化、传输网络化、交互性强等特点，有效地满足了信息化教学的需要。在信息化环境下，单一的印刷教材已不能满足教学的需要，选择和应用信息化教学资源成为教师的必然选择。

2. 现代教学资源是动态发展的教学资源

科学技术的飞速发展和知识更新速度的加快，要求教育要反映时代发展，采用新技术呈现教学内容。要使学生掌握最新的知识和技术，教学资源必须不断更新。多媒体和网络技术将世界各地的人们联结在一起，教学资源的来源更加广泛，将宝贵的人力资源互联起来的学科网站、电子邮件、论坛、聊天室都在促使新的教学资源的产生。"在信息时代，唯一不变的就是变化"，教学资源作为重要的教学要素，必须跟上时代发展的变化，不断地发展更新。

3. 现代教学资源是学教并重的教学资源

传统的教学资源主要是为教师教学服务，教师是教学资源的主要拥有者和使用者，使用教学资源的目的是为了保证正常教学活动的开展。信息时代，是终身学习的时代，不仅学生需要学习，教师也需要不断地学习，才能适应教育变革的需要。教学资源不但要服务于教师的教，还要服务于学生的学，服务于教师自身的专业发展。基于资源的学习成为一种重要的教学模式，借助数字化图书馆、电子阅览室、光盘、网络课程等现代教学资源，学生可以进行自主学习，促进个性发展。在信息化教育背景下，培训不再是教师专业发展的唯一形式，应用优秀课例进行自主研习，利用网络论坛与全国各地的同行进行交流研讨，基于各种专业社群进行研修，已成为教师专业发展的重要形式。

4. 现代教学资源是本土化与全球化相结合的教学资源

信息技术的发展，使得世界日益变成一个地球村，21 世纪的人才必须具有全球意识，教学内容的广度和深度超越了以往任何时代。多媒体信息技术使得教学资源的传递超越了课堂范围，卫星电视网、计算机互联网能将教学资源传输到世界各地，师生通过这些网络，可以不受时空限制，方便地获取所需要的教学资源，全球化成为现代教学资源的重要特征。同时，中国的"教育必须为社会主义现代化建设服务，必须与生产劳动相结合"①。邓小平曾经指出，"更重要的是整个教育事业必须同国民经济发展的要求相适应"，要培养能满足当地社会经济发展需要的人才，教学资源必须能反映当地政治、经济、文化和教育发展的需求，反映学习者的特点，将本土化与全球化相结合，培养有全球视野而又能服务于本土社会经济发展需要的人才。

5. 现代教学资源是开放的教学资源

知识经济的到来，许多企业和组织都成为知识传播与创新的主体，教育领域要及时吸纳最新知识，必须树立开放的教学资源观。教学资源的建设不再是专家学者的专利，教师、学生、学生家长和各种社会组织和个体都可以参与其中，促使教学资源持续发展，保持生机与活力，专家、学者和教师等只需加强对教学资源的筛选与评价、加工与整理，将优秀的教学资源纳入现代教学资源的结构中，推动优质教学资源的传播与使用。

6. 共享是现代教学资源的重要特征

教学资源作为一种稀缺性资源，开发建设优质的教学资源需要大量的人力、物力和财力。网络通信技术等现代信息技术使教学资源的开发成本降低，使世界各地的人们可以发挥自己的专长，通过协作设计开发优质的教学资源。建设主体的多元性，决定了教学资源将会为不同的主体和机构

---

①　《中华人民共和国教育法》，1995 年 3 月。

所使用。同时，知识经济要求人们不断更新知识，人们对教学资源的需要更加个性化和多样化，传统的教学资源建设与应用方式无法满足教学资源的巨大需求，教学资源的共享成为满足人们教育需求的必然要求。不同机构与组织之间将教学资源以各种方式共享，可以快速获得优质的教学资源，丰富个体与组织的教学资源。

7. 综合应用是教学资源发展的生机与活力

在知识经济时代，教育系统日益成为一个开放的系统。学校作为知识生产与传播的重要组织，教学资源不仅为学校的教学服务，为师生的发展服务，也要服务于社区的经济文化发展。西部地区经济文化发展落后，中小学往往是当地的文化中心，将学校的教学资源向学生家长等社区居民开放，向社区居民提供科技文化、时事政策等服务，促进信息化教学资源的综合应用，使社区居民关心和参与学校的资源建设，增强资源建设力量。

树立现代教学资源观，教育行政部门的领导、教师、教育管理者才能在教育教学活动中重视现代教学资源的新形态——信息化教学资源的优化与应用，采取各种措施整合现有的教学资源，将信息化教学资源的应用融入日常教育教学活动中，提高教育质量。

第二节　构建立体互动的信息化教学资源建设与管理体系

西部地区信息化教学资源存在的许多问题，主要是由于信息化教学资源的建设与管理体系不健全，造成了信息化教学资源建设不规范、类别与形式不够丰富，内容针对性差，信息化教学资源缺乏统筹管理，资源共享性差等问题；造成了信息化教学资源建设与管理各行其是，相关部门与机构之间缺乏以应用为目标的沟通与合作等问题。建立教学资源中心可以将信息化教学资源建设与管理有机地统一起来，形成以应用为目的的信息化教学资源建设与管理体系，使信息化教学资源建设和管理有了可依托的组织，并为资源应用提供支持与服务，形成纵向贯通、横向互联的立体互动的信息化教学资源建设与管理体系。

一　建立教学资源中心的必要性

（一）教学资源中心

教学资源中心一词起始于 20 世纪 60 年代的美国，教学资源中心

（Instructional Resource Center）又可称为"教学媒体中心"（Instructional Media Center）或"学校图书馆媒体中心"（School Library Media Center），这一概念的提出是受当初新的教学理念和信息技术发展的影响，美国教育部门为了应对时代变革的趋势，将学校图书馆和媒体中心的功能合而为一，建立教学资源中心。教学资源中心包括原来的图书馆、教具室、多媒体教室和计算机教室的功能。随着教学资源中心概念的传播与推广，许多国家和地区的学校建立了教学资源中心，教学资源中心发展成为提供信息化教学资源和相关服务以改进教师教学和学生学习的支持服务中心。

我国台湾学者朱则刚（1990）认为[1]，教学资源中心的主要目标，是提供各类资源及设备以支持教学，提供教材编撰、设计、制作的服务，更以教学发展为其工作目标，这些服务项目的共同目标是协助教师提升教学效果，其服务多元化异于传统的数据中心及媒体中心，转变为一种主动积极参与教学的角色。徐月梅（2002）认为[2]，随着网络技术的迅速发展，教学资源中心的教学支持功能已经由教具、图书、多媒体技术服务，发展到所有校本课程设计、教学设计、教学资源共享与建立学习社群为重点的研究方向，未来主要以互联网为架构，提供各类教学资源服务，并提供"实时性"、"互动性"的网络教学资源整合服务。

（二）建立教学资源中心的必要性

根据上文的调查结果可知，西部地区信息化教学资源由于缺乏专门的组织负责资源建设与管理，造成了资源建设内容针对性差、结构不合理、低水平重复建设等现象，学校之间、区域之间缺乏交流与合作，资源共享性差等问题。如果建立一个能有效地将区域内有关信息化教育的人力、物力和财力整合起来的组织机构，为学校之间、区域之间的资源建设、共享、管理与应用提供支持与服务，促进区域内学校之间的合作与交流，加强各级教育部门之间的在资源建设上的协作与沟通，对区域内的资源进行统筹管理，负责资源的设计与开发、评价与管理、应用与服务，将能有效地解决上述问题，促进区域信息化教学资源优化与应用。在许多中小学，面对信息化教学资源建设与应用存在的问题，日益需要专门部门和人员负

---

[1]　朱则刚：《在师范学院设立教学资源中心的理念与规划》，《视听教育双月刊》1990年第4期。

[2]　徐月梅：《台北市国民小学设置教学资源中心可行性之研究》，台北师范学院，2002年。

责教学资源建设与管理，为教师、学生和社区居民顺利应用信息化教学资源提供支持与服务。教学资源中心为教学提供各种资源、支持与服务的特点顺应了上述需求，因此在西部地区建立学校教学资源中心、区域教学资源中心，并上联国家基础教育资源中心，构成纵向贯通、横向联通、立体互动的信息化教学资源建设与管理体系，能有效地促进西部地区中小学信息化教学资源优化与应用。

二　建立教学资源中心的可行性

近年来，在"校校通"工程、明天女教师培训计划、国家现代远程教育工程、UNDP403项目和彩虹工程、农村中小学现代远程教育工程等项目的支持下，西部地区许多中小学建设了计算机教室。尤其是农村中小学远程教育工程的实施，到2007年年底，将使西部所有农村初中建立计算机教室，小学配有卫星接收系统和光盘播放设备，小学教学点拥有光盘播放设备。在这些项目实施和各级教育部门推动教育信息化的过程中，为西部中小学培训了一批资源建设与管理人员，使学校教学资源中心的建立有了一定的物质与人员基础。

区域教学资源中心包括乡镇教学资源中心、县级教学资源中心、省/市级教学资源中心等，下述相关部门和中心的建立提供了教学资源中心建立的基础。在教育信息化建设过程中，一些教育部门建立了基础教育资源中心、教育信息中心等部门，负责教育信息化及教学资源的建设与管理。各级电教馆、电大（电大工作站）、教师进修学校、教育电视台以及各级教育部门负责教育信息化建设的部门，可作为区域教学资源中心的建设基础。西部中小学近年通过实施农村中小学现代远程教育工程、中欧基础教育项目，英特尔未来教育项目等项目建立的教师学习资源中心、远程教育资源中心等组织，都是区域教学资源中心建立的基础。

为了满足基础教育信息化的发展对信息化教学资源的需求，教育部于2004年依托中央电教馆成立了教育部基础教育资源中心，负责基础教育资源建设的规划和协调；收集、发布基础教育资源需求信息；组织基础教育资源征集、引进、开发和整合工作；建立基于中国教育卫星宽带多媒体传输网的专项资源管理和服务平台，负责基础教育资源发送、技术支持、用户管理和反馈信息收集；承担国家基础教育资源库及资源服务网站的管理等工作。教育部基础教育资源中心的成立，使全国基础教育信息化教学资源的规划、建设、传送、管理和服务等工作有了专门的组织和人员来负责，资源中心设立了规划处、项目处和评价处，规划处负责开展基础教育资源建设的研究和规划工作，指导和引领全国信息化教学资源的建设与应用。

三　学校教学资源中心的功能

学校教学资源中心是与教师关系最密切的教学资源中心，一般是在学校图书馆（室）、阅览室、活动室、实验室、电教室（中心）以及网络中心等部门的人力、物力和财力进行整合的基础上建立的，主要功能是将校内的教学资源有效整合，对现有的教学资源进行分类、整理和加工，便于教师和学生使用，组织本校师生开发建设校本资源，通过各种途径获取学校教育教学所需的教学资源，为教师和学生能顺利地应用信息化教学资源提供技能培训等方面的支持服务。苏子仁（2004）根据 Wilde（1991）对信息技术在教学中运用的研究，分析指出，"完整的教学资源服务是推动信息化教育成败的决定要素"[1]，为学校师生的教学提供完善的教学资源服务是教学资源中心的主要任务。

学校教学资源中心主要由图书馆等部门改造建设而来，在继承传统图书馆功能的基础上，教学资源中心的主要功能是服务于学校信息化教学的需要。国外对教学资源中心功能与作用的研究，可以为西部地区中小学建立教学资源中心提供经验与借鉴。

美国学者 Nickel（1975）指出[2]，学校图书馆是资源中心、学习实验室、教学单位、服务单位、综合性的单位、辅导的单位、消遣性阅读、欣赏和聆听的中心，是利用其他社区资源的中心，也是获取终身自我教育的基石。Loerstscher（1988）指出，储藏、直接的服务和以资源为主的教学是教学资源中心的三大基石。[3] 我国教育部在 2003 年专门发出通知，修

---

[1]　苏子仁：《国民小学教学资源服务发展之研究——以台北市资讯种子学校为例》，淡江大学，2004 年，第 2 页。

[2]　Nickel, M. L. (1975). Step to Service: A Handbook of Procedures for the School Library Media Center. Chicago: American Libirary Association.

[3]　Loerstscher, D. (1988). Taxonomies of the school library media program. Englewood, CO: Libraries Unlimited.

订了原国家教委发布的《中小学图书馆（室）规程》，指出中小学图书馆（室）在加强对师生服务的同时，"要加强数字图书馆和图书资源中心的建设。对建有或在建局域网或城域网的地区，要以某个中心学校或教育部门网络中心为依托，建设图书中心，辐射周边学校，实现资源共享"，并"鼓励各地中小学图书馆（室）对社区、学生业余时间开放"。表明我国中小学图书馆的功能在向教学资源中心转变，不仅注重服务于师生的教学活动和课外活动，而且也加强对社区的开放，重视"企业、社会团体和公民个人"对学校的支持。

美国学校图书馆员协会和教育传播与技术协会（AASL & AECT）在《信息之力量》一书中，认为学校教学资源中心的主要功能有五个方面[1]：（1）提供课程咨询服务。媒体专家主动参与学校课程的发展，与老师一起设计教学策略，安排适宜的教学活动、学习作业和评量方法，满足学生的学习需求，并整合教学资源于教学活动中，以达到提高教学效果的目的。（2）提供教材媒体资源服务。媒体专家向校内或校外多方征集、选择和购置多元化的资源，以符合师生教学或个别的需要。（3）提供教学服务。媒体专家向师生传授现代信息技术的知识，推广检索、利用和创造教学资源的知识与能力，促进师生信息素养的提高。（4）提供教材设计与制作服务。媒体专家协助师生设计、修改和制作所需要的教学资源。（5）营造终身学习社区。结合学校与社区，建设终身学习社会的理念，教学资源中心应服务于学校师生及社区居民的终身学习。

我国台湾学者李世忠（2001）[2]提出教学资源中心有八个方面的功能：（1）选购、分类整理软硬件资源；（2）负责教学器材、教材的流通；（3）提供教学设计指导；（4）提供数字化教学资源的制作与拷贝服务；（5）安排视听场地；（6）训练教师运用教学方法；（7）推广新教学媒体技术的应用；（8）提供教学咨询服务。王健华（1998）[3]在分析其他学者观点的基础上，提出学校教学资源中心要面向教学发展、教师发展、组织发展和校园服务四个方面来提供服务。其中组织发展是指教学资源中心要

①　AASL & AECT（1988）．Information Power：Guidelines for School Library Media Programs. Chicago，IL：American Library Association.

②　李世忠：《大学教学资源中心：研究与发展》，台北：五南图书出版有限公司2001年版。

③　王健华：《成立教学资源中心——信息科技时代教学再造的必要步骤》，《教学科技与终身学习国际学术研讨会论文集》1998年。

负责组织的协调与整合，包括软硬件资源的管理、建立与维护校园网以及校际互相支持网，校内行政管理人员媒体素养的提升。校园服务是对传统的媒体中心功能的延续以及硬件设备供应方面的服务。李宗薇（1998）[1]指出，教学资源中心不同于传统的图书馆，它整合了学校所有教学资源，并能主动为教师提供各项教学资源服务，培养学生自我学习和独立研究的场所，并参与学校课程的规划、设计及评价。

根据上述观点，学校教学资源中心的服务对象包括教师、学生、学校行政人员及社区居民，教学资源包括了印刷类教学资源、幻灯片、投影片、录音带等模拟音像资料以及数字化教学资源。教学资源中心的目的是应用信息技术，对各类教学资源进行整合和信息化管理，主动为教师提供各种教学资源服务，支持和配合信息化教学活动，组织教师和学生一起开发制作本土适用的教学资源，向学生提供学习资源，培养学生自主探究学习。通过改进教师的教学和学生的学习，促进信息化教学活动的开展，提高师生的信息素养。

综上所述，学校教学资源中心的功能有以下四个方面：（1）支持教师的教。包括两个方面，一方面是提供教师教学所需的教学资源服务，另一方面是支持教师的专业发展。教学资源中心要帮助教师查找和获取教学适用的相关教学资源，帮助教师解决教学资源应用过程中出现的问题，协助教师顺利开展信息化教学活动。教学资源中心通过举办各种研讨活动和培训，提高教师的教学技能，教师在交流与协作中不断得到发展。（2）支持学生的学。教学资源中心的各类教学资源不仅为教师服务，而且向学生开放，为学生提供自主学习、探究学习的资源和环境，培养学生的信息能力，提高学生的信息素养，丰富学生的课外活动。（3）负责教学资源的建设与管理。教学资源中心根据学校发展、教师、学生、行政管理人员对教学资源的需求，通过采购、与其他学校共享、组织教师自主开发等多种途径，建设本校的教学资源。教学资源中心将国家统一配发的资源、通过卫星接收的资源以及学校自主建设的各类资源分类管理，方便师生使用。有校园网的学校，要维护校园网的正常运行，对校园网上的资源及时更新，并通过网络下载、整理、加工适用的资源。组织师生对资源质量进行评价，将本校教师开发的优秀资源上传共享。将网络教学资源与光

---

① 李宗薇：《新世纪的冲击与基础教育的因应》，《书苑季刊》1999 年第 37 期。

盘教学资源以及传统的印刷教学资源等进行统一管理，方便应用。
（4）组织开展教学资源的综合应用，加强学校与学校、学校与社区之间
的联系。发挥学校在社区中的文化中心功能，将丰富的教学资源向学生家
长、社区居民开放，加强家校之间、学校与社区的互动合作。特别是在农
村地区，中小学的教学资源如能向当地居民开放，将农村党员干部教育、
农民实用技术、科技培训等结合起来，既能促进当地经济文化的发展，又
能使学校获得更多的支持，学校与社区在互动与合作中共同发展。

四　建设西部地区中小学教学资源中心

学校教学资源中心的建设需要领导的支持与重视，更需要一定的人
员、场地、设备和经费等做保障。美国学校图书馆员协会在 1969 年制定
的学校媒体计划标准中，提出了对学校教学资源中心人员配置和教学资源
储藏数量的要求，人员配置分为专业人员和支援人员，具体为中心主任一
名，媒体技术人员和媒体助理人员根据学校规模各若干名，并要求中心主
任等媒体专家应首先取得教师资格，并获得图书馆或教学媒体方面的硕士
学位。显然，西部中小学的现状和师资力量远远不能按此标准去要求，必
须从西部中小学实际出发，配置能够实现教学资源中心功能的人员和设施
等。教育发展与当地社会经济发展密切相关，西部地区中小学也不例外，
受城乡二元经济结构的影响，地处城市的中小学条件较好，大部分学校建
有图书馆（室）、实验室等教学支持服务部门，而农村中小学生均教育经
费短缺，一般只有乡镇中心学校才设有这些部门，因此，只有在这些条件
较好的学校才能建立功能完备的教学资源中心，一般的中小学只能实现教
学资源中心的基本功能或部分功能。

结合西部中小学的实际，在城市中小学、在所有建立了计算机教室的
乡镇中小学、在条件较好的乡村小学建立功能比较完善的教学资源中心，
负责校本教学资源的开发和建设，对学校各类教学资源统筹管理，为教
师、学生和社区人员对各类教学资源的应用提供良好的支持服务，开展校
际之间的以资源为主的交流与合作等。在条件较差的中小学，建立起能负
责建设和管理教学资源，为教师、学生和社区人员应用教学资源提供支持
服务等活动为主的教学资源中心。农村条件较好的乡镇中小学的教学资源
中心，在为本校服务的同时，要发挥对本乡镇内其他学校特别是村级小学
的辐射和支持帮助作用，在教学资源的建设与应用方面做好示范与引领，

促进教学资源的应用。

要利用学校原有的图书馆（室）、信息中心/网络中心/电教中心（办公室）等部门，根据学校信息化建设的现状，从学校实际出发来建立教学资源中心。首先要尽可能设置教学资源中心的专用场地，场地紧张的学校，可以将教学资源中心设立在相应的办公室或者计算机教室，但一定要方便教师、学校和行政管理人员以及社区居民对教学资源的使用。将散布于各部门的教学资源统一管理，例如四川某所有校园网的学校，"一些按学科买来的多媒体教学光盘在图书馆，从 K12 公司购买的光盘资源库在电教中心"。建立教学资源中心时，学校要将这些部门的人力、物力和场地进行合理整合，改变信息化教学资源管理分散、查找使用不便、使用过程中出现问题难以获得及时支持的困境。学校领导要重视教学资源中心的建设，随着学校信息化建设的发展，不断完善和发挥学校教学资源中心的功能。

人员配置要根据教学资源中心建设的情况进行配备和调整。如果教学资源中心是在其他部门的基础上改建的，则可以根据学校的师资情况，在原来相关部门专职人员配备的基础上进行补充，并组织人员参加信息化教学设施使用和维护、信息化教学资源开发、管理和应用等方面的培训，提高人员的能力素质。在师资紧张的学校，为教学资源中心配备专职人员存在困难，可以由学校领导牵头负责，组织信息技术教师、信息化教学能力较强的教师兼职负责教学资源中心的工作。教学资源中心建立以后，要对学校现有的各类教学资源进行统一盘点、整理，掌握学校教学资源拥有和建设的情况，将传统的教学资源与信息化教学资源统筹管理，由于传统教学资源的管理与应用已经有丰富的经验，因此，要以信息化教学资源的建设、管理、应用为主要任务，根据学校的发展和教学需求建设本校适用的教学资源。经费方面，将教学资源中心的费用纳入学校正常的教学支出计划中，并通过鼓励企业、社会团体和社区居民资助等多种方式筹措经费，使教学资源中心的运行和发展有持续稳定的经费来源。

五　建设区域性教学资源中心

（一）乡镇教学资源中心的建设

乡镇教学资源中心可以依托乡镇文化馆（站）、教师学习与资源中心、远程教育项目管理办公室等基地来建设，由县级教育部门统一组织对这些部门人员培训后，由其担任教学资源中心的工作，可以实行一套班子、多块牌子为所在乡镇的中小学提供服务，并且由乡镇负责教育的行政管理人员任领导，在了解全乡镇学校情况的基础上，合理规划教学资源的开发建设，科学管理教学资源。没有建立文化馆（站）及相关教育服务机构的乡镇可以直接在乡镇中心学校设立乡镇教学资源中心，与学校合作建设和管理本乡镇的信息化教学资源。乡镇教学资源中心的经费在教育部门支持的基础上，通过向企业和社会团体及乡镇居民筹集、当地政府支持等，从多渠道筹措经费保障教学资源中心的运行和发展。

（二）县级教学资源中心的建设

县级教学资源中心是指在行政区划县，包括县级市所设立的教学资源中心，可以在县教育信息中心、县教研室、电教站、教师进修学校、远程教育项目办、电大工作站等机构的基础上，根据各机构与教育信息化建设以及信息化教学资源应用工作的密切程度，选择合适的机构为基础，建设县级教学资源中心。县级教学资源中心在行政上接受县教育局的领导，并管理下属乡镇和学校的教学资源中心的工作。县级教学资源中心在原有人员的基础上，可增加熟悉中小学教育信息化建设、擅长教学设计的人员加强人力资源。县级教学资源中心是全县信息化教学资源开发建设、交流共享、管理、评价的县域平台，监控和指导全县中小学对信息化教学资源的应用，提供技术和人员培训方面的支持。县级教学资源中心起着上联下通的关键作用，以县为主的教育管理体制为县级教学资源中心的发展和作用发挥，提供了良好的基础。县级教学资源中心要建立信息化教学资源库和资源管理系统，将国家配发、自主购买、教师上传的资源统一进行编目管理，并将全县学校的教学资源进行分类统计，提供全县各类教学资源的检索服务，将集中管理和分布式管理相结合，掌握全县教学资源的建设与应用情况，引导学校对教学资源进行规范化管理。

（三）省、市级教学资源中心的建设

在教育信息化的建设过程中，各省、市都建立了教育信息中心、基础教育资源中心、教育资源中心等部门，以及各省、市早期建设的电教馆（中心）、教育电视台等部门，在各省、市教育信息化基础设施的建设与维护，信息化教学资源的建设与管理等方面起着重要作用。但是，由于同类机构设置较多，机构的职能定位不够明确，职责划分不规范，在具体工作的实施过程中，出现了职能交叉重复的现象，有些由一个机构能完成的工作，被人为分解到不同机构共同实施，降低了工作效率。有些难度较大的工作，各机构之间互相推诿，这些既不利于教育信息化的发展，也影响了信息化教学资源的建设与应用。将这些与信息化教学资源建设与管理等工作关系密切的部门进行调整、合并，建立省、市级教学资源中心，专门负责本省、市信息化教学资源建设与管理相关的工作，能提高信息化教学资源的建设与管理质量，促进信息化教学资源的应用。省、市级教学资源中心在国家基础教育资源中心的领导下，指导所辖区域内各级教学资源中心的工作，负责全省、市信息化教学资源的整体规划和统筹管理，促进辖区内信息化教学资源的共建共享，开展与其他省市的合作与交流。例如东西部之间的合作，相邻省、市之间的合作等多种合作，加强信息化教学资源的共享。

　　有些省、市已经建立了专门的教学（育）资源中心，例如四川省基础教育资源中心、甘肃省基础教育资源中心、陕西省咸阳市教育资源中心、广西壮族自治区玉林市教育资源中心等等。其中陕西省咸阳市教育资源中心由咸阳市教育信息中心发展而来，咸阳市教育信息中心是隶属于市教育局，依托咸阳教育电视台的经费支持，与市教育电视台、市电教馆合署办公，三块牌子，一套机构，有效整合了三部门的资源，可以对全市的基础教育资源建设进行统一规划和协调，基于本市教育信息网，对教学资源进行专项管理，提供相关的支持和培训服务，为其他省市教学资源中心建设提供了经验。

　　在实际工作中，各级教学资源中心的有些功能已经有相关的部门承担，只是职责不够明确，教学资源建设与管理不够规范，影响各级教育部门之间、区域之间的沟通协作。教学资源中心的建立，既能解决这些问题，又能将相关机构的人力、物力和财力有效整合，加强信息化教学资源建设和管理，增强支持服务功能，促进区域教学资源建设与管理的科学化、规范化，推动区域之间的协作互动。

六　立体互动的信息化教学资源建设与管理体系

　　各级教学资源中心的建立，形成以信息化教学资源开发、建设、管理、应用为目标，纵向贯通、横向互联的信息化教学资源的建设与管理体系，不仅为教师、学生、社区居民应用信息化教学资源提供支持服务，而且使信息化教学资源的开发、建设、管理、应用、共享等有了可依托的机构和机制，形成立体互动的信息化教学资源应用的支持服务平台，促进信息化教学资源应用程度与效果的提高，加强学校之间、区域之间的合作与交流。立体互动的信息化教学资源建设与管理体系有三大层级，具体如图5—1所示。

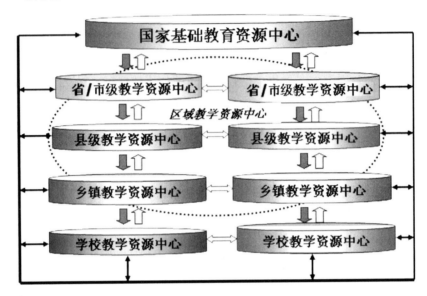

图 5—1　信息化教学资源建设与管理体系示意图

　　处于最上层的是国家基础教育资源中心，中间是各级区域教学资源中心，最下层的是学校教学资源中心，区域教学资源中心即图中由椭圆所圈起的部分，包括乡镇教学资源中心、县级教学资源中心、省/市级教学资源中心，这些区域教学资源中心起着上通下联的重要作用，除了纵向沟通与协作外，还在横向互联方面发挥着重要作用，区域教学资源中心在行政上接受当地教育部门的领导，支持配合当地教育部门教育信息化工作的开展，教育行政部门为教学资源中心的发展提供人力、物力和财力的支持。

　　学校教学资源中心除了可根据实际情况决定是否选择计算机网络作为技术支持外，其他各级教学资源中心要建设信息化教学资源网络支持系统，建立网站，建设信息化教学资源建设、管理、应用和评价的技术支撑平台，对现有系统和网站，要根据教学资源中心的功能要求、按照相关技术标准和应用需求进行改造，并逐步建设网上教学资源库，提供优质信息化教学资源及相关服务信息等，保证信息化教学资源建设与管理体系的正常运行与作用的发挥。

区域教学资源中心既能将区域的教学资源进行整合优化，又能将从上一级教学资源中心获取的信息化教学资源及时传送到下一级教学资源中心，通过对下一级教学资源中心选送的教学资源进行评价，上传到上一级教学资源中心，使优秀的教学资源在更大的范围内共享。学校通过教学资源中心，从各级教学资源中心获得信息化教学资源建设、应用方面的支持，并向乡镇及其他各级教学资源中心发出信息化教学资源需求信息，使信息化教学资源的建设更加符合实际需求，增强资源的针对性和适用性。学校与学校之间可通过教学资源中心开展信息化教学资源的合作建设和共享。国家基础教育资源中心可以通过各级教学资源中心，掌握西部地区中小学的信息化教学资源需求，了解各地区信息化教学资源建设的现状，统筹规划信息化教学资源建设，指导信息化教学资源的管理与应用，选择恰当的传输通道将优秀教学资源传输到中小学，将经过区域教学资源中心评审筛选的优秀教学资源在全国范围内共享。立体互动的信息化教学资源建设与管理体系的具体运作，将在下文中结合信息化教学资源开发、建设、管理、应用乃至评价等方面的工作，在相关章节中进行分析说明。

第三节　完善信息化教学资源建设机制

信息化教学资源建设需要一个稳定的组织机制，统筹规划教学资源建设方案，选择教学资源建设模式，组织和整合各种力量建设资源，优化资源建设过程。为了使信息化教学资源符合西部中小学的实际需求，需要建立教学资源需求与评价反馈机制，调研信息化教学资源需求，持续地评价和改进教学资源。信息化教学资源建设还需要充足的经费支持，在西部教育经费短缺的情况下，要建立从多渠道筹集经费的经费保障机制。因此，信息化教学资源的建设机制应该包括组织机制、需求与评价反馈机制、经费保障机制等方面，立体互动的信息化教学资源建设与管理体系的建立，为这些机制的建设和实施提供了基础。信息化教学资源建设机制的完善，将能从机制上规范信息化教学资源建设，优化资源建设，改善资源结构，提高资源质量。本节主要阐述组织机制和需求与评价反馈机制的完善，由于教育经费不仅关系到信息化教学资源建设，而且关系到信息基础设施建设和资源管理与应用等方面，因此将在下一章统一论述。

一　完善信息化教学资源建设的组织机制，优化资源建设过程

西部地区中小学教学资源中心及各级区域性教学资源中心的建设，形成了信息化教学资源建设与管理体系，建立了信息化教学资源建设的组织机制。省、市级教学资源中心对整个省、市资源建设进行统一领导、协调和统筹规划，组织下属各级教学资源中心或者联合其他省市的教学资源中心、教育公司、大中专院校等资源建设的相关单位，调配人力、物力和财力，选择恰当的资源建设模式，分工协作，建设西部地区需要的信息化教学资源。各级教学资源中心要发挥在资源建设中的组织作用，在实践中完善资源建设的组织机制，明确各自的职责，使信息化教学资源的建设过程合理化、科学化、有序化，根据资源建设实际，调整和优化资源建设过程。

信息化教学资源建设过程包含诸多环节，其中的主要环节如图5—2所示。建设符合西部地区中小学需要的信息化教学资源，必须遵循下述资源建设过程。（1）根据中小学信息化教学资源需求，包括所需要的信息化教学资源的内容、类型、形式等，确定信息化教学资源的建设目标。（2）根据实际情况，规划教学资源建设，提出信息化教学资源建设方案，包括确定教学资源建设方式、组织和培训资源建设的相关人员、筹集资源建设经费等等。（3）组织人员建设教学资源，利用网络下载或者购买、共享教学资源，或者对通过这些途径无法找到的资源，自主设计开发信息化教学资源。（4）选择恰当的媒体技术制作教学资源。（5）根据教学资源建设标准和教学资源需求，对开发的教学资源和通过购买等其他方式获取的教学资源进行评价，形成评价意见。（6）根据评价意见，对开发或其他方式建设的教学资源进行修改，形成符合教学需要的教学资源。信息化教学资源建设完成后，要提交到教学资源需求单位，在处理好版权问题的前提下，在最大范围内共享。信息化教学资源建设是一个动态开放的过程，信息化教学资源建设的组织机制在这些过程中起着协调与组织的作用，各个过程之间的衔接、人员的组织、各相关单位和部门之间的协调，都是依赖完善的信息化教学资源建设的组织机制来完成的。

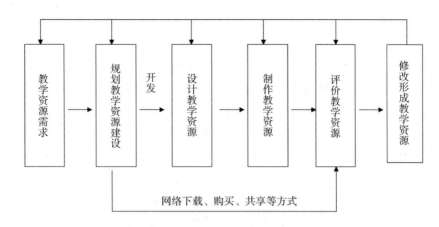

图5—2　信息化教学资源建设的基本过程

二　建立信息化教学资源的需求与评价反馈机制，优化资源的结构与质量

西部地区信息化教学资源适用性差、结构不合理、形式与类别不够丰富、建设目标不明确等问题是由许多原因造成的，但缺乏信息化教学资源建设的需求与评价反馈机制是主要原因，建立信息化教学资源的需求与评价反馈机制，将能有效地解决这些问题。

（一）建立信息化教学资源需求调研制度，根据实际需求建设信息化教学资源

根据笔者的调查结果，很多学校在资源建设前没有调查教师与学生的资源需求，很少有教育部门在信息化教学资源建设前调查本地区的需求情况，资源建设的盲目性和随机性较大。要解决上述问题，需要通过以各级教学资源中心为基础，建立信息化教学资源的需求调研制度，使学校、教师、学生等使用者对信息化教学资源的需求信息有畅通的传递渠道，各级教学资源中心根据资源需求信息，制订资源建设计划，选择恰当的资源建设方式，根据现实需要有针对性地建设资源。对学校所需要的资源，首先调查其他学校或教学资源中心是否有此类教学资源，如果能找到所需的资源，就可以通过共享、购买等方式及时获取。对于找不到的教学资源，则可以组织相关人员自主开发。这样既减小了教学资源建设过程中决策的随意性和盲目性，又提高了教学资源的开发效率，是"多、快、好、省"地进行教学资源建设的基础。

各级教学资源中心要提供网络信息交流平台，建立畅通的信息传递

渠道。在中小学，行政管理人员要配合教学资源中心的工作人员、收集师生的教学资源需求信息，并定期主动征集师生对教学资源的需求情况，将收集到的需求信息进行评估分析和整理，通过购买、自主开发等方式加以解决，对学校借助网络等各种方式不能满足的教学资源需求，报送到乡镇教学资源中心请求解决，如果乡镇教学资源中心也不能解决，可以继续逐级上报。除了通过各级教学资源中心纵向传递资源需求信息外，要利用校园网、城域教育网及各级教学资源中心的网站，设立资源需求发布栏目，提供开放的信息化教学资源需求交流平台，个人、学校都要即时发布各类资源需求信息，互通有无。这种开放的资源需求平台，能有效地促进教师、学生等资源使用者之间的教学资源交流与共享，并能促进学校之间、区域之间、教学资源中心之间资源的共享，促进协作建设教学资源。

各级教学资源中心在将下一级需求信息上报的同时，要根据学校及本地教育信息化发展状况，定期调查资源需求情况，及时掌握需求信息，根据对需求信息的汇总评估，制定资源建设方案。省市教学资源中心要对各地上报的教学资源需求信息和通过网站征集的教学资源需求信息，及时进行整理，将需求信息进行归类，分析评估需求信息，根据分析评估结果，规划和建设信息化教学资源，通过共享与购买等方式及时满足教学资源需求。对需要自主开发的教学资源，及时向需求者给予反馈，实现信息化教学资源的使用者与建设者之间的沟通。

（二）建立信息化教学资源的评价反馈机制，促进资源评价动态化

信息化教学资源的建设离不开评价工作的指导，教学资源建设特别是资源开发，需要投入大量的人力、物力和财力，及时获取多方面的评价意见，能够提高教学资源建设质量，总结各种信息化教学资源的优点与不足，为将来的资源建设提供指导与参考。同时重视并将形成性评价贯穿于资源建设的整个过程，建设完成后进行总结性评价，重视资源应用者的反馈评价。完善的评价反馈机制，可以促进教学资源的持续评价、动态评价，建设优质教学资源。

各级教学资源中心和相关资源建设单位，要将信息化教学资源评价制度化，建立资源评价的标准和制度，建设资源评价意见的反馈渠道，形成信息化教学资源评价的反馈机制。各级教学资源中心需要定期测评信息化教学资源的状况，分析教学资源的构成，根据需求信息和评价反馈信息，

调整信息化教学资源建设方案，动态调控教学资源的内容、结构、类别和形式，优化教学资源建设。发挥自评功能，对所建设的教学资源中心进行整体评价，根据对教学资源结构、内容和学科分布等方面的分析，协调建设教学资源。

目前，西部中小学应用的信息化教学资源主要是通过国家免费配发、购买或者共享等方式建设的，自主开发的教学资源还比较少，只有少数教师能够参与教学资源建设，教师与资源建设者之间缺乏交流的机会和沟通的途径，资源建设者不易了解资源的使用情况，开发建设信息化教学资源时，很难预见到不同情境下使用教学资源时会产生的问题。利用信息化教学资源的需求调研平台，通过学校研讨活动等形式，征集教师对信息化教学资源评价意见，资源建设者根据评价反馈意见，改进教学资源的不足，并在以后的资源开发中避免类似问题。学校也可以根据评价意见组织教师进行二次开发，以符合本校教学需要。另外，也可以建设专门的教学资源评价的网络平台，或者利用各级教学资源中心和教育公司等机构的网站和网络资源建设平台，向资源使用者征集反馈信息，架起建设与应用沟通的桥梁，资源使用者既可以向资源建设者提出资源本身存在的问题，又可以与其他资源使用者交流应用中的经验与教训，在资源选择时参考他人对资源的评价，提高资源评价与应用水平。

（三）信息化教学资源的评价主体多元化，形成开放式的资源评价模式

信息化教学资源的质量如何、内容结构是否合理、形式与类别是否符合需要，只有多元主体参与评价，才能对信息化教学资源做出全面合理的评价。从调查结果来看，信息化教学资源的评价主体主要是专家、资源开发人员和教研人员，教师、学生很少参与教学资源评价，学生家长、社区居民几乎没有参与教学资源的评价。英国在信息化教学资源评价方面的经验值得借鉴，对于商业公司开发的资源，由英国教育传播与技术署和资源能力与课程署负责评价，评审通过的资源才可以发布到国家课程在线网站，学校和教师在比较评价的基础上选择购买所需的资源。此外，英国通过专门的网站（如 http：//www. teem. org. uk/），支持教师和家长参与信息化教学资源的评价。教育部门和各级教学资源中心要利用信息化教学资源需求和评价反馈平台，鼓励教师、学生、学生家长及社区居民参与信息化教学资源评价，倡导评价主体多元化。在多主体评价的过程中，将正式

评价和非正式评价相结合，在征集评审式的资源评价过程中，可以请一线的骨干教师和优秀教师，与教研人员和专家组成小组对教学资源进行正式评价，评审通过的教学资源，可以通过网站发布征集意见等方式，让广大使用者进一步开展非正式评价，形成一种开放式的资源评价模式，保证信息化教学资源既符合科学性、规范性、教学性、艺术性的要求，也符合适用性、易用性等要求。

第四节　构建多元开放的建设模式，加强信息化教学资源的设计

信息化教学资源的建设模式从来源上看，有引进式和自主开发式；从具体途径看，有征集评审式和课题引领式；从依托平台来看，有基于资源平台建设模式和基于学科群网站建设模式。但目前西部地区的信息化教学资源是输入型建设方式，即通过国家免费配发、购买等方式建设的居多，自主开发和共享等方式建设的少，基于资源平台和基于学科网站建设的都比较少。西部地区要建设优质的信息化教学资源，需要采取多种途径、多种方式、调动各方面的力量参与信息化教学资源建设，在资源开发过程中，以先进的教与学理论为指导，加强信息化教学资源的设计。

一　改变单向输入的模式，构建多向互动的信息化教学资源建设模式

（一）加强信息化教学资源建设意识，促进建设主体多元化

国家通过农村中小学现代远程教育工程等项目免费提供的教学资源，在西部地区中小学信息化教学资源中占很大比重，虽然这些资源总体十分丰富，但由于这些资源是面向全国提供，因此，具体到学校、学科时，资源还是比较短缺，有些资源的适用性较差。因此，学校要加强资源建设意识，在通过购买、共享等模式建设资源的同时，要积极引导和激励教师、学生等人员主动参与信息化教学资源建设，使广大师生以及社区居民等树立起既是信息化教学资源的使用者，也是资源建设者的观念，增强资源建设意识。

信息化教学资源建设不仅仅是教育部门、教育公司和学校的事情，各类资源使用者、管理者以及社会各界人士都可以是资源建设者，各级教学资源中心要采取激励措施，调动学科教师、学生、管理人员和社区居民等

人员参与资源建设的积极性。鼓励学科教师将教学中通过网络下载、自己购买和共享等方式得到的教学资源，经过整理后提交到学校教学资源中心，丰富学校的教学资源。学校及各级教学资源中心通过为教师提供相关培训和研修活动，支持教师参与信息化教学资源开发。鼓励学生参与信息化教学资源的开发，学生优秀的数码摄影、电子作业等都可以经过筛选，整理加工为优秀的教学资源。鼓励社区居民及关心教育的各界人士将有教育价值的资源开发为信息化教学资源，调动各种力量参与信息化教学资源建设。

（二）发挥教学资源中心的作用，加强学校之间、城乡之间合作建设信息化教学资源

教育部门下属的区域性教学资源中心承担着本地区教学资源建设的任务，并负责本地区教学资源建设的规划指导和调控，区域教学资源中心要发挥在资源建设中的纽带作用和指导地位，根据对各学校教学资源需求信息的分析，组织资源需求类似的学校之间合作建设资源；加强学校之间的合作，形成强校之间优势互补，强校扶持弱校，强校与弱校共同发展，促进区域内信息化教学资源均衡建设。例如，甘肃省某镇的一所小学，在当地中学相关人员的指导和帮助下，加工制作了一批光盘教学资源，没有中学在设备和人员上的支持，仅靠小学的力量，难以建设这批教学资源。由于城乡二元经济结构的长期影响，反映在教学资源建设上，出现教学资源建设几乎由城市学校和教育公司包揽的现实状况，许多教学资源以面向城市学生为主，农村中小学的适用性较差。城乡之间存在的"数字鸿沟"，使农村中小学在信息化过程中，处于被动的、追随的角色，农村中小学的信息化教学资源建设薄弱，各级教学资源中心和教育部门要促进城乡学校之间的合作与交流，农村学校积极与教育公司沟通合作，在城市学校和教育公司的帮扶下，农村中小学逐步参与信息化教学资源建设。

（三）促进中小学与其他教育机构之间、区域之间合作建设信息化教学资源

西部地区大中专院校、教育公司、教师进修学校等机构都是信息化教学资源建设的重要力量，中小学要加强与这些机构之间的合作。例如甘肃省天祝县部分中小学，通过与天祝师范学校合作，建设了天祝旅游风情等优质教学资源。西部地区中小学要积极与东部地区、发达地区的学校合作，通过合作与共享，既能将优质的教学资源引进来，又能将本地独特的

教学资源在更大范围内推广。区域教学资源中心要促进区域之间的合作，建设共同需要的教学资源。例如西部地区少数民族众多，分布较广，对于少数民族师生教学需要的信息化教学资源，单个省区组织建设，人员短缺，成本较高，建设周期较长，区域合作建设，则通过人力、物力和财力的整合，可以在较短时间内建设优秀的教学资源。例如西部的青海、西藏、甘肃、四川、云南五省区的藏族学生较多的学校，共同使用的是五省区通用的九年义务教育藏语教材，这些省区的教学资源中心通过五省（区）藏文教材协作机构，加强区域之间的合作，借助各省的民族大学（学院）及普通高校有关部门的力量，以编译现有的汉语信息化教学资源、开发有藏族特色的教学资源等方式，共同建设藏族师生需要的信息化教学资源。西北师范大学教育技术与传播学院与西北民族大学及藏族地区的中小学合作，开发建设了一批适合藏族师生使用的信息化教学资源。

二 以多种模式建设资源，注重建设本地化的信息化教学资源

（一）加强自主开发式和课题引领模式的信息化教学资源建设

信息化教学资源建设有多种模式，从资源来源划分有引进式和自主开发式；从建设途径来分有征集评审式和课题引领式等模式。西部中小学自主开发的信息化教学资源比较少，在继续以各种方式引进优质教学资源的同时，各级教学资源要根据当地所需要的资源内容、类型、结构等来开发本地需要的教学资源。教育行政部门要通过课题立项和经费支持等形式支持西部中小学开展以教师为主的课题引领式的信息化教学资源建设，在课题专家的指导下，不仅能建设符合实际需求的信息化教学资源，而且提高了教师的资源开发能力。有些情况下，即使没有课题经费的支持，也可以根据教育教学中的实际问题发挥教育部门的指导作用，设立课题，利用课题整合相关单位的人力、物力合作建设教学资源，并且根据具体情况，将征集评审模式与课题引领模式相结合，发挥各种建设模式的优势，促进信息化教学资源建设。

（二）加强对现有教学资源加工改造，建设本地化的信息化教学资源

香港已经建设了丰富的教学资源，却很重视对内地中小学教学资源的加工改造以备香港广大中小学使用，这对西部中小学有重要的借鉴意义。互联网上有海量的、丰富的教学资源，但由于有些资源不符合西部地区中小学文化背景、教学条件、师生的特点等问题，没有得到西部中小学师生

的应用。此外，国家免费提供和学校购买的一些教学资源，由于适用性差，被闲置浪费。学校和各级教学资源中心，根据教学资源的需求信息，组织人员对这些优质资源进行本地化的加工改造，能以较低的成本，在短期内建设大量的本地化教学资源。例如对东部等发达地区中小学的优质资源进行整理加工、将国外的优质资源进行翻译改造，将汉语教学资源译制成少数民族教学资源，改变教学资源的类型，将课堂实录中的适合课堂教学需要的部分截取下来，经过设计加工，制作成课堂适用的课件等等。另外，要鼓励生产经验丰富、热心教育的社区居民参与本地教学资源的开发，建设反映当地经济文化发展状况的资源，在农村地区，加强适合农村环境生存的技能、道德和价值观的教学资源内容的开发，调动当地居民参与教育的积极性，促进家庭、学校、社会之间的互动与合作，增强对教育的支持，为农村学生提供鲜活的教学资源。

（三）建设省市级网络教学资源建设与共享的平台，探索开放式的信息化教学资源建设模式

目前，西部各省区市的教育部门都有相关部门负责信息化教学资源的建设和管理，建立了网络平台，提供教学资源等服务，例如四川省的基础教育资源中心的网站、宁夏教育信息资源网、甘肃基础教育资源网。要将这些网站建设成网络教学资源建设与共享平台，还需要扩充这些网站的功能，在继续发挥资源传递功能的同时，使网站成为不同学校、不同地域、不同机构的人员参与信息化教学资源建设的开放平台。四川省基础教育资源中心改变了任何用户可以免费下载资源的共享方式，改为需要注册为网站用户，利用积分下载的管理办法，以此鼓励教师上传教学资源，规定教师下载的资源和教师本身的积分成正比关系，每下载一条信息，将会被扣除3个积分，而教师每上传一个资源将得到2个积分，如果该资源通过了审核，将得到额外的3个积分。① 这种开放式的教学资源建设模式，为四川省基础教育资源中心建设了丰富的资源。除了专业的网络教学资源网站，博客、论坛都是教师建设和共享教学资源的重要平台，有些教师建立了内容丰富的个人资源网站，例如甘肃陈具才老师的"具才教育苑"、广西韦锋老师个人网站的教学资源，内容都十分丰富，发挥这些优秀资源建

---

① 《重要通知：资源库从即日起实行会员制》（http://resource. scxxt. com. cn/showinfo. php? id = 103998）。

设者的带动作用，调动教师参与资源建设的积极性。

无论是自主开发，还是对现有信息化教学资源的加工改造，都需要精心设计资源，以保障资源的质量。下面探讨如何设计信息化教学资源，才能符合西部地区中小学的教学需要。

三　规范资源开发过程，加强信息化教学资源设计

无论是由小组承担的系统资源库的开发，还是由个人开发针对某个知识点的课件，都要以教学理论和学习理论为指导，遵循信息化教学资源的设计原则，科学地设计教学资源。

（一）信息化教学资源设计的原则与方法

针对不同类型的信息化教学资源，国内学者提出了一些资源设计的原则，主要有多媒体软件、网络课程和网络课件等信息化教学资源的设计原则，其中网络课程的设计原则有：（1）个性化；（2）协作化；（3）多媒体；（4）动态化；（5）交互性；（6）共享性。① 网络课件的设计原则有：（1）交互性原则；（2）界面直观友好原则；（3）培养创新能力原则；（4）科学性原则；（5）协作性原则；（6）教学设计原则。② 其中教学设计原则指出要注意分析学习者的特征、分析教学目标和教学内容的结构、设计符合学生认知心理的知识表现形式，设计能够有力地促进主动建构知识意义的学习策略。除了这些针对特定类型的信息化教学资源设计原则，国外还提出了一般的信息化教学资源设计应共同遵循的原则与方法。

英国教育传播与技术署向信息化教学资源开发者，提出了信息化教学资源设计的 10 条原则与方法，③ 具体为：（1）说明信息化教学资源与非信息化教学资源相比较的优越之处；（2）提供合适的教育刺激和反馈；（3）提供适合学习者的挑战性任务；（4）适当的情景下，鼓励协作学习；（5）让使用者可以发掘、改造、鉴别资源，以满足其特定需求；（6）在适当的情景下，让学习者可以选择和安排使用数字化学习资源的顺序；（7）支持用户定制资源；（8）根据学习目标，恰当运用多种媒体（如图

---

①　谢幼如、柯清超：《网络课程的开发与应用》，电子工业出版社 2005 年版，第 44 页。

②　南国农主编：《信息化教育概论》，高等教育出版社 2004 年版，第 174 页。

③　A guide to the UK curricula for digital resource developers （http：//industry. becta. org. uk/content_ files/industry/resources/Key% 20docs/Content_ developers/UK% 20curricula/uk_ curricula. pdf. ）

表、动画、图片、视频和音频），吸引学习者参与学习；（9）在适当的条件下，为教师和学生提供记录工具；（10）充分利用所使用的平台能提供的一切功能（例如 PDA、笔记本电脑和移动电话）。英国教育传播与技术署还指出，在课程与资源之间建立联系是非常重要的，要注意将资源与课程相联系，因为教师不大可能使用他们认为与课程无关的资源，得到应用并被重复使用的信息化教学资源，含有与课程相关的精确的元数据。

设计信息化教学资源时，既要遵循信息化教学资源设计的一般原则与方法，还要根据信息化教学资源的内容、类别与形式遵循特定资源的设计原则，精心设计信息化教学资源。

（二）以先进的教学理论为指导，设计面向学习者的"学教并重"的信息化教学资源

"教学是一项以帮助人们学习为目的的事业。"[①] 设计信息化教学资源的目的是帮助和促进学生的学习。当前许多教学资源是为教师的学科教学提供素材、教案、试题、课件等，以"学"为中心，支持学生自主学习、探究学习的教学资源比较少，要转变以"教"为主的教学资源设计，坚持"学教并重"的面向学习者的教学资源设计。教学资源设计要体现新课程改革的思想和以"学"为中心的思想，以建构主义学习理论、人本主义学习理论和活动理论等学习理论为指导，注重培养学生的信息素养和问题解决能力、创新能力，注重从知识与技能、过程与方法、情感态度与价值观三个维度设计促进学生的全面发展和个性发展的教学资源，开发信息化教学资源不仅能促进"教"而且可以有效地促进"学"，促进信息化教学资源应用主体的多元化。

（三）加强以学科知识点为组织的结构化教学资源设计

从调查结果来看，西部中小学教师喜欢使用按学科知识点组织、结构化程度比较高的信息化教学资源，但这类教学资源还不多。在当前从面向学科的教学资源设计向以主题资源设计过渡的过程中，开发了一些优秀的主题资源和主题资源网站，有利于学生在网络环境下进行探究学习。在西部信息化教学设施短缺，教师是信息化教学资源主要应用主体，其资源整合加工能力不强的情况下，主题资源不便于教师在课堂教学中使用。在开展主题资源设计的同时，加强以学科知识为组织的结构化教学资源设计，

---

① 加涅等：《教学设计原理》，皮连生等译，华东师范大学出版社 1999 年版，第 4 页。

既注重知识点之间的联系，又保持各学科知识点的相对独立，针对教学中的重点、难点，设计便于直接应用的信息化教学资源。

（四）从实际出发，选择恰当的媒体技术

信息化教学资源是以现代信息技术为基础的教学资源，在资源设计过程中，在确定了资源的内容和表现形式以后，选择媒体技术时，要考虑西部中小学信息化建设的实际，考虑师生获取新媒体的可能性，利用现有的媒体技术能开发的教学资源，不片面追求新技术，尽量选择在西部中小学比较普及的媒体技术来设计开发教学资源，注意照顾学校之间、城乡之间的差异，选择恰当的媒体技术，增强信息化教学资源的适用性和推广性。

（五）提高资源开发人员的信息化教学资源设计能力

信息化教学资源建设不同于传统的教学资源建设，设计者不仅要熟悉教学内容、教学理论、传播理论等知识，还要熟悉各种媒体技术和工具，具备相关的知识与技能，信息化教学资源的开放式建设模式，扩大了资源建设主体，而人员的素质和能力参差不齐，接受过专业训练和相关培训的人员还比较少，各级教学资源中心要发挥在教学资源建设中的核心作用，通过组织教师等资源开发人员参加相关的培训和研修活动，提高教学资源开发人员的资源设计能力。

第五节　加强信息化教学资源管理

信息化教学资源管理不仅仅是数据库或者资源库的管理，它涉及国家层面、各级区域层面、学校层面乃至个人层面的管理，是多层次的管理活动；它包括信息化教学资源的设计开发、整理加工、分类、储存、传输、应用以及反馈评价等过程，是多环节的管理活动；信息化教学资源管理是一个复杂的系统过程，包含了对人、财、物的整合管理。信息化教学资源的管理水平，不仅影响信息化教学资源的传输质量，而且影响着信息化教学资源建设的质量、结构和应用的广度与深度。完善资源管理机制，规范资源管理过程，能有效地优化信息化教学资源结构、质量，促进信息化教学资源的应用。

一　完善信息化教学资源管理机制，加强统筹管理

信息资源作为教育信息化的核心，许多机构和组织包括一些教育公司

和企业都积极参与了信息资源的建设，使我国在短期内建设了大量的信息化教学资源，缓解了教育信息化建设中出现的"有车无货"的问题，但是由于信息化教学资源的建设主体比较复杂，所属领域和管理机构不同，增加了信息化教学资源管理的难度。由于信息化教学资源为不同的建设者所拥有，各组织机构之间缺乏沟通和协调管理的机制，造成了资源的重复建设。西部中小学近年来通过各种工程建设信息化教学资源的过程中，各项目实施单位分别建立了项目管理部门，负责相关管理活动，这种管理方式虽然有利于项目的整体管理，但却不利于信息化教学资源的统筹管理和应用。同时教育部门内部在信息化教学资源管理方面，存在多头管理的问题，例如某地级市电教馆附设于市教育电视台，市网络中心却是市教育局的下属单位，负责本市各学校的教育信息化建设，市电教馆作为远程教育工程项目的实施单位，负责中小学远程教育资源的下载、整理、加工、制作和传输，两个部门各自都建设了大量的信息化教学资源，也都面对中小学提供相关的资源，但互相之间并未建立业务合作，同一地区的信息化教学资源没有得到整合管理。教育行政管理部门要在分析的基础上，对相关部门的职能进行调整，同类职能部门进行合并，或促进相关部门的合作，实现对本地区不同来源的信息化教学资源进行整合管理。以各级教学资源中心为纽带，理顺信息化教学资源的管理机制，避免多头管理、效率低下的状况。建立纵向贯通、横向互联的信息化教学资源建设与管理体系，建立信息化教学资源管理机制，各级教育部门要将资源管理责任和任务明确化，形成以各级教学资源中心为依托、集中与分布相结合的信息化教学资源管理机制。

国家基础教育资源中心负责对全国基础教育的信息化教学资源进行统一规划，宏观调控。省级教学资源中心将其所在地域的资源建设情况和规划方案向国家基础教育资源中心上报，国家基础教育资源中心根据各省信息化教学资源建设的现状，审核建设方案的可行性，促进有类似建设规划的省份之间开展合作，整合各自的优势，合作建设。省级教学资源中心负责下属各级教学资源中心资源规划方案的审核，并组织教学资源的需求和反馈调研，为信息化教学资源的管理和决策提供依据。各级教学资源中心对下属教育部门和学校进行定期调查，掌握信息化教学资源现状，调整信息化教学资源的配置。各级教学资源中心要将资源管理制度化、日常化，及时掌握信息化教学资源的需求与反馈，掌握信息化教学资源的发展动态，对管理中出现的问题及时解决。对不能解决的问题，请求教育部门和上级教学资源中心协助解决。

学校在接受上级教学资源中心指导的同时，要健全校内的信息化教学资源管理制度，由校领导牵头对资源进行统筹管理，设置专职管理人员，在师资紧张的中小学，可由信息技术能力较强的教师兼任，明确管理人员的职责，负责对学校所拥有的信息化教学资源统一编目，方便师生查找应用。信息化教学资源管理不只是信息化管理系统的开发和应用，而是要从学校信息化建设状况出发，将信息化教学设施与信息化教学资源结合管理，将集中管理方式与分散管理方式灵活运用，集中管理虽然方便管理，但不便于使用，分散管理虽然方便部分资源的使用，但也存在查找不便、应用效率低的问题。例如有的学校的多媒体光盘教学资源，既有存放在图书室的，也有存放于各教研室和网络管理中心的，使用时，为了查找某张光盘，有时要在几个部门之间来回奔波，给应用增添了不必要的麻烦。在这种情况下，学校可以结合信息化教学设施管理，对信息化教学资源适当地集中，以某一部门为主，提供全校各类教学资源的检索与查询，使师生可以快速获取所需要的教学资源。

二 贯彻教学资源建设规范，加强对信息化教学资源的评审

我国已经制定了《现代远程教育资源建设技术规范》、《教育资源建设技术规范》等标准和规范来保障教学资源的建设质量，这些标准在实践中的落实，还需要教学资源管理部门和教学资源开发建设单位的共同努力。《教育资源建设技术规范》是一个较为宽泛的标准，主要侧重于统一资源开发者的开发行为、制作要求、管理系统的功能要求，主要从资源的技术开发角度、用户使用角度、资源评审者角度和管理者角度四个角度来进行规范，从管理者的角度提出了管理这些素材的管理系统的体系结构以及所应具备的一些基本功能等。信息化教学资源管理部门要推行教学资源建设规范，为学校之间、区域之间的资源共享奠定基础，资源只有遵循同一标准，才能方便地实现不同资源库的互操作，促进资源的共享。

学校和各级教学资源中心及教学资源建设单位，要加强资源管理意识，对信息化教学资源进行筛选和评审，提出评审意见，指出资源的优缺点，按相关标准对资源划分出质量等级，为应用提供参考。信息化教学资源评价可以根据学习资源评价的基本原则，结合各类资源的具体特点进行

评价。信息化教学资源首先必须符合学习资源的 5 个原则:[①] (1) 思想性,看其蕴含的教育理念是否先进;(2) 教学性,看其是否紧扣教学大纲,教学目的性强,教学对象明确,能解决教学中的重点与难点问题,符合教学原则和人的认知规律;(3) 科学性,看其是否正确地反映了知识的规律、材料组织符合科学逻辑;(4) 技术性,看其所包含的教学信息是否达到必需的技术要求;(5) 艺术性,看其是否具有较强的表现力和感染力。如果信息化教学资源不能达到这 5 个原则的要求,则应对其进行修改,符合上述基本原则后,方可纳入信息化教学资源库以供应用。

三 建设区域教学资源门户网站,促进信息化教学资源共享

建立教学资源门户网站,是实现资源开放式管理、快捷传输、资源共享及提供资源服务的重要手段。国外十分重视通过资源门户网站来管理教学资源,例如美国的课程门户统一(GEM)网站、英国的全国学习网络曾是欧洲最大的资源门户网站,现在由英国教育传播与技术署继续提供资源目录服务。借鉴国内外资源门户建设的经验,以西部各省教育部门及资源中心的网站为基础,由省区教学资源中心负责建设资源门户网站,首先将网站现有的资源进行分类整理,提供便捷的检索服务。然后依托网站建设本省区的教学资源目录中心,通过收集和集中下属各地区、学校的教学资源描述信息,将分别存放在各地的教学资源进行统一管理,借助分布式技术,当各地的教学资源内容更新时,省区教学资源目录中心的索引目录得到同步更新,用户通过对省区教学资源目录的检索,快捷地获取各地教学资源信息,选择需要的资源下载使用。信息化教学资源在各地区分散存储,既避免了集中存储对存储空间的要求,又提高了资源检索与获取速度,避免了网络拥塞问题。省区教学资源目录中心通过对各地教学资源的整合管理,使下属各地、学校的教学资源在最大范围内得到共享。

在将省区分布存储的信息化教学资源进行统一编目,提供教学资源目录检索服务的同时,省区教学资源目录中心通过筛选、整理,提供适合本地使用的优质教学资源的目录检索服务,使省区内的学校和用户可以方便地获取优质教学资源,在最大程度上共享全国各地乃至国内外的优质教学

---

① 何克抗、李文光编著:《教育技术学》,北京师范大学出版社 2002 年版,第 348 页。

资源，实现真正意义上的资源共享。

在建设省区教学资源目录中心的同时，要注意疏通信息化教学资源的其他传输渠道，使用户能及时获取多种来源的信息化教学资源。特别是在没有接通网络的地区和学校，还需要教育行政部门的支持和各级教学资源中心的努力，利用教学资源中心形成的管理体系，扩展疏通其他教学资源传输渠道，缩减信息化教学资源的传输环节，将资源特别是国家免费配发的教学资源及时传送到各个学校，促进同步教学资源的及时应用。

第六节　信息化教学资源优化的个案分析

甘肃省天祝藏族自治县作为我国第一个少数民族自治县，近年来，在国家和一些重要项目的支持下、甘肃省教育部门的扶持下和天祝县教育部门和各个学校的努力下，信息化教育发展较快，在信息化教学资源建设与应用方面，积累了一些成功的经验，分析天祝县信息化教学资源建设与应用的经验，对于西部地区其他中小学包括少数民族地区的中小学信息化教学资源的建设与应用都有重要借鉴价值。

一　甘肃省天祝藏族自治县教育信息化的基本情况①

天祝藏族自治县是甘肃省武威市下属的自治县，是新中国成立后由周恩来总理亲自命名的全国第一个少数民族自治县，系河西走廊门户，地处青藏高原、内蒙古高原和黄土高原的交会地带。"天祝"是取县内 15 座佛教寺院中著名的天堂寺和祝贡寺首字而得名，是世界白牦牛的唯一产地，也是甘肃省唯一的少数民族地区改革开放试验区。全县总面积7149.8 平方公里，辖 19 个乡镇 172 个行政村，11 个居民委员会，居住着藏、汉、土、回、蒙古等 16 个少数民族，人口 21.74 万人，少数民族人口占全县总人口的33.4%。全县有各级各类学校218 所，教职工3068 名，在校学生 37654 人，少数民族学生占总数的 45.8%。

近年来，"教育部·李嘉诚基金会西部中小学现代远程教育项目"、"联合国儿童基金会新周期远程教育项目"、"中国·联合国 UNDP403 项目"、"中欧基础教育项目"、"农村中小学现代远程教育工程"等项目的

---

① 本节中的有关数据和资料来源于甘肃省天祝藏族自治县教育局内部总结材料。

成功实施，为天祝县信息化教育的发展注入了活力。特别是"农村中小学现代远程教育工程"项目在天祝县共计投入 598.2 万元，其中中央投入 388.9 万元，甘肃省配套 97.3 万元，地方配套 112 万元。该项目的实施，使天祝县信息化教育逐步普及。到目前为止，全县为信息化教育累计投入资金达 2384.22 万元，开设信息技术课程的中小学 33 所，拥有计算机 2510 台，教师拥有笔记本电脑 367 台，计算机教室 41 个，多媒体电教室 170 多个，多媒体投影机 78 台。中小学生机比为 16：1，其中高中、初中、小学生机比分别为 12：1、29：1 和 44：1。天祝县在 2006 年 9 月开通了天祝县教育信息网站，有 26 所学校建起了校园网，16 个乡镇教育辅导站和中心小学、独立初中以上学校连接了电信宽带网，建起 19 个乡级资源中心，信息化建设为信息化教育的实施提供了良好的基础。

二　综合利用多种模式建设信息化教学资源

天祝县在中小学教育信息化建设中，十分重视信息化教学资源的建设，坚持将信息基础设施建设与信息化教学资源建设相结合、"天地"网络资源与地方开发教学资源结合，利用多种模式建设教学资源。目前天祝县已经建立了天祝教育资源网为全县中小学提供信息化教学资源，同时利用网站管理资源；在县教育局的指导下，以天祝县民族中学为主，组织全县藏族中学合作建设藏文资源库，2005 年 3 月建成了全国首家藏文中学网——雪莲藏文中学网，作为藏文教学资源交流和共享的平台。在各类项目和教育部门的支持下，随着中小学信息化建设的不断深入，天祝县教育局因势利导，要求每所学校都要建立自己的资源库，将信息化教学资源建设作为学校信息化建设的重点。

在教育局的宣传和引导下，学校形成了对信息化教学资源作用的正确认识，比较重视学校信息化教学资源的建设。学校组织专人通过筛选，下载卫星教育网、互联网上符合本校需要的教学资源，在利用网络下载的同时，选择购置教育公司和其他教育机构开发的信息化教学资源，并且组织教师，自主开发信息化教学资源。华藏寺镇初中通过天网和地网下载、农村中小学远程教育工程项目配发、组织教师自主开发等方式建起了学校信息化教学资源库，资源库内容包括学科资源、科普知识、电子图书、影像资料、教育科研、学生园地、多媒体课件和素材资源等 10 个类型。学校设有专门的资源管理人员，通过各种渠道，定期收集、整理上传信息化教学资源，维护教学资源库的运行。

三　注重本地信息化教学资源的建设与共享

1. 教育局采取激励措施，支持教师开发信息化教学资源

对于教师开发的优秀教学案例、课件等优先在《天祝教育》和天祝教育信息网上发表，并按县级论文对待，在年度考核中计入相应的分值，对优秀的学校主页及教学资源库建设优秀的学校给予表彰奖励等。

2. 组织学校合作，建设藏语教学资源

在县教育局的支持和组织下，以天祝民族中学为主的几所藏族中学合作建设藏族教学资源，开发建设的雪莲藏文中学网，是全国首家藏文网。民族中学通过在网上搜索藏语教学资源、翻译现有的汉语教学资源和自主开发教学资源，初步建设了一批语文、数学等学科的藏文教学资源。

3. 针对应用对象，建设相应的教学资源

一是为教师提供可以用于备课和课堂教学的各种素材、多媒体教学课件、电子教案等。二是为教师培训提供最新的学习和培训资源，包括课程改革的优秀教学案例、信息技术知识和技能培训等。三是为学生提供与教学同步的学习资源，支持学生进行自主学习。四是为农民搜集提供科学种田、技术致富等方面的资源。

4. 采取措施，促进信息化教学资源共享

县教育局号召教学资源库建设得较好的学校，要向其他学校共享教学资源。天祝民族中学将本校建设的资源，对其他民族学校共享，对有网络的学校通过网络传输进行共享，没有网络的学校通过硬盘拷贝、光盘刻录等方式实现共享。新华中学为了促进教师之间共享资源，要求每位教师每天收集一个教学案例或信息，每月为学校教学资源库提交一件作品，每学期拿出一节多媒体教学观摩课，调动学校教师的积极性，开发和共享信息化教学资源。

四　健全资源管理机制，重视信息化教学资源管理

1. 建立完善的管理机制，形成县、乡（镇）、校三级管理体系

一是完善机构。为了落实好教育信息化工作，县委、县政府成立了信息技术教育领导小组，将县电教馆晋升为科级建制的单位，人员编制增至8人，领导小组下设办公室、督导评估小组、教研调研小组、培训辅导小

组、设备维护小组、资源建设与管理小组等职能小组，教育局为各乡镇教育辅导站配备了专职电教管理员，县、乡中心小学同时成立了电教教研室，配备了专业人员，有力地保障了信息技术教育工作的正常开展。二是全面规划，制定、完善相应的管理措施和办法，实行规范化管理。出台了《天祝藏族自治县农村中小学现代远程教育工程项目实施方案》、《天祝藏族自治县三种模式应用研究指导活动规划》、《天祝藏族自治县教育局关于加快推进全县信息技术教育应用的意见》等，各学校也制订了包括信息化教学设施、教学资源的管理和使用的相关制度。县电教馆在教育局领导下，对全县的信息化教学资源建设进行统一规划，并对乡镇和学校的信息化教学资源建设方案提出指导意见。乡、镇利用中欧基础教育项目等工程建设的教师学习资源中心和通过其他项目建设的乡镇教育辅导站，促进本乡镇学校之间的合作和信息化教学资源的共享。

2. 设置专门人员，负责信息化教学资源的整理加工和管理

在教育局的领导下，每所参与农村中小学远程教育项目的学校，都配备专职或兼职管理人员，负责对来自卫星教育网的资源、学校购买的资源、项目配发资源、教师自主开发的资源以及通过互联网下载的资源进行整理，分门别类，按年级、按学科，通过建立文件夹、刻录光盘、移动硬盘拷贝等形式存档，建立学校教学资源库，有校园网的学校还要将资源上传到校园网。同时，编制学校资源目录，在学校网页上公布或者打印成目录卡进行公布，方便师生检索使用。

五　小结

天祝藏族自治县信息化教学资源建设取得的成功，得益于许多方面。第一，近年一系列项目工程的实施，一方面，使全县的中小学具备了信息基础设施；另一方面，通过项目组专家的指导，坚持了从本地实际出发的信息化建设方针。第二，教育行政部门十分重视信息化教学资源建设，建立了完善的资源建设与管理机制，保障了信息化教学资源建设的质量。第三，以县信息技术领导小组为首的各级领导，支持学校以多种模式建设资源，注意本地教学资源的建设，注意资源建设的针对性。第四，注意采取措施调动教师的积极性，鼓励学校、教师将拥有的教学资源共享，促进学校之间的合作共享。天祝县信息化教学资源优化的成功经验，既证明了部分信息化教学资源优化策略的实效，并为其他学校教学资源的优化提供了借鉴价值。

第六章　西部地区中小学信息化
教学资源的应用策略

第一节　促进西部地区中小学信息化教学资源应用的策略

一　加快西部中小学的信息化建设

信息基础设施是信息化教学资源开发和应用的基础和前提，没有信息基础设施的物质保障，信息化教学资源的应用只能成为空谈。信息化教学设施短缺是当前影响西部中小学信息化教学资源应用的重要因素，西部地区要加快信息化建设，解决信息化教学设施短缺的问题，为信息化教学资源建设与应用创造良好的环境。

（一）结合当地中小学教育信息化发展现状，解决最迫切的需要

美国在基础教育信息化过程中，克林顿政府曾经在其发布的教育行动计划中提出，要保证所有学校都与互联网相连、保证学校拥有相当数量的硬件供教学使用、保证有相当的内容供教师结合到课程教学之中、保证教师具备将技术与课程整合所必需的技能，并作为美国中小学信息技术应用与发展的四大支柱。[①] 美国的教育信息化水平处于世界领先地位，早已将互联网和充足的硬件设施作为其信息基础设施建设的重点。西部地区的信息基础建设需要从当地现状出发，可以借鉴别国和其他地区的经验，但不能照搬照抄其他地区的模式，要吸取东部及发达地区在信息化建设中曾经"重硬轻软"的经验教训，做好需求评估和预算，合理规划，建设学校教学急需的信息化设备。

西部大部分地区是农村，许多农村中小学的信息基础设施是通过近年来国家面向西部实施的一系列重大工程建设的，特别是"现代远程教育

---

① 汪琼、陈瑞江、刘娜、李文超：《STaR 评估与教育信息化研究》，《开放教育研究》2004 年第 4 期。

试点工程"、"农村中小学现代远程教育工程"等项目。农村中小学现代远程教育工程是西部中小学受益面最广的工程，该工程中中小学的信息化建设有三种模式：模式一，教学光盘播放点。村级不完全小学和教学点，配备电视机、DVD播放机和教学点各年级的教学光盘。通过播放教学光盘对学生授课和辅导。模式二，卫星教学收视点。在乡中心小学和村完小，配备卫星接收系统、计算机、电视机、DVD播放机和1—6年级所需的教学光盘。通过中国教育卫星宽带传输网，快速大量接受优质教育资源，并同时具有教学光盘播放点的功能。模式三，计算机教室。在农村初中，配备卫星接收系统、计算机网络教室、多媒体教室、教学光盘播放设备及教学光盘。除具备模式二全部功能外，还能够为学生提供初步的网络学习环境。

虽然信息基础设施匮乏是许多中小学普遍存在的问题，但具体到每一种模式和每一所学校，其所急需的信息设施又有不同。例如在模式一学校，不少教师反映急需购置计算机，现有的DVD播放机虽然也可以利用多媒体光盘教学资源进行教学，但是制约了教师使用多媒体教学资源的方式，教师对多媒体教学光盘中的资源只能决定哪些播放、哪些不播放或者什么时间播放，以何种方式播放，而不能将光盘中所提供的资源进行加工、处理和重新组合，制约了教师应用资源的灵活性。学生也难以体会到计算机的交互特性，使信息技术课程的开设还是一种奢望。模式二和模式三的学校反映比较突出的问题是现有的信息基础设施不足以支持学校的信息化教学，如宁夏回族自治区固原市某学校有三个年级，一共有12个教学班，只有一间30台计算机的网络教室和一间多媒体教室，即使两间教室全天开放，也不能满足教师上课的需要。根据教学需要的迫切程度和学校的财力状况，制定科学的建设方案，购置相应的信息化设施，是比较科学的建设思路。

（二）加强信息基础设施建设规划，提高资金使用效益

信息基础设施建设不仅要结合当前的需要，还要着眼于未来的发展，遵循相关的技术标准，选择和建设硬件、软件时参照相关标准和规范，提高其稳定性、可靠性、兼容性和可扩展性，为学校教育信息化的发展预留空间，为后续发展和升级改造做好准备。同时要做好经费预算和资金分配，将基础设施的建设与资源建设、队伍建设结合起来考虑，以满足教学和学习需要为导向，与学校实施信息化管理相结合，选择恰当的建设方

案，使信息基础设施能满足教师教学、学生学习、学校教务管理，为信息化教学的实施提供良好的物质支撑和保障。

（三）信息基础设施建设以方便应用为原则

学校的信息基础设施规划和建设，以方便应用为原则，提高信息基础设施的利用率和利用效益。有些学校将仅有的计算机安置于校长办公室，使用起来很不方便。对信息基础设施最好实行开放式的管理，以发挥信息基础设施的作用，方便信息化教学资源的应用。

二　建立稳定的政策与经费保障机制

信息化教学资源的设计与开发、管理与更新、应用与评价及支持服务等每一个环节都需要充足的经费支持，在西部教育经费短缺的情况下，建立稳定的政策和经费保障机制，是促进信息化教学资源建设与应用的重要措施。

（一）国家要加大对西部地区中小学的教育经费投入

西部地区经济力量薄弱，教育经费投入有限，国家要通过政策倾斜、转移支付、加大面向西部教育工程的后期经费支持等手段，使信息化教学设备能够正常运转，持续地发挥作用，使学校能及时建设和更新教学资源，营造信息化教学资源的应用环境。国家在加大对西部中小学教育投入时，要注意经费分配，受城乡二元经济结构的影响，同样是地处西部的中小学，城乡之间差距很大，国家在经费投入过程中，对农村地区、边远地区和少数民族地区进行倾斜，使信息基础设施和信息化教学资源短缺的农村中小学，能尽快具备信息化教学的条件和环境。

（二）制定优惠政策，吸引企业参与西部中小学信息化建设

教育信息化的发展，离不开教育信息产业的支持，一批服务于教育的企业正在发展壮大，并在教育信息化领域做出了积极的贡献。但是，西部地区经济发展落后的状况，使学校经费短缺，信息化建设举步维艰，令以营利为目的的教育公司望而却步。当地政府可以通过税收等优惠政策，吸引企业参与西部中小学信息化建设，通过校企合作的形式进行信息基础设施和信息化教学资源的建设。

（三）争取家长、社区居民、社会团体和社会各界的支持，多渠道筹集经费

教育问题日益成为人们关注的热点问题，学校可以通过将信息化教学

资源向学生家长和社区居民开放使用，促进学校与社会的沟通，也使家长和居民关心学校的建设，从而主动支持学校信息化教学资源的建设。对于社会团体和组织，学校要主动积极联系，当地教育部门要向社会团体和组织呼吁，加强人们关心教育的意识，支持基础教育发展。通过多种途径筹集，缓解经费紧张的问题。农村学校可以借助为农服务、科普宣传、实用技术培训等方式，吸引当地居民主动捐资支持学校的信息化教学资源建设。甘肃省某县的一所村小学，通过每年春节期间邀请所有回家探亲人士和本村居民参加学校举行的茶话会等方式，并利用学校的多媒体教室在春节期间为村民播放各种电影和科技节目，发动人们捐资助学，取得了良好的效果。

（四）加强经费使用管理和评估，提高使用效益

教育经费，既要开源，更要节流。学校要合理分配经费，将经费用到最需要的地方。学校在经费使用前，要制定经费使用方案，加强规划和预算，杜绝挪用、挤占、盲目投入和浪费现象。经费使用后，要对使用效益进行评估，提高经费使用效益。建立经费使用的管理和评估制度，科学合理地管理和使用教育经费。

三　完善支持服务

信息化教学资源的顺利应用，需要完善的支持服务体系为不同应用主体提供及时周到的支持服务。支持服务体系要依托信息化教学资源建设与管理体系来完善。学校教学资源中心负责维护学校的信息化教学设施正常运转，提供信息化教学资源应用的环境；要对学校的信息化教学资源进行分类、整理、加工和编目，建立明晰的资源目录，供教师、学生等用户检索使用；对资源应用过程中出现的问题，能够及时提供相关的支持和帮助，协助教师顺利开展信息化教学活动。学校教学资源中心能针对教学资源应用中的典型问题，开展相关的研讨和培训活动，提高师生的信息化教学资源应用能力。

学校的支持服务能力毕竟有限，尤其是有些学校师资紧张，短时间不能建设功能完善的教学资源中心，难以解决本校资源应用中出现的问题。县级教学资源中心要在技术和资源等方面为本县的中小学提供支持服务，县级教学资源中心要强化并补充现有的技术支持人员，负责保障全县信息化设施的正常运转和维护。同时，县级教学资源中心要联合乡镇教学资源

中心为中小学教学资源中心的工作人员开展技能培训，提高中小学教学资源中心的支持服务能力。信息化教学资源的应用主体不仅仅限于教师、学生，还要向社区居民、管理人员等开放，使资源应用主体多元化，并促进不同应用主体之间的沟通交流，通过不同应用主体之间的互帮互助，解决资源应用中的问题，培养应用主体互相支持、共同发展的意识。

四　提高相关人员参与信息化教育的能力素质

信息化教学资源的应用，不仅要有信息基础设施作为物质保障，还要有懂得信息化教育，熟悉信息化教学资源应用方式的人员作为人力保障。信息化教学资源应用过程就是实施信息化教育的过程，其中涉及教师、学生、技术支持人员和教育管理人员等。提高教育管理者、资源开发者与管理者、教师和学生参与信息化教育的能力是促进信息化教学资源应用的重要内容。无论信息基础设施如何先进完善，优质信息化教学资源如何丰富，如果从事教育活动的人没有应用信息化教学资源的意识和能力，教育信息化的投入和建设就无法取得实效。

（一）提高教育主管人员对教育信息化的建设与管理能力

教育主管人员包括教育行政部门的领导、电教管理人员和教研人员等负责教育信息化建设与应用的相关人员，这些人员在教育信息化过程中起着领导作用，通过对本地区的教育信息化进行规划和督促实施、协调各部门之间的工作来推进教育信息化的发展，教育主管人员要树立以促进信息化教学资源应用为中心的信息化建设观念，营造信息化教学资源应用的文化氛围、技术环境和制度环境。

教育主管人员了解国家颁布的与教育信息化相关的方针和政策，可以根据本地区的实际情况，制定和落实本地区的教育信息化规划。教育主管人员要通过分析调研，根据本地区的特点和人力、财力现状，在了解教育信息化系统的组成、系统的适用特点的基础上，整合当地各类社会资源并统一调配使用，对信息基础设施建设进行系统规划，选择适合本地实际的教育信息化建设方案，合理分配人力、物力和财力支持学校信息化建设。

教育主管人员要加强对本地信息化教学资源的管理，熟悉本地区信息化教学资源建设现状，能将本地区的信息化教学资源进行统筹管理，指导本地区的教学资源中心对所有信息化教学资源建立目录管理，建立资源使用与管理的门户网站，探索与外部进行信息化教学资源交流与共享的途径，引导地区内学校之间的合作与资源共享。加强学校和教师对信息化教学资源需求的调查，组织力量开发建设不能通过购买或共享方式得到的信息化教学资源，根据信息化教学资源的发展趋势，采取有效措施引导信息化教学资源的建设和及时更新。

教育主管人员能掌握教育信息化的相关理论，理解信息技术发展对教育的影响，能对本地区教育信息化发展趋势做出正确预测和判断。制定相关制度引导学校对信息化设备和信息化教学资源的应用，能制定并实施促进当地信息化的组织管理机制，对学校信息化教育的情况进行检查和评估，根据评估结果调整信息化建设计划，帮助和指导学校解决信息化教育过程中出现的问题，根据教师专业发展的特点和国家的相关标准和要求，制订并持续地实施教师培训计划，组织和指导本地区教育的教研活动，通过教学资源中心为教师应用信息化教学资源开展教学活动提供支持服务。

（二）提高学校领导管理和实施信息化教育的能力

信息化教学资源是一种新的教学资源形态，信息化教学资源在学校教学中应用的过程，是一个创新推广的过程，一项创新要得到组织的采纳，组织的领导人作为权威决策者起着关键性作用。决策者要决定是否采用一项创新，需要对创新的属性有全面的了解。

信息化教育是教育适应信息时代变革要求的表现，教育界和社会各界人士都在呼唤并倡导信息化教育，但在学校教育实践中，信息化教育却不尽如人意。学校领导对信息化教育的认识和理解，对整个学校信息化教育的实施起着十分重要的作用。学校领导不只是在实施国家和各级教育部门开展信息化教育的要求，而是深刻理解信息化教学资源这种新事物的属性，将信息化教学资源的应用转化为自觉的行动和要求，贯彻到学校的教学和管理过程中去，身体力行地推动信息化教学资源的应用。

理解信息化教学资源的创新属性，是采纳信息化教学资源的前提，是学校领导推行信息化教学资源应用的起点。信息化教学资源的创新属性有：一是相对优越性，信息化教学资源具有处理数字化、存储海量化、管理智能化、显示多媒体化、超文本结构组织信息、良好的交互性等特点[1]，具有传统教学资源所没有的优越性。二是相容性，信息化教学资源

---

[1]　何克抗主编：《教育技术培训教程（教学人员·初级）》，高等教育出版社2005年版，第54页。

对于促进新课程改革和现代教育理念实施，具有良好的促进作用，符合以"学"为中心的现代教育观念。而且，信息化教学资源可以与传统教学资源在教学活动中融合使用，更好地实现以"学"为中心的教学活动。三是复杂性，是指理解和使用创新的难度，信息化教学资源是基于现代信息技术所开发的资源，要求使用者具备相关的能力，由于使用者能力不同，对信息化教学资源使用的复杂程度感受不同。四是可试验性，试验是消除使用者对创新疑虑的有效手段，信息化教学资源在信息化环境下，可以进行多次试验，优秀教师的经验也可供其他教师借鉴。五是可观察性，信息化教学资源在恰当应用后的效果是可以通过多种方式观测的，是可靠的。

学校领导在深刻理解了信息化教学资源的相对优越性与现代教育理念的相容性后，就会采取措施鼓励教师和学生使用信息化教学资源，将信息化教学资源的使用与新课程改革的实施结合起来。由于信息化教学资源的复杂性，学校领导在提高自身使用信息化教学资源能力的同时，通过组织相关的培训活动，提高教师和学生应用信息化教学资源的能力，并通过示范课、公开课等形式，为信息化教学资源的应用提供借鉴的榜样。教师可以在自己的教学活动中进行试验，根据信息化教学的特点，选择不同于传统教学的评价方式，对信息化教学资源的应用效果进行评价，提出改善的方法与措施。

学校领导肩负着促进学校发展的使命，要管理整个学校的教学活动。在信息化的过程中，要积极推行学校管理的信息化，采取与信息化教育相适应的教师评价、教学评价和学生评价的手段。学校领导要明确学校信息化教育的发展方向，解除教师对信息化教学资源应用的迷茫感，倡导新课程改革的理念，促进学校向学习型组织转变。学校的教育信息化是一项涉及学校组织结构、学校文化、学校管理模式和流程、信息技术投入与学校内部各种利益协调等的多方面的复杂系统工程。[①] 学校领导切合实际地考虑学校如何实施信息化教育，如何有效地利用信息化教学资源促进师生的发展。学校领导要全面了解本校的信息化教学资源需求，选择信息化教学资源的建设模式，组织教师对信息化教学资源的开发与建设提出建议，开展校本培训，组织教师开发校本资源。在教师短缺的西部中小学，学校领导往往也是学校的骨干教师，学校领导要掌握信息化教学资源的应用方

---

① 肖玉敏：《校长的技术领导力研究综述》，《教育信息化》2006 年第 7 期。

法，做好示范带头作用。能利用信息化教学资源来提高工作效率，通过自主研修提高应用能力。

（三）提高技术人员对信息化教育的支持能力

信息化教学资源的应用需要信息技术环境的支撑，需要技术人员建设和维护信息基础设施正常运行。西部中小学由于师资紧张、经费短缺等问题，大多数学校没有专门的技术人员，农村中小学信息基础设施的安装和维护一般由乡镇或者县级电教站等部门的技术人员来进行，条件较好的学校由信息技术教师为学校的信息化教学提供技术支持。根据《中小学教师教育技术能力标准（技术人员版）》的要求，对各级各类中小学校网络管理人员、电教人员，各级电化教育馆、各级教学资源中心为中小学信息化教学提供技术支持与服务的人员，需要按照教育技术规范的要求，提高对信息基础设施的建设、管理与维护的能力，提高对信息化教学系统的设计、开发、应用、管理与评价能力。能够帮助教师获取、整理和加工信息化教学资源，加强与教师和教研人员之间的沟通交流，能在信息化教学资源的设计与开发中提供技术支持，帮助教师和教研人员选择恰当的技术来开发信息化教学资源。协助学校制定或选择技术解决方案，负责当地或学校信息技术设备的搭建、日常管理和技术更新，负责当地数字化教学资源的下载、整理和传输，掌握信息化教学设备的使用情况，为学校信息化建设提出建议。

（四）提高教师的信息化教学能力

"教师的教学能力是影响教学质量和效果的关键性因素"[1]，教师的教学能力是在教学活动中形成、发展、表现出来的（申继亮、王凯荣，2000），教学环境的变化会对教师的教学能力提出新要求。信息化教学能力是信息时代教师应具备的教学能力，西部地区的中小学要根据学校实际情况和《中小学教师教育技术能力标准（试行）》的要求，提高教师的信息化教学能力。

在农村中小学远程教育工程的实施中，面对现代远程教育资源等信息化教学资源应用率不高，应用效果不佳的状况，陈至立（2005）[2] 明确提

---

[1] 田丽丽：《教师教学促进研究综述》，《上海教育科研》2005 年第 5 期。

[2] 陈至立：《在中西部农村中小学现代远程教育教学应用现场交流会上的讲话》，2005 年 7 月 3 日（http：//218.88.218.60/Article/ycedu/200511/20051123005028.html）。

出，"要尽快形成适合当地的教学应用模式，要加大教师培训力度，提高教师的应用能力"。王珠珠等专家也指出，"教师信息化知识的掌握与教学应用能力的培养是决定教育信息化推广与应用的关键"。[①] 教师是否具备信息化教学能力，成为信息化教学资源能否得到应用的关键。

根据西部中小学教师缺乏应用信息化教学资源的意识、信息技术应用能力不高、信息化教学资源的应用能力不足、信息化教学设计能力较弱、教师自我专业发展的意识不强、教师自我发展能力较弱和教师的专业发展模式比较单一的现状，学校和教育行政部门要通力合作，采取多种形式，提高教师的信息化教学能力。教师对信息化教学资源这种创新事物的接受程度，取决于教师个体的创新精神。个体创新精神也就是个体采用一项创新的相关时间。创新精神是创新推广研究中用以反映一个社会系统中不同个体接纳和采用一种新思想、新技术的相对先后。罗杰斯将个人创新性分为先行者、早期采用者、早期多数派、晚期多数派、落后者等五种不同类型。从全国来说，由于东部等发达地区教育信息化发展较早，在信息化教学资源的应用方面已经积累了一些经验，有不少成功案例可供学习，对于信息化教育发展比较晚的西部地区中小学教师来说，属于晚期采用者和落后者，这不仅与个体的态度有关，还与客观现实的制约有关。在教育信息化发展类似的同一地域或者同一学校的教师中间，由于个体创新精神不同，在信息化教学资源的应用过程中也会出现先行者、早期采用者、早期多数派、晚期多数派、落后者等五种不同类型。西部地区在信息化教学资源的推广应用中，既要善于借鉴东部等发达地区的经验，也要善于通过先驱者的带动作用，促进所有教师逐步应用信息化教学资源，并根据教师个体的创新性，针对不同类型给予不同的支持，例如对于信息化教学资源持审慎疑虑态度的晚期采用者，要打消其疑虑，解决所面临的困难，使其能顺利应用信息化教学资源。

在促进信息化教育的过程中，要"充分认识教师在办学中的主体地位，使广大教师掌握现代教育理念和应用优质教育资源实施教学的理论与方法，形成教师根据教学实际将优秀教学资源应用于教学的主动性和自觉性。针对农村教学点、农村小学、农村初中的不同需要，采用骨干培训与全员培

---

① 王珠珠、刘雍潜、黄荣怀、赵国栋、李龙：《中小学教育信息化建设与应用状况的调查研究报告（下）》，《中国电化教育》2005 年第 11 期。

训相结合，集中培训与日常学习实践相结合等培训方式，全面提高教师应用教育技术的能力"[①]。在转变教师观念，提高教师对使用信息化教学资源的重要性认识的基础上，选择恰当的途径提高教师的能力和素质。在教师信息化教学能力参差不齐、城乡差别较大的情况下，对教师的信息化教学能力培训不能搞"一刀切"，要改变大一统的培训模式。由调查可知，灵活多样的县级培训是最受教师欢迎的培训形式，以国家级培训、省级培训为指导，以县级培训为主导，以校级培训为基础，针对教师急需的内容，开展相应的培训。发挥县级培训的上通下联功能，从当地的教育实践出发，注重培训的实用性和前瞻性，注意克服校级培训水平不高、县级培训持续性差、省级和国家级培训容易脱离实际的弱点，发挥各级培训的优势。在县级培训中，发挥专家的引领作用，提高培训质量；将校级培训日常化、规范化，并辅以教师定期研修活动，加强骨干教师的示范作用，使教师自主学习、同侪互助等研修活动与培训相结合，使多种专业发展模式互为补充，加快教师专业发展。使教师了解信息化教学资源在中小学教育中的地位与作用，掌握信息化教学资源的类型与应用策略，掌握根据教学需要选择教学资源的基本原则和实施策略的能力。此外，还可以利用信息化教学资源促进教师的自主研修、虚拟教研，通过参加虚拟社区来提高信息化教学能力。教师专业发展的具体内容，将在下文中做详细论述。

（五）提高学生的信息素养

传统教学方式，导致学生养成了对教师的依赖性，学生缺乏自主学习的意识和能力。在信息化环境下，学生获取信息的渠道日益丰富，学校要以信息技术课程为依托，提高学生的信息素养，对于部分还没有开设信息技术课程的学校，提高学生的信息素养，需要更多的努力。学校要将现有的信息化教学资源向学生开放，鼓励学生进行自主探究式学习，在学习中培养学生的信息意识、信息知识、信息能力和信息道德。通过校际协作，建立农村学校与城市学校之间的合作关系，学生之间通过结对合作等方式，使城乡学生在互助中获取更丰富的信息，增强获取信息、加工整理信息、利用信息的能力。

---

① 《教育部办公厅关于全面推动农村中小学现代远程教育三种模式应用的指导意见》（http://www.moe.edu.cn/edoas/website18/level3.jsp? tablename = 1555&infoid = 14904，2006 - 07 - 23）。

（六）提高社区居民的信息素养

信息化教学资源要真正服务社区，促进社区发展，社区居民必须具备较好的信息素养。但目前，社区居民主动应用资源的意识不强，学校要通过宣传、培训等途径提高社区居民应用信息化教学资源的意识和能力。有些农村学校将学校的计算机向当地农民开放，对农民进行电脑知识、网络技能培训，农民的信息能力提高以后，以前需要村干部组织才会到学校接受培训的农民，开始主动到学校获取致富信息和农业科技知识。

第二节　西部地区信息化教学资源应用的原则

一　坚持新课程改革的理念

新课程改革提出要从知识与技能、过程与方法、情感态度与价值观三维目标来促进学生的个性发展、全面发展、全体发展，体现"以学生发展为本"的理念。针对传统教学过于注重知识传授的倾向，强调要使学生形成积极主动的学习态度，使获得基础知识与基本技能的过程同时成为学会学习和形成正确价值观的过程。改变课程内容"难、繁、偏、旧"和过于注重书本知识的现状，加强课程内容与学生生活以及现代社会和科技发展的联系，关注学生的学习兴趣和经验，精选终身学习必备的基础知识和技能。[①] 在教学过程中，教师要与学生积极互动、共同发展，处理好传授知识与培养能力的关系，注重培养学生的独立性和自主性，引导学生质疑、调查、探究，在实践中学习，促进学生在教师指导下主动地、富有个性地学习。关注个体差异，选择适合学生学习需求的信息化教学资源，精心进行教学设计，引导学生主动参与，培养学生自主学习的态度和能力，促进所有学生的发展。

二　因地制宜，灵活施教

西部地区中小学信息化建设水平参差不齐，信息基础设施差别较大，教师在应用信息化教学资源的过程中，不能照搬照抄东部等发达地区的模式，要研究当地实际情况，从本地信息化环境和教育情境出发，结合学生现有的认知背景和认知风格，选择恰当的信息化教学资源，设计适合本地

---

① 《基础教育课程改革纲要（试行）》，《中国教育报》2001 年 7 月 27 日。

学生特点的教学活动。对于那些符合本地需要的信息化教学资源，可以通过教学设计直接应用，对于整体内容不错，但部分不适合当地教育情境的信息化教学资源，可以进行加工改造。对于尚处于欠缺，但本地教学又十分需要的信息化教学资源，可以自主开发、校际协作开发，或者将需求信息反馈给相应的区域教学资源中心请求开发，来满足教学的需要。在教学模式的选择上，在信息基础比较短缺的情况下，多设计师生互动、生生互动的活动，使学生积极参与教学活动。

三　信息化教学资源与传统教学资源整合应用

信息化教学资源具有处理数字化、存储海量化、管理智能化、显示多媒体化、传输网络化等优势，这些优势的发挥，要求使用者具有一定的信息化设备才能实现，在西部中小学信息基础设施建设比较薄弱，学生拥有信息化设备数量很少的情况下，信息化教学资源的一些优势难以发挥，在应用时，要考虑这一客观因素，将信息化教学资源与传统教学资源整合使用。即使在信息基础设施较好的学校，也要明确，信息化教学资源与传统教学资源是互补关系，不是替代关系，应根据学科特点和教学内容，运用合适的教学资源开展教学活动。

四　坚持开放，综合应用

西部中小学信息化教学资源应用，不能局限于教师、局限于课堂教学、局限于学校，要向学生、学生家长、社区居民开放使用；发挥信息化教学资源促进教师专业发展、促进学生自主探究学习、丰富师生的课外活动、为社区居民提供科技信息服务和技术培训等活动中的作用，使信息化教学资源在综合应用中获得生机与活力。既充分发挥现有的信息化教学资源的作用，又使信息化教学资源在综合应用中得到丰富和发展，调动各种主体建设信息化教学资源的意识，使信息化教学资源真正服务于当地教育发展。

第三节　信息化教学资源在课堂教学中的应用策略

从理论上来说，信息化教学资源类型丰富，可以根据需要获取和使用各种信息化教学资源，但在实际应用中，受各种因素的制约，只能在现有条件下选择应用。信息基础建设的状况制约着信息化教学资源获取方式和应用方式。本节主要结合西部地区中小学信息化建设现状，分别探讨只具有光盘播放系统的学校在课堂教学中应用多媒体光盘教学资源的策略、具有卫星收视系统学校的在课堂教学中应用卫星教学资源的策略以及在网络环境下应用信息化教学资源的策略。

一　多媒体光盘教学资源在课堂教学中的应用策略

（一）多媒体光盘教学资源的类型

多媒体光盘教学资源是西部地区中小学普遍拥有的信息化教学资源，无论是建有校园网的学校还是只有光盘播放设备的学校，都可以在教学中灵活运用多媒体教学光盘。光盘主要来源于国家通过"农村中小学现代远程教育工程"配发的包括小学到初中所有科目的教学内容的多媒体光盘，部分是各级教育部门、学校对卫星教学资源、网络教学资源整理加工后刻录的。这些光盘教学资源根据其内容，可以划分为课程教学类、教学素材类、教师培训类、学习指导类、专题教育类和为农服务类六类，在教学中可根据教学需要，选择应用适当的教学光盘。此外还有学校和教师通过购买、共享、自己开发制作的多媒体光盘教学资源。

课程教学类光盘主要是提供与教学内容相配套的小班教学资源；教学素材类光盘主要提供各学科教学用的素材，以便学科教师充分利用这些素材，直接开展课堂教学；教师培训类光盘主要是教师能力提高方面的教学资源，包括优秀教学案例、培训教程等方面的资源；学习指导类光盘指课程辅导、课后提高、研究性学习等方面的资源；专题教育类光盘包含了日常行为规范、健康教育、安全教育、禁毒教育、法制教育等资源；为农服务类光盘包括了动物养殖、植物种植和致富指南等方面的资源。在课堂教学中应用率较高的是课程教学类、教学素材类和专题教育类光盘。

（二）光盘教学资源应用的基本条件

多媒体教学光盘的应用条件相对比较简单，只要具备一台电视机和一台 DVD 机，就可以方便地应用多媒体教学光盘进行教学。但在只有光盘教学播放系统的情况下，光盘的应用形式会受到限制，只能采用直播教学和插播教学两种策略，而在有计算机的情况下，就可以对光盘教学资源进行修改，与其他教学资源整合应用。

（三）多媒体光盘教学资源在课堂教学中的应用策略

对于远程教育工程模式一环境下的光盘教学资源的应用，有学者已经有所研究，并取得了可借鉴的研究成果。王陆等学者（2005）主要从光盘教学资源应用时间段和资源应用顺序的角度，研究归纳出课堂教学中利用 DVD 播放教学资源有全程依托式、分段依托式、组合分段式和多重组合分段式四种应用方式。郭绍青教授（2006）在分析了光盘教学资源应用存在的误区后，指出在模式一环境下，多媒体光盘教学资源主要有替代性教学、替代与辅助相结合、辅助性教学三种应用方式。王陆（2005）与郭绍青（2006）两位学者提出的应用方式不同，但都指出，不同的应用方式对教师能力水平的要求不同，他们分别指出，多重组合分段式和辅助性教学应用，对教师的能力水平要求最高。借鉴上述学者的研究成果，笔者从对光盘教学资源是否进行加工修改的角度，结合资源使用的连贯性，提出光盘教学资源应用有直播教学、插播教学和整合教学三种方式，这三种应用方式对教师的能力要求逐渐提高，在整合教学中，教师要具有加工改造资源以符合教学需要的能力。

1. 直播教学

直播教学主要是利用课程教学类等教学光盘和专题类教学光盘进行替代性教学，这在师资短缺、师资水平不高的农村小学和教学点使用较为普遍，教学光盘的内容一般不超过 45 分钟。利用这种教学方式，教师不需要对光盘内容做任何改动，直接利用光盘教学资源上课，可以解决专业教师短缺的情况下无法开课的问题和教师专业水平不高的情况下课程质量的问题。教师根据教学内容，选择相应的教学光盘在课堂进行播放。

具体有两种应用方式，第一种也是最简单的一种，教师将教学光盘的内容全部按顺序播放，这种教学方式没有发挥教师的作用，除了不适合在中间停顿的专题教育类节目外，一般不提倡这种教学方式。第二种是在直接播放的过程中，教师要扮演学生学习指导者和帮助者角色，在课前应该观看教学光盘的内容，找出重点和难点，根据教学目标，设置相应的问题。在光盘播放前，先对学生提出一堂课的教学目标和要求，提出学生在看完光盘后需要回答的问题。在播放过程中，对重点、难点可加以解释，学生没理解的片段可以重复播放。通过提问，调动学生积极参与教学活动。这种教学方式要求教师在熟悉播放内容的基础上具有一定的教学组织能力。利用光盘进行直接播放式教学，在具备光盘播放条件的所有学校都可以应用，适用范围较广，但会出现光盘教学内容不能从学生的经验和背景出发进行教学设计的缺点，限制了应用的广泛性。但在师资短缺、信息化教学资源不够丰富的农村中小学特别是教学点应用较多，光盘教学资源起到了替代教师上课的作用，解决了农村小学和教学点由于师资短缺开不了课的问题。

2. 插播教学

这种教学方式是在课堂教学中根据需要播放相关的光盘教学内容，不对光盘内容进行修改，只选取适合课堂教学的片段进行播放，播放的顺序可以根据教学设计的需要进行调整。光盘教学资源起着创设情境、激发兴趣、拓展内容等作用。这种教学方式要求教师具有较好的教学设计水平，能根据教学需要选择适当的片段进行播放，将光盘教学资源的播放结合到课堂教学中去，辅助教师教学，促进学生理解。教师在上课前要熟知光盘教学的内容，设计好在哪些教学环节播放教学光盘，明确播放光盘内容的目的。光盘内容的播放时间与顺序完全依据教学设计的需要。这种教学方式中，光盘资源起着辅助和替代教学的作用。

在这种教学方式中，通过光盘资源的穿插播放使课堂教学更加生动丰富，教师可以引导学生与光盘中的师生进行模拟对话，竞赛学习。并通过创设情境，开阔学生的视野，使学生通过多感官学习，提高学习效果。例如在《桂林山水甲天下》一课中，学生们难以想象出桂林山水的具体形象，通过光盘呈现的情景，可以使学生如同身临其境，更加准确地理解课文的内容，感受到作者观察角度之独特与语言之生动。西部地区的中小学，教学条件比较差，很多学校没有条件开展实验教学，利用光盘资源进行实验教学，改变了教师空洞抽象的解说，使学生在没有实验场地的情况下，了解实验过程，掌握实验方法，这在物理、化学等理科类课程中用得较多。另外，即使有实验条件的学校，通过光盘教学，使学生掌握实验要领，避免损坏实验器材，是经济有效的教学方式。插播教学实际上是将光盘资源与传统的教学资源相结合运用到课堂教学中的一种教学方式，要求教师能将两种资源的优势结合利用，取得良好的教学效果。

3. 整合教学

整合教学是指将光盘教学资源根据教学需要进行加工改造后，与其他教学资源整合运用于课堂教学中的应用方式。这种应用方式对信息基础设施和教师的教学能力，相对于直播教学和插播教学方式要求更高。对光盘教学资源的加工改造，必须要有计算机等信息化设备才能实现，并且要求教师要有良好的信息化教学能力，能根据教学需要将光盘资源与其他信息化教学资源进行重组，并与传统教学资源整合起来，实现教学目标。由于教师可以根据学生的特点和教学需要，灵活地选择光盘教学资源，加工改造光盘资源中不适合教学需要的部分，并与其他类型的信息化教学资源进行组合，整合传统教学资源来满足教学需要，因此，这种应用方式适应性很强，是最值得推广的应用方式，也是光盘教学资源应用中对教师能力要求最高的应用方式。

光盘教学资源整合应用有三种具体方式：一是把光盘教学资源与印刷教材等传统教学资源整合起来，将光盘教学资源中的内容修改后用多媒体形式展现传统教学资源不能展现的内容。例如在小学语文中《小动物比尾巴》一课的教学，教师将从光盘教学资源中截取的不同动物的图片做成幻灯片在计算机上播放，要求学生观察每一种动物尾巴的特点，设置问题让学生回答，用自己的语言归纳出每种动物尾巴的特点，并可以要求学生将自己生活中见到过的动物与课文中提到的动物进行比较。在师生互动后，教师进行分析总结，并将光盘教学中教师与学生的活动结果向学生播放，学生通过比较课堂教学活动与光盘中的教学活动之异同，体会学生生活背景不同所熟悉的动物之不同及对动物特点描述的差异，深化学生对教学内容的理解和掌握。二是将不同光盘中的教学资源根据教学需要，进行整理加工，用来解决教学中的重点和难点。教师要熟悉相关的光盘教学资源的内容，能根据学生的水平和认知风格，选择恰当的资源加工，有效地组织和实施教学活动。三是将光盘中的教学资源与其他来源的教学资源进行修改、加工后整合应用。信息化教学资源的来源不再局限于光盘教学资源，而是包括了卫星教学资源、网络资源以及自主开发的各种资源。信息化教学资源相当丰富，对教师选择资源、加工整理资源的要求比较高，教师为了实现教学目标，要对各种资源进行筛选，做出取舍，利用相关的软件工具进行整理、加工、整合成符合教学要求的资源。这种应用方式，要求教师有良好的信息化教学能力，能从各种渠道获取所需的资源，具有分析、整理、加工资源的能力，具有良好的教学实施能力。

对光盘教学资源进行整合应用，可以充分发挥光盘教学资源的优势，能将光盘教学资源改造成符合本地教学实际的信息化教学资源，丰富了教学方式，但这种应用方式需要在有计算机并配备相应的软件工具的条件下才能实施，如果要将光盘教学资源与网络教学资源进行整合，学校还需要有上网条件。同时，对教师提出了更高的要求，教师不但要熟悉操作光盘播放设施和计算机，而且能够掌握相关软件工具的使用，根据学生特点，选择合适的教学资源，设计并实施教学活动。这也是对光盘教学资源最复杂的应用方式，在西部中小学教师教学能力参差不齐、教学能力不高的情况下，要发挥骨干教师的帮带作用。同时，由于信息化教学设备的局限性，在农村地区，乡镇中心小学和中学等条件较好的学校，能够将本校信息化教学资源和设备与其他学校的教师共享，使教师能够根据需要，对教学资源进行加工整合。这种应用方式，是光盘类教学资源应用的发展方向。

光盘教学资源直接应用对教师的技术操作能力要求不高，易于使用。在师资短缺的中小学教师可以便捷地使用。但是，光盘中的教学设计和课程进度不能照顾到学生的差异和特点，因此在直播教学基础上，尽量采用插播教学和整合教学方式。直播教学、插播教学和整合教学这三种光盘教学资源应用的策略，是逐渐复杂的应用策略，也是对信息基础设施和教师教学能力要求逐步提高的应用过程，直播教学和插播教学，在具有光盘教学播放系统的学校都能顺利地应用，而整合教学，教师必须有计算机和相关的软件工具，才能顺利地对光盘教学资源进行选择、加工，如果与网络教学资源等信息化教学资源进行整合，要求学校具有上网条件、教师具备良好的信息化教学能力。

（四）插播教学策略的实施与效果分析

1. 策略的实施

为了验证多媒体光盘教学资源的插播教学策略的有效性，2007 年 3 月初，笔者指导甘肃省灵台县梁原乡横渠小学语文教师刘世勇进行了教学试验。刘老师运用插播教学策略应用农村中小学现代远程教育工程配发的小学语文配套教学光盘，对梁原乡横渠小学三年级学生进行了语文《翠鸟》第一课时的教学活动，教学对象是小学三年级的 38 名学生，同时还邀请了该校的另两位语文教师与笔者一起旁听了该课的教学。整个教学设计如下：

翠鸟

人教版教材小学语文三年级下册

一、学习目标

1. 学会本课的生字和词语，能正确读写"翠鸟、苇秆、赤褐色、疾飞、锐利"等词语。联系上下文理解"荡漾、陡峭、锐利"等词语的意思。

2. 读懂课文内容，认识翠鸟的外形特点，了解翠鸟的生活习性及捉鱼的本领，体验翠鸟静立、飞翔的美感，懂得爱护鸟类。

3. 能正确、流利、有感情地朗读课文，背诵自己喜欢的段落。

二、主要教学资源

1. 印刷教材

人教版教材三年级下期第四单元的精读课文《翠鸟》。

2. 多媒体教学光盘

《远程教育教学光盘》三年级语文下册《翠鸟》一课的教学示范。包含：导入；初读课文；认识字词；朗读重点句；学习探究课文内容；学习、检查生字学习情况；朗读体会；作业布置等几个环节的配套教学环节。

三、学生分析

小学三年级的学生年龄大概都在9—11岁之间，从认知发展阶段来说，处于具体运算阶段，学习目标的完成，需要具体经验的支持。运用多媒体教学光盘使学生可以感性认识翠鸟，体验翠鸟的生活习性。由于地处农村，学生在日常生活中习惯用方言交流，普通话水平比较差，学生通过向光盘中的师生学习，用普通话朗读生词和课文，以提高普通话水平。观察学习光盘中老师与学生的活动，可以学习光盘中学生的学习方法，改进自己的学习方法。

四、备课活动

课前，认真地分析了教材，了解了本课的重、难点，认真、反复地观看了光盘的教学《名师课堂实录》，结合实际情况设计教学目标，确定教学重点，预测学生的学习难点，设计教学活动。

五、多媒体教学光盘的使用意图

1. 利用多媒体教学光盘创设情景，激发兴趣。

2. 利用多媒体教学光盘中的教学方法帮助学习生字、词，利用光盘中师生标准的朗读，提高学生的普通话水平，能用普通话有感情地朗读课文。

3. 利用多媒体教学光盘中的教师教学及与光盘学习伙伴的学习情况

对比，帮助学习，突破重、难点，深化理解。

六、教学过程

（一）提问导入新课

1. 提问

师：同学们，你们喜欢小鸟吗？你们见过哪些鸟？

生：喜欢。见过喜鹊、燕子、布谷鸟……

师：你们知道有一种会捉鱼而又长得非常漂亮的鸟吗？

生：不知道。

师：它的名字叫翠鸟。今天我们一起来了解翠鸟。

2. 板书课题

（二）创设情景，激发兴趣

师：同学们，你们见过翠鸟吗？

生：没有。

师：今天，我们请来了一位新老师和几位新同学，他们将通过光盘在电视上和我们一起学习。光盘老师为我们带来了翠鸟的图片，让我们一起来认识一下翠鸟吧！

（播放光盘翠鸟图片）

（翠鸟生活在我国东部和南部，西北学生很少能看到翠鸟，利用光盘中老师搜集的翠鸟的图片，使学生可以对翠鸟有感性的认识，比学生凭空去想象翠鸟的样子，要形象生动得多。）

生：很漂亮呀。

师：请同学们仔细观察一下，然后用自己的语言互相向同桌介绍自己观察到的翠鸟。

（学生互相描述自己看到的翠鸟，培养学生的观察能力和表达能力。）

师：请哪位同学给大家介绍一下自己所看到的翠鸟？（让学生主动举手发言）

生1：翠鸟的嘴巴很长很尖，要比燕子的嘴巴长。

生2：翠鸟背上是绿色的。

生3：翠鸟的爪子是红色的。

……

师：很好，大家说出了翠鸟的形体特点，现在请大家拿出课本，我们一起来看看课文是怎么介绍翠鸟的。我们还有哪些没有观察到。

（激发学生想进一步了解翠鸟，想知道别人是怎么观察和介绍翠鸟的学习动机。）

（三）初读课文，感知大意

师：现在请大家先自己读读课文，对翠鸟有一个整体的了解。遇到不懂的字、词语，可以查字典，并做上记号。遇到难读的句子，请多读几遍。

（为了读懂课文，学生产生想要学会生字、生词的动机，自己查字典，培养学生自主学习能力。）

（四）读写生字，理解词语

1. 检查自学，读写生字

师：刚才同学们读得很认真，这些生字大家会读了吗？我们一起来看光盘老师是怎么读的。

（播放光盘教师的生字教学示范）

师：现在我们模仿光盘老师的读法，一起来读读这些生字。

（指名读，进行评价，纠正不准确读音。）

2. 学生识记生字

师：现在我们看看光盘教师还有什么要求。

（放光盘教师生字教学的提示与要求）

师：请大家按要求练习写生字，有问题的同学请举手。

（教师在教室里来回巡视，检查学生的练习情况，对有问题的学生进行指导。）

3. 检查词语学习情况

师：学完生字了，大家看看在课文里遇到的这些词语能读了吗？请同学们读一读。

（播放光盘，出示词语）

请同学自愿读，进行评价，纠正不准确读音。

4. 了解光盘学生学习词语的情况，练习提高

师：同学们对词语掌握得不错，我们的学习伙伴在读的时候，也遇到了一些问题，让我们一起来看看他们是怎么学习的。

（播放光盘学生读词语以及评价的内容）

师：请大家注意刚才的这些问题，再准确地读一下这些词。

（A. 指名读，评价并纠正不准确的读法　B. 分组比赛读　C. 按座次接龙读）

5. 理解词语

师：大家对刚才课文里出现的词语，有哪些不理解？随便说一说吧！

生1：赤褐色是什么意思？

师：谁理解，来帮忙解释一下。

生2：比朱红稍微浅的颜色。

（鼓励学生互相帮助，积极思考，对学生不能回答的、光盘中没有讲解的词语，进行讲解。）

师：现在我们来看看自己对下列词语的理解对不对？

（播放光盘教师的词语讲解）

师：大家还有没有不理解的词语？

（词语教学是本课的一个重点，采用指名读、分组比赛读、接龙读等各种方式帮助学生掌握词语，贴合教学实际。然后，及时了解光盘上学生遇到的新问题。帮助、引导学生去发现新的问题，突破教学中的重、难点。这一教学环节，利用光盘教师的指导和示范，帮助学生学会用标准的普通话来读生字和生词，师生学习得轻松愉快。）

（五）细读课文，理解内容

1. 听光盘学生朗读课文

师：掌握了这一课的生字和生词，现在我们再认真读读课文，先来看光盘中的伙伴是怎么读的，注意自己不熟练的地方怎么读。

（播放光盘学生朗读课文及评价）

（通过听光盘学生读课文，示范了标准的读法，间接提示并纠正了学生读得不准确的地方。）

2. 学生自由朗读课文

（教师在教室来回巡视，发现学生有读音不正确的，及时提醒纠正。）

3. 分组分段读课文

师：请大家两人一组，每人读一段给对方听，注意纠正对方读得不对的地方。对课文内容不理解的地方，请互相讨论，并向其他同学请教。不懂的地方请举手。

（分组分段读，使学生互相帮助，发现读得不准确的地方，通过互相交流，达到对课文的基本理解。）

（六）讨论交流，深化理解

1. 小组讨论，理解课文

师：大家已经读过课文了，现在请大家每五人一组，讨论课文是从哪几个方面来写翠鸟的？

（对讨论不积极的小组给予鼓励和引导）

2. 分组汇报，展示成果

师：现在请按小组汇报你们的讨论结果。

生 1：课文第一自然段是写翠鸟的样子。

生 2：课文第二自然段写翠鸟捕鱼的动作很快。

生 3：课文是从翠鸟的外形、本领，以及爱护鸟类三个方面来写的。

……

3. 结合光盘，深化理解

师：大家分析得很不错，现在我们来看光盘中的伙伴们是怎么讨论的，看看有哪些地方和我们理解的一样，哪些不一样？

（播放光盘学生学习汇报情况）

（让学生在观看中进行分析评价）

师：同学们还有哪些地方不理解？

（将课堂讨论与光盘中的讨论进行对比，总结）

（这个教学环节，首先通过听光盘学生读课文，提示学生容易读错的地方，代替了一般的教师范读。由于光盘学生的朗读水平比较高，同时又更便于预测朗读容易出现的问题，比教师预测的要准确，让光盘学生进行范读，效果更好。通过读课文，小组讨论，引导学生积极参与学习，通过让学生展示学习成果，交流学习经验，培养了学生主动探究的精神和合作交流的能力。）

（七）拓展延伸，布置作业

师：这节课上，同学们一定有不少的收获吧！请大家谈谈自己的收获和问题。

（引导学生进行反思和总结）

师：请大家课后读写会本课的生字，用新学的词语造句，熟读课文。

（这是光盘教学没有涉及的教学环节，是课堂教学的拓展。通过提问，使学生形成反思和总结的习惯，通过作业，进行巩固提高，为下节课的学习打好基础。）

七、教学过程流程图

教学过程如图 6—1 所示。

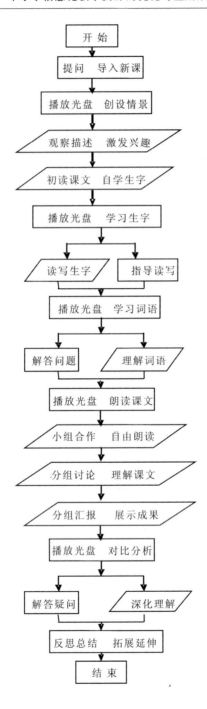

图6—1 《翠鸟》教学过程流程图

2. 教学反思

从教学设计中对学习者的分析开始，整个教学过程以学生为中心，发挥了学生的主动性、参与性，学生通过小组合作、交流对话活动，达到了对知识的意义建构。教师是教学活动的组织者、调控者和促进者，体现了新课程改革的理念。教师适时运用光盘教学资源，通过创设情景等活动，促进学生通过多种感官学习，产生了解翠鸟的兴趣和学习动机，而且通过引导学生对翠鸟的描述，培养了学生观察事物的能力与表达能力，使学生在掌握知识与提高能力的同时，体验了过程与方法，有助于学生综合能力的培养。

利用光盘突破生字难点，进行示范朗读，使学生能模仿标准的普通话进行朗读，提高普通话水平，把握朗读中的关键点。同时，通过分组朗读，互相帮助，培养了学生的合作意识。通过小组活动引导学生主动参与，使学生能够展示学习成果，交流学习经验，培养学生主动探究的精神和合作交流的能力。

在教学过程中，借助良好的教学设计，在不同时间分别插播光盘教学资源，虽然未对教学资源进行修改，但是充分考虑了学生的特点与光盘中师生的不同，扬长避短地应用光盘教学资源，将印刷教材、师生活动与多媒体光盘中师生的教学活动和教学内容结合在一起，做到了光盘内外教师、学生的有机融合，实现了互动互补，发挥了多媒体光盘资源的优势，达到了教学目标。

但是，由于学生日常交流都是用当地方言，因此，普通话很不标准，当学生在面对光盘中学生用声情并茂的普通话朗读时，有些自卑心理。需要对学生进行鼓励和指导，让学生明白这是社会文化环境影响的结果，通过努力是可以改变的，帮助学生树立起自信心。

3. 效果分析

在《翠鸟》的课堂教学活动结束后，笔者立即对38名学生进行了问卷调查，随后访谈了刘老师和旁听的王老师、张老师以及4名学生。现场发放问卷38份，回收问卷38份，回收率为100%；有效问卷38份，有效率为100%；调查结果采用统计软件SPSS10.0进行了统计分析。下面结合问卷调查、访谈和笔者的观察进行效果分析。

问卷包括了封闭性题目和开放性题目。从"在平时各门学科的课堂教学中，老师是否应用多媒体教学光盘配合教学活动"问卷结果来看，有20人认为很少使用，占52.6%，有15人认为使用较多，占39.5%，有 3 人认为经常使用，占 7.9%，没有人认为频繁使用。表明在该班学生的课堂学习中，教师对多媒体光盘教学资源的应用程度还不高。根据"你最喜欢老师在教学中用哪种方式播放光盘"的调查结果来看，选择"在教学过程中，在需要的地方，插入播放光盘内容来演示生动的形象、情景或者光盘中教师与学生教学活动等"有 23 人，占 60.5%，表明学生喜欢根据教学内容，适当插播光盘内容进行教学的方式。

　　教师在《翠鸟》教学中应用光盘教学资源对学生的作用情况见表 6—1 和图 6—2。从图 6—2、表 6—1 可见，下述各项的得分率 F > 0.75，除了三项未超过 0.8 外，其余各项的得分率 F 基本上都大于 0.85，说明多媒体光盘教学资源的使用有力地提高了学生的学习效果。从"更喜欢和爱护翠鸟"、"对课文更感兴趣"、"更容易理解课文内容"、"更理解字词意思和用法"这几项的得分率 F 达到或接近 0.9，可以发现，多媒体光盘教学资源在学生的情感培养、激发学习兴趣、提高理解能力等方面的作用更大。小学三年级学生年龄较小，抽象思维能力还不强，生动形象的情景对学生学习有很大帮助。

表 6—1　　《翠鸟》课堂教学中应用多媒体教学光盘进行插播教学的效果

序号	作用	帮助很大	帮助较大	帮助很小	不确定	没有帮助	得分率 Fi
		5	4	3	2	1	
1	生字、词语更容易识记	12	16	7	3	0	0.795
2	更理解字词意思和用法	18	19	1	0	0	0.889
3	更容易理解课文内容	20	16	2	0	0	0.895
4	更容易记住课文内容	11	14	9	4	0	0.768
5	更喜欢和爱护翠鸟	20	18	0	0	0	0.905
6	能更加准确地朗读课文	15	17	5	1	0	0.842
7	掌握了更多的学习方法	13	15	6	2	2	0.784
8	知道如何更好地与同学合作学习	14	19	5	0	0	0.847
9	对课文更感兴趣	19	18	1	0	0	0.895
10	开阔了视野	14	20	4	0	0	0.853

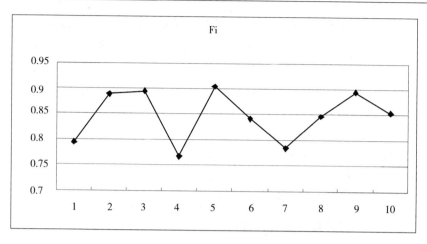

图6—2　《翠鸟》课堂教学中应用多媒体教学光盘
进行插播教学效果的得分率曲线图

　　在访谈中，有学生认为，根据课文内容插播光盘，比连续直接播放光盘效果要好，以前曾有老师在课堂中播放光盘，看的时候觉得很好，但看完以后，要学习的内容还是没有理解，刘老师运用插播的方法，使学生在观看光盘的过程中，对课文内容的理解更加深化。两位旁听的老师认为，刘老师将光盘教学资源与教材和整个课堂教学相融合，因此课堂氛围好，学生热情高，通过小组活动等充分调动了学生的积极性和参与性，教师的适当引导促进了小组讨论的效果。

　　4. 结论

　　综合上述分析结果可见，运用插播教学策略应用多媒体光盘教学资源进行课堂教学，在提高学生对知识的识记能力、理解能力、朗读水平和学习兴趣等方面，有显著作用；通过组织小组讨论，提高了学生的合作学习能力，改善了学生的学习方法，有效地实现了课堂教学的目标，使学生在知识与能力、过程与方法、情感态度等方面都有所提高。对教师来说，为了备好课，在课前反复观看光盘内容，学习和掌握光盘教学资源中的教学设计，提高了信息化教学能力。

二　卫星教学资源在课堂教学中的应用策略

（一）卫星教学资源

卫星教学资源是指学校利用卫星接收设备接收的，可以用于教学活动的多媒体教学资源。中国教育卫星宽带多媒体传输网络播出的 IP 数据节目，包括农村中小学现代远程教育资源、教育电视节目等内容。目前，西部地区学校接收的卫星教学资源主要是农村中小学现代远程教育资源网上的资源，是由中央电教馆开发提供的，内容分为小学版和初中版，每个版都设有时事动态、课程资源、学习指导、专题教育、教师发展、少年文化、为农服务、使用指南和网站导航 9 个栏目。其中时事动态、少年文化和为农服务 3 个栏目内容的小学版和初中版是相同的。资源包括为教师、学生、师生共同使用、教育管理者、农民等人员提供的资源。

此外，还有一些教学质量高、师资队伍强的学校通过卫星对薄弱学校、农村学校进行直播教学。例如以长沙长郡中学为核心成立的湖南长郡卫星远程学校、由成都七中和成都东方闻道科技发展有限公司联合发起成立的成都七中东方闻道网校等。其中，成都七中东方闻道网校作为全国第一家高中学历远程教育学校，利用卫星将成都七中的课堂教学同时同步传送给合作学校，实现异地同步教学，目前接收成都七中远程直播的学校已经覆盖云南、贵州、甘肃、西藏、四川等省市的 100 多所学校。这种由学校对学校的远程集体直播教学有共享优质教学资源等优势，但也存在诸如远端学校学生主体性不易充分发挥、师生互动交流不够等问题，需要在实践中进一步探索。

从收视方式来看，卫星教学资源有集中接收、分散使用和集中同步收看两种方式。集中接收的资源类型丰富，可以保存在计算机上供查找使用，也可以通过分类整理，刻录成光盘进行播放使用。同步收看的一般是空中课堂或者流媒体节目，包括同步课堂、同步辅导、专题讲座、优秀课例等，也可以将这些资源先下载再利用。接收卫星教学资源的学校主要是农村中小学现代远程教育工程建设的模式二和模式三的学校。模式二的学校具有一套卫星接收系统、一台计算机及其相应的外设，并配有模式一所具备的光盘播放系统。卫星教学收视点的学校可以通过卫星宽带网快速接收大量的优质教学资源，成本低，使用方便，并且卫星传输覆盖面广，使地处偏远的山区、牧区的学校都可以迅速地获取丰富的教学资源。

（二）卫星教学资源在课堂教学中的应用策略

1. 直播教学

应用卫星教学资源进行直播教学有两种应用方式：一是学校集中收看卫星直播的教学节目，进行同步直播教学；二是学校将直播类教学资源集中下载，根据教学进度，由教师组织学生进行异步直播教学。在直播教学中，教师卫星教学资源不做加工改造，直接将卫星教学资源应用于课堂教学中，对于教师的能力素质要求较低，可以解决不能开课和教学质量较差的问题。同步直播教学实时性强，要求学校的教学进度与节目播出的进度相一致，由于直播过程可控性差，因此教师要根据播出时间表，在教学前做好充分准备，对学生进行课前指导，课后及时辅导，保证学生能理解直播教学的内容。针对同步直播教学过程中不能有效发挥教师的作用的问题，许多学校采用了异步直播教学的方式。异步直播教学，教师可以根据教学进度灵活安排时间，教学过程中对重点和难点部分重复播放，进行讲解，也可以通过提问、组织学生讨论等形式使学生参与到教学活动中来，提高教学效果。异步直播教学要取得理想的教学效果，教师在课前要认真收看教学内容，理解直播课程的教学设计思路，针对学生特点在播放过程中进行适当辅导和讲解。直播教学的这两种方式都要求教师在课前做好充分的准备，课后及时答疑，解决直播教学设计不适合本地学生的不足，提高教学效果。

由师资水平比较强、教学质量高的学校向其他师资力量相对较弱、教学质量相对较差的学校进行卫星直播教学是近几年发展起来的新的卫星直播教学资源和形式。例如成都七中对合作学校的直播教学，要求合作学校与成都七中采用同样的教材、同样的教学进度、统一考试。这种教学形式，使合作学校学生在得到优秀教师教学的同时，也会产生情感交流、个体差异难以兼顾等问题，这就要求合作学校的教师要从知识传授者向教学组织者，学习帮助者、促进者和辅导者的角色转变。由于学生水平不同，在接收大规模直播教学的过程中，必然会出现一些问题，合作学校的教师要做好课前指导和课后辅导，课前要及时与直播学校的教师联系，明确教学计划和教学设计，针对本校学生的实际，做好课前指导。并且根据直播教学中出现的问题，在课后做好答疑和辅导活动。

2. 整合教学

对卫星教学资源进行整合应用主要是指对集中下载的资源，通过整理和加工后，应用于课堂教学。对卫星教学资源进行及时下载、分类储存以方便整合应用。卫星教学资源具有动态开放和多样化等特点，对下载的资源进行合理科学的管理，将资源进行编目管理，方便应用。卫星教学资源的整合应用也有三种情形：一是与传统教学资源如教科书等整合应用；二是与其他卫星教学资源整合应用，例如新下载的资源与以前下载相关资源整合后应用；三是与其他来源的信息化教学资源整合应用，包括光盘教学资源、网络教学资源以及学校或者教师自主开发制作的资源。卫星教学资源的整合应用对教师的能力素质要求较高，教师首先要根据教学设计需要，查找已经接收下载的卫星教学资源，然后能利用相关的软件工具对资源进行加工修改，以符合自己教学目标的实施。卫星教学资源的整合应用与光盘教学资源的整合应用类似，只是卫星教学资源的类型更为丰富多样，对教师的资源获取能力、筛选加工能力以及信息化教学能力等提出了更高的要求。无论是与哪种资源相整合，都要围绕教学目标的实现和学生的认知风格与知识背景来选择教学资源，减轻学生的认知负荷，提高学习效果。

在实际教学中，要根据教学需要选择恰当的应用方式，从资源应用与学生的特征的符合程度、资源应用的难易程度等方面考虑，来设计教学活动。

卫星教学资源应用不仅限于农村中小学现代远程教育工程建设的模式二学校，一切具有卫星接收条件的学校都可以结合本校的实际灵活应用。学校对卫星教学资源的科学统一的管理是有效应用的前提，在使用过程中，要以促进学生的学习效果为原则来选择和利用卫星教学资源，例如在自然、生物等课程教学中，在容易与自然界亲近的农村学校，可以让学生观察本地植物和动物，培养学生的观察能力和热爱大自然的情感，没有必要用类似的视频资源来代替，这类资源可用到学生课外学习活动中。卫星教学资源应用要以现代教育思想为指导，使课堂充满趣味性、科学性，提高学生的参与性，使学生在愉快的氛围中高效地学习。

（三）卫星教学资源整合教学策略的实施与效果分析

1. 策略的实施

2007 年 3 月，笔者在甘肃省灵台县朝那镇中心小学四年级英语课上，指导李灵华老师运用整合教学策略将卫星教学资源应用于四年级英语 "How much is it? Let's talk B" 的课堂教学中，对整合教学策略的效果进行了试验。教学对象为小学四年级的 48 名学生。笔者同时邀请了该校的另外两位英语教师一起旁听了整节课的教学。整节课程的教学设计如下：

Unit 5 How much is it? Let's talk B

小学英语人教版第四册

一、学习目标

1. 复习巩固单词 boots, slippers, sandals, sneakers, a pair of...

2. 能够听、说、认读本课时的主要句型：A pair of... for... What size? How much are they? We'll take them.

3. 能够跟录音朗读对话，能够用所学内容进行交际活动。

4. 能够独立完成 Let's check。

二、主要教学资源

1. 人教版本印刷教材中"Unit 5 How much is it? Let's talk B"一课。

2. 从卫星教学资源中筛选的同步课堂实录片段、加工整合的课件。

三、学生分析

经过一年的英语学习，四年级学生已具有一定的听说能力，培养了一定的语感。通过对本单元前四课的学习，学生已经掌握了 colourful, pretty, cheap, expensive, big, small, long, short 等描述商品特征的词和 boots, slippers, sandals, sneakers 等物品名词；能听懂并会说："Can I help you? How much is this skirt/...? It's colourful/...", "How much is it? It's ten yuan."等句子，具备了一定的英语会话能力。通过创设情景和角色扮演等活动，将英语学习与现实生活相联系，培养和激发学生参与交际的兴趣，使学生轻松自然地参与学习活动，实现学习目标。

四、备课活动

为了使学生能顺利地掌握本堂课的教学重点和难点"A pair of... for... What size? How much are they? We'll take them. "这三个句型，在认真研读教材的基础上，观看了本堂课的配套教学光盘和学校下载的本单元的卫星教学资源，在分析筛选的基础上，截取卫星教学资源课堂实录的片段，参考配套光盘中的教学设计，并从光盘教学资源和卫星教学资源中筛选了相关资源，整合制作了适合本校学生认知背景的课件。

五、信息化教学资源应用设计的意图

1. 应用加工整合的课件和课堂实录的教学片段，为学生创设情景，产生交际的兴趣和动机，掌握新句型，了解所涉及的购物及接待习惯，并在情景中主动实践。

2. 用多媒体呈现知识，吸引学生的注意力，使学生通过多个感觉通道学习知识，克服小学生注意力容易分散的问题，并能够积极主动地调动各种感官参与课堂教学的各项活动。

3. 信息化教学资源中标准规范的朗读和真实生动的情景，帮助学生在听、看的过程中，掌握听说技巧，通过观看课堂实录中师生的教学活动，理解可以用多种方式进行学习，深化对学习内容的掌握。

六、教学过程

（一）热身复习，激趣导入

1. 播放课件中本单元歌谣"The coat in the window"的视音频，让学生伴着音乐一起唱。

（让学生以愉快的心情进入课堂，把学生带入学习情境中，在情感方面起到导向作用。）

2. 师：My boots are too small（指着自己的靴子）。I need a new pair of boots. Let's go shopping .

（为新课导入创设语境，激发学生的学习动机。）

3. 播放 Let's learn（B）的录像（不放录音），请学生根据情景两人一组说对话。然后再播放录像，让学生复习

－Can I help you？

－Yes. I want a pair of sneakers. 的句型。

（通过复习对话，学生进入学习状态，为新课学习做好铺垫。）

（二）创设情景，听说对话

1. 播放 Let's talk（B）的录像，让学生听对话的内容。

（让学生在情景中学习感受对话的意义，根据学生的理解情况，决定播放次数，让学生基本掌握对话的内容）。

2. 请学生根据所看所听，复述对话内容。在学生说的过程中，将正确的对话内容写在黑板上。

主动说，指名说。（可以关掉声音，播放图像帮助学生表达。）

（检查学生对内容的理解情况，培养学生的表达能力。板书内容，在写的过程中可以使学生反思自己哪些部分没有听明白，为认读做好准备。）

Assitant（以下缩写为 A）：Can I help you?

Mom（以下缩写为 M）：Yes, please. A pair of sneakers for my son.

A：What size?

M：Size five.

A：Are they nice, John?

John（以下缩写为 J）：Yes, Mom. I like them.

M：Are they all right?

J：Yes, they are.

M：How much are they?

A：They're thirty – five yuan.

M：Ok. We'll take them.

3. 让学生看着黑板上的内容，自己读一读。

（通过自读检测自己的难点，使下一步的认读更有针对性。）

4. 播放录像，请学生注意听每句话的语音、语调。

（听录像中的对话范读，自己纠正读得不准确的地方。）

5. 用屏幕呈现对话的文本内容，根据对话内容，发现自己学习的难点，同时检查巩固前面所学单词的掌握情况。

6. 根据对话内容，分三段播放录像，让学生跟读两遍。

（学生在跟读中纠正自己的读音，体会语气和语调。）

（三）小组合作，表达交流

1. 将学生分为三人一组，通过角色扮演练习对话。

三人轮流扮演 Assitant, Mom, John，体会不同角色的语言表达，并互相纠正不准确的发音。

（在角色扮演中使学生通过实际对话，培养说的能力。）

2. 按照课文的对话结构，表演购买不同类型、不同价格、不同颜色、不同大小的鞋子。教师找两位表达能力较好的同学，进行示范表演。例如：

T：Can I help you?

S1：Yes, please. A pair of sandals for my son.

T：What size?

S1：Size six.

S1：Are they nice, John?

S2：No, Mom. I don't like white sandals, I like black ones.

T：Oh, how about this pair?

S2：Yes, I like them.

S1：Are they all right?

S2：No，they are too small.

S1：Please change a pair of size Seven.

T：OK.

S2：Oh，they are nice，Mom.

S1：How much are they?

T：They're forty yuan.

S1：OK. We'll take them.

（借助学生的想象力和小组合作能力，培养学生的知识运用能力。）

3. 分组汇报，展示成果。

通过分组汇报，使不同小组互相学习。

（学生在交流中得到了提高。）

4. 播放课堂实录中的小组汇报，让学生对比分析。

（学生在向自己同伴学习的基础上，还可以向课堂实录中的同学学习，进一步提高表达能力和对内容的理解。）

（四）趣味操练，拓展提高

1. 用自己学过的词，两人一组，尽可能详细地描述对方的鞋子。看谁说得最全面。

2. 让学生在五分钟之内互相调查衣服的价格，并填写到下列表格中。

My friends's clothes		
Name	Clothes	Price

（训练学生的知识迁移能力，使学生在调查活动中灵活运用所学知识，提高表达能力。）

3. 统计调查结果，请调查得最多和最少的同学总结经验和教训，分析原因。

（培养学生的反思能力。）

（五）检查回顾，布置作业

1. 将 Let's check 部分的录音连续播放三遍，第一遍先听录音，第二遍选出与录音内容相符的一项，第三遍检查。教师抽查学生的做答情况，决定是否再次播放录音。录音内容如下：

（1）Look at that skirt. It's colourful.

（2）– How much is that jacket?

– It's 98.

– That's expensive.

（3）– Can I help you?

– Yes, How much are these sneakers?

– They're 36.

（4）– Can I help you?

– Yes. A pair of slippers, please.

2. 回顾总结

对本课学习的知识进行总结回顾，点评学生在各个环节的成绩与不足。

3. 布置作业，巩固延伸

（1）做活动手册中本单元 B Let's talk 的配套练习。

（2）做个小调查，调查父母和家人的衣服和鞋子的价钱和大小，与同学交流。

（3）对自己掌握得不扎实的部分，与同伴进行对话练习来巩固。

七、教学过程流程图

教学过程详见 6—3。

2. 效果分析

在 "How much is it? Let's talk B" 的教学活动完成后，笔者立即对 48 名学生进行了问卷调查，随后访谈了李老师、两位旁听老师和 6 名学生。现场发放问卷 48 份，回收问卷 48 份，回收率为 100%；有效问卷 46 份，有效率为 95.8%；调查结果采用统计软件 SPSS10.0 进行了统计分析。下面根据问卷调查、访谈和实地观察结果，进行效果分析。

问卷主要包括学生平时课堂学习中教师对卫星教学资源的使用情况、学生喜欢的资源使用方式，本节课程学习中卫星教学资源对学习目标实现

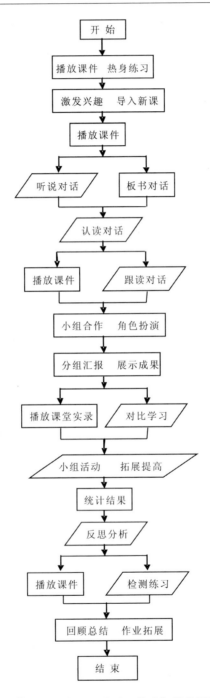

图 6—3　"How much is it? Let's talk B" 教学过程流程图

的作用等，并设置了开放性题目请学生提出对本堂课程教学的评价和建议。从"老师是否应用卫星教学资源支持教学活动"问卷结果来看，有28人认为很少使用，占60.9%，有18人认为使用较多，占39.1%，没有人选择经常使用和频繁使用，可见，教师在该班学生的日常课堂学习中，使用卫星教学资源的程度还不高。根据该校教师使用卫星资源的情况，调查了学生"你最喜欢老师在教学中用哪种方式使用卫星教学资源"，选择比例较高的是"在教学过程中，对重点和难点知识，利用卫星教学资源中的多媒体内容来呈现或播放课堂实录中的片段"和"将收集的卫星教学资源与课程内容结合，设计成课件进行播放"，分别有22人（占47.8%）和19人（占41.3%）喜欢这两种资源应用方式。说明卫星教学资源在重点、难点知识突破方面对学生帮助更大。

根据"How much is it? Let's talk B"该节课的教学目标，笔者就下述10个方面，调查了卫星教学资源的应用对学生学习的作用，参见表6—2和图6—4。"英语学习更加生动有趣"、"掌握了如何用英语完成购物活动"两项的得分率最高，F分别为0.917和0.913，说明卫星教学资源在增强学习的趣味性和在真实情景中交际能力的提高有很大帮助。"更善于与同学合作学习"、"掌握了更多的学习方法"两项的得分率最低，F分别为0.774和0.778，表明虽然卫星教学资源也有助于学生与他人合作能力和学习方法的改进，但是作用还比较小，教师要注意加强这两方面能力的培养，同时，学习方法的改进和与他人合作能力的提高，需要长期的培养和持续不断的努力。其他六项关于学生英语听、读、说方面的学习，得分率F均大于0.8，说明卫星教学资源在这些方面有力地促进了学生的学习。

表6—2　"How much is it? Let's talk B"课堂教学中卫星教学资源的应用效果

序号	作用	帮助很大	帮助较大	帮助很小	不确定	没有帮助	得分率F
		5	4	3	2	1	
1	单词识读更准确	18	22	3	3	0	0.839
2	能准确生动地读说句型	24	17	4	1	0	0.878
3	更容易识记新句型	16	23	3	2	2	0.813
4	顺利地运用新句型交流	20	21	2	3	0	0.852

续表

序号	作用	帮助很大	帮助较大	帮助很小	不确定	没有帮助	得分率 F
		5	4	3	2	1	
5	提高了英语听力水平	23	21	2	0	0	0.891
6	掌握了如何用英语完成购物活动	28	16	2	0	0	0.913
7	更善于与同学合作学习	15	19	6	3	3	0.774
8	掌握了更多的学习方法	17	16	8	1	4	0.778
9	更喜欢听说英语	21	24	1	0	0	0.887
10	英语学习更加生动有趣	29	15	2	0	0	0.917

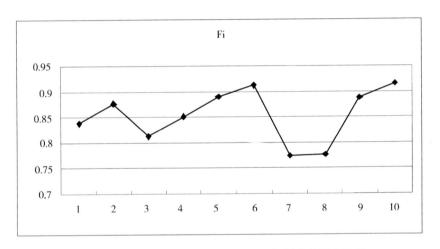

图6—4　"How much is it? Let's talk B"课堂教学中卫星
教学资源应用效果的得分率曲线图

由于该小学的英语教师比较短缺，学校现任的4名英语教师，没有一名是英语专业毕业的，教师英语专业知识水平偏低，特别是发音不规范。李老师大学毕业于中文专业，英语发音不够标准。因此，在教学过程中，尽量使用教学资源中的范读和范听资源，帮助学生掌握正确的发音，而自己则尽量发挥组织者和引导者的作用，促进学生学习。两位听课老师认为，虽然李老师在教学中讲得不多，但充分利用了卫星教学资源的支持作用，通过精心的活动设计，使学生在多读多说的活动中掌握了知识和能力，从 Let's check 的完成情况看，学生对本节课内容的学习效果相当好。学生认为在课堂中在卫星教学资源示范和引导下，开展大量有趣的听说活动对学习帮助很大。

3. 结论

从上述问卷调查和访谈结果分析可见，在该节英语教学中，应用整合教学策略对卫星教学资源的使用取得了良好的教学效果，有效地完成了教学目标，提高学生学习英语的兴趣，改善了发音水平，提高了学生英语交际能力和对知识的识记与应用。教师在课前搜集和筛选资源，根据学生的特点，将各种资源整合应用，精心设计教学活动，是本节英语课程教学成功的关键。

三　网络环境下信息化教学资源在课堂教学中的应用策略

（一）网络环境为信息化教学资源应用提供了广阔的空间

自"校校通"工程、"明天女教师培训项目"，特别是 2003 年开始实施农村中小学现代远程教育工程以来，西部基础教育信息化得到了快速发展，许多学校从零起点开始，建起了计算机网络教室和校园网，为信息化教学资源的应用提供了良好的环境。在网络环境下，可以将多媒体光盘教学资源、卫星教学资源、网络教学资源以及自主开发的教学资源和传统的教学资源根据需要进行整合应用。

（二）网络环境下信息化教学资源在课堂教学中的应用策略

网络环境下，硬件设备和软件工具都更为丰富，信息化教学资源类型和内容更加多样化，并有多种交互手段可供选择，教师可以从讲授式群体教学向小组教学模式、个别化教学模式转变，并根据教学需要，灵活地选择教学模式和信息化教学资源，从以"教"为中心向以"学"为中心的教学方式转变，增强学生的参与性，发挥学生的自主性，促进学生的个性发展。网络环境拓展了教学时空，对教师教学能力提出了挑战，教师要在网络环境下进行有效的教学活动，要具备良好的信息化教学能力，能根据教学需要选择恰当的软件工具和合适的教学资源，并将各种资源整合运用于教学活动中。

从目前西部地区的中小学信息化建设的实际来看，建有计算机网络教室的学校，基本上都具备光盘播放系统和卫星教学系统，因此，前文所述的光盘教学资源和卫星教学资源，具备网络环境的学校可以根据教学需要选择相应的应用方式。网络环境下信息化教学资源的应用方式比较多，在此先从教师是否对资源进行修改加工的角度，将信息化教学资源分为直接应用和整合应用，然后再结合国内外对网络环境下信息化教学资源应用研究的成果，提出网络环境下信息化教学资源的具体应用策略。

1. 直接应用

这种应用包括全部应用和局部应用两种方式。教师从教学需要出发，获取并筛选合适的信息化教学资源，不需要修改加工，直接应用于课堂教学中，例如各种电子音像教材、电子文本、音频资源、视频资源、多媒体素材、课件、案例、网络课程、直播课程以及课堂实录等等。全部应用是指教师将所获取的信息化教学资源全部用于课堂教学，局部应用是指教师根据教学需要，将部分教学资源用于课堂教学，例如一节 40 分钟的课堂实录，教师在课堂教学时，只播放其中的某些片段进行教学或将电子文稿的部分段落用于课堂教学中。在网络教室中，教师既可以对全体学生统一播放、演示这些资源，用来创设情境、激发兴趣等，又可以将这些资源共享给学生，在教师引导下学生分小组或单独选择播放速度和内容进行学习。在直接应用的信息化教学资源中，直播课堂这种同步教学资源的可控性比较差，一般用于收看名师的直播教学活动，网络环境不同于光盘播放条件和卫星收视条件下的直播教学活动，师生可以借助网络，与直播教学的教师和直播课堂的学生进行交流，由于直播教学面对的学生数量众多，与直播课堂中的师生进行互动交流十分有限，教师要在课前做好学习指导，课后加强辅导，并组织学生利用课程论坛、聊天室等多种网络交流工具进行讨论学习。课堂实录这种教学资源克服了直播课堂的弱点，师生在课堂教学中可以根据需要，点播全部或部分内容进行学习，增强教学的灵活性。网络环境下直接应用信息化教学资源前，教师要对整个课堂教学进行系统设计，根据需要从丰富的信息化教学资源中选择合适的资源，教师要有良好的资源获取能力、分析能力、筛选能力和组织能力，直接应用不是对资源的生搬硬套，而是将有助于教学目标实现的资源精心地组织融合为一体，提高教学效果。

2. 整合应用

整合应用是指教师将通过各种途径所获取的信息化教学资源进行整理、分析和修改，根据教学需要将各种资源整合在一起，实施教学活动。

这种整合，根据对网络使用情况的不同，既包括将通过网络所获取的资源与光盘教学资源、卫星教学资源、自主开发的资源以及传统的印刷教学资源进行整合应用，还包括将网络教学活动与课堂教学活动相整合，发挥网络环境的优势，提高教学效果。这种应用方式要求教师有良好的能力素质，具备系统教学设计能力和教学实施能力等，能够利用各种网络工具、能利用网络配合教学活动并能利用网络实施协同教学。整合应用是信息化教学资源应用的理想状态和追求目标，这个过程的实现需要多方面的努力，在信息基础设施具备的情况下，教师的信息化教学能力水平是信息化教学资源整合应用的关键。信息化教学资源的整合应用，不只是在西部地区中小学处于探索阶段，国内外在这方面的经验也不够丰富，在对现有经验的借鉴过程中要注意与本地实际相结合，因地制宜地进行应用。

3. 网络环境下的课堂教学模式

教学模式是在一定的教育思想、教育理论的指导下，在一定的环境中展开的教学进程的稳定的结构形式。网络环境下的教学模式，是基于信息化教学资源进行的教学活动，信息化教学资源的应用是与一定的教学模式结合在一起的，目前网络环境下的课堂教学模式主要有下列几种。

（1）讲授型模式。讲授型模式是以教师为中心的教师讲、学生听的模式，比较适合系统知识的学习。在网络环境下的讲授型教学模式，有两类情况，第一类是以网络远端的教师讲授为主，具体有两种形式：一是利用网络直播课堂进行实时讲授教学，二是利用网上的课堂实录、网络课程进行非实时的讲授教学。这种讲授模式有利于扩大教学范围，收看的学生可以得到高质量的教学，但这种讲授式教学中，教学活动难以兼顾学生差异，交互性差。第二类是教师在以讲授为主的课堂教学活动中，教学活动的完成需要有网络环境的支持才能全部实现，例如教师要利用网络演示或者创设情境、学生利用网络完成一些课堂教学任务，虽然教学活动中有学生参与，但整个教学活动仍以教师讲授为主，仍然是以教师为中心的教学模式。这一类讲授型模式是目前应用比较广泛的一种课堂教学模式。

（2）探究学习模式。探究教学模式是教师根据教学要求和学生的知识背景与认知特点，利用丰富的信息化教学资源，通过创设情境提出问题及任务驱动等方式，要求学生利用网络等资源，通过探究活动来解决问题。学生在思考的基础上，通过利用网络资源等信息化教学资源，形成问题解决方法，实现对知识的深层次理解和掌握。在探究过程中，教师可以当面或者通过网络对学生的探究活动给予指导，对有困难的学生给予及时的帮助。这种教学模式的特点是教师指导、网络支持、学生参与，体现了学生的主体性，同时具有传统教学中师生面对面交流、信息反馈及时和学习参与性强、学习方式灵活、教学资源丰富等特点，这种模式适合于对劣构知识的学习，有助于培养学生的实践能力和创新精神。在这种教学模式中，教师从知识传授者转变为学习活动的设计者，学习的引导者、帮助者、组织者、促进者，教师为学生提供丰富的学习资源环境，通过引导学生利用已有的信息化教学资源学习，促进学生发展。

（3）协作学习模式。在这种教学模式中，教师将教学内容概括成主题或者提炼成问题，组织学生以小组形式进行协作学习。在整个教学过程中，学生是学习的主体，教师只是进行引导，适当的时候给予一定的支持和帮助。这种模式适合于某项学习任务需要多人合作完成的情况下运用。在网络环境下的课堂教学中，教师可以组织学生有效地利用课堂内小组学习和在线小组学习两种形式，进行高效学习。在课堂内的小组协作学习模式中，网络既是学生获取信息化教学资源的来源，又是学习的工具。在线小组协作学习中，学生除与课堂内的同学进行协作外，可以根据自己的学习任务寻求协作学习的伙伴，并借助网络协作完成学习任务。在多种形式的交流、讨论、查找资源、分析评价资源等活动中提高了分析判断能力，通过交互合作，学生可以更深刻地理解教学内容，能够从多个角度看问题，提高了解决问题的能力和高级思维能力，培养了团队合作精神，增强了与他人合作的能力等综合能力，有助于培养健康的情感态度。

（4）个别指导模式。个别指导模式是指在网络环境下，教师根据学习者的特点和需要，提出明确的学习主题和学习任务，在教师的指导下，学习者通过利用信息化教学资源进行自主学习来完成教学目标。学习者在明确学习任务以后，可以按自己的程度选择学习路径和速度进行学习，学习中遇到困难可以向课堂中的同学、老师请教，也可以在网络上求助。教师进行个别化的教学，不是让学生放任自流，而是要根据课前精心设计的学习任务和教学目标，指导学生进行学习，在课堂中，教师可以走到每个学生身边进行指导，也可以通过网络对学生的学习活动进行监控和指导。教师对学生的学习活动不必进行过多的干预，以培养学生独立学习的能力。根据学习任务，让学生自主学习一段时间后，进行小组交流，总结成果，教师给予适当指导，学生反思后，继续学习或者进入新主题的学习活动。在课堂教学中进行个别指导模式的学习，教师要在课前做好准备工作，掌握学生情况，将教学内容设计成学习任务与活动，组织提供相关的教学资源或者获取资源的途径，让学生在规定的时间内，在网络的支持与教师的指导下学习。这种教学模式充分发挥了学生的主体性，要求学生有良好的自主学习能力，是以学习者为中心的教学模式。

上述几种在网络环境下利用信息化教学资源进行教学的主要模式，是逐步从以教师为中心向以学生为中心的教学转变过程中形成的几种模式。中小学生由于自学能力、自我管理能力还比较弱，在实际进行课堂教学时，要根据教学内容和学生特点，选择相应的教学模式。教学模式不是固定不变的，而是动态变化的，因此，需要灵活地进行创新性运用，才能适应教学的需要。课堂教学过程中，教师要扮演学生学习的管理者、引导者、帮助者和促进者的角色，调控教学活动，发挥学生的主体性，在课堂教学时间内，有效地实现教学目标。

4. 农村初中的网络环境

农村初中是我国农村中小学现代远程教育工程建设的第三种模式的学校，即学校在具备模式二的卫星接收系统、接通中国教育卫星宽带网的基础上，还建有计算机网络教室。学校可以利用计算机网络教室开设信息技术必修课，开展网络环境下的教学活动，实现农村远程教育项目中模式一、模式二的全部功能。计算机网络教室的硬件主要由服务器、教师机、学生机和交换机组成，农村中小学现代远程教育工程还配备了电子教室软件、学科资源库和办公与电子备课系统软件资源。在教室网内，可以实现文本或语音信息的发送、学习视察、终端遥控、文件传输和课件广播、组播、点播等。教师机既能用于教师利用电子教室软件控制学生端进行教学活动，还能利用电子备课系统完成日常备课。在这种网络环境下，可供使用的主要是教育卫星宽带网、多媒体光盘教学资源以及农村中小学现代远程教育项目配备的学科资源库等。教师可以利用中国教育卫星宽带网，筛选下载教学需要的资料，整理后放到教室网的服务器上供学生检索学习，充分发挥"天网"优势，弥补未能接通互联网的不足。互联网环境下的网络教学模式也可以在这种特殊的网络环境下应用，只是有些功能的实现程度会受到制约，例如学生只能利用教室网中的学科资源库和教师提前下载整理的网络教学资源进行学习，只能与教室网内的同学进行合作，不能与不同地域的伙伴实现协作学习。在农村初中这种特殊的网络环境下进行教学，教师上课之前要在了解教室网已有资源的基础上，从卫星教育宽带网中检索下载整理合适的教学资源，以网页等形式集中在教室网，供学生检索使用，进行非在线浏览，使学生体验和掌握应用网络教学资源的基本方法。教师需要具备良好的搜集、筛选、分析和整合教学资源的能力，为教学准备充足的资源。

（三）网络环境下信息化教学资源应用策略的实施与效果分析

1. 策略的实施

2007 年 3 月底，笔者在甘肃省灵台县上良中学杜玉成老师语文课《罗布泊，消失的仙湖》的课堂教学中，实施了探究学习模式下信息化教学资源的应用策略。教学对象为上良中学八年级 51 名学生。同时邀请了该校两名语文教师一起旁听了整堂课的教学。上良中学是一所乡镇初中，属于农村中小学远程教育工程建设学校，在项目支持下，学校于 2004 年建设了卫星教学收视系统和计算机网络教室，本试验就是在这种"天网 + 计算机网络教室"的环境下进行的，因此，在教学时，要提前搜索丰富的资源并上传到教室中的服务器上，提供网络教学活动所需要的信息化教学资源。整个教学设计如下：

罗布泊，消失的仙湖
人教版八年级语文下册

一、教学目标

（一）知识与能力目标

1. 整体把握课文内容，理清文章思路，培养概括能力。

2. 理解罗布泊消失的原因，感悟作者强烈的忧患意识。

3. 培养学生搜集资料和筛选信息的能力。

4. 学习搜集资料、查阅资料的方法。

（二）过程与方法

1. 课前预习，课堂教师引导、组织学生开展探究学习，并综合利用合作学习、自主学习等方式学习。

2. 用多媒体课件创设情景，利用网络教学资源进行探究。

（三）情感态度与价值观

1. 激发学生探究自然的兴趣。

2. 培养学生的生态意识、环保意识、可持续发展意识，增强社会责任感。

3. 培养学生的理性精神和人文情怀。

二、教学资源

1. 人教版八年级下册印刷教材，第12课《罗布泊，消失的仙湖》。

2. 教师从光盘教学资源、卫星教学资源中收集整理的资源、学科教学资源库。

3. 整合的课件。

三、学生分析

初二学生好奇心、求知欲都很强，情感变化较大，通过创设恰当的情景，能激发学生强烈的情感共鸣，形成正确的态度。经过一年多的信息技术课程学习，学生具备了一定的信息素养，基本能够检索、筛选和整理教学资源，学生对利用网络教学资源学习兴趣较高，有一定的自主探究学习能力。但由于平时练习机会不多，有些学生还不能顺利地检索和应用网络教学资源。

四、课前活动

学生要做好课前预习，能提出并且整理发现的问题，可以通过查阅图书杂志、检索浏览卫星网络教学资源等形式查找资料。教师认真研读课文，根据教学的重点和难点，对通过多种途径获取的教学资源进行筛选后，整理、修改，制作成课堂教学适用的多媒体课件。收看卫星教学资源中同步课堂的内容后，结合本校学生特点，设计以学生探究为主的教学活动。

五、信息化教学资源的使用意图

1. 利用自己制作的多媒体课件创设情景，激发兴趣，学生明确罗布泊具体的地理位置，并对罗布泊今昔对比的强烈反差产生探究的动机。

2. 学生通过检索、整理、加工信息资源，对课文内容有更深入的学习和理解，将自己整理的资源与同学共享，促进对课文的理解。

3. 通过探究活动提高学生应用信息化教学资源学习的能力和意识，提高信息素养。

4. 学生可以就自己感兴趣的某个问题，进行深入探究。

六、教学过程

（一）创设情景，解题导入

1. 播放课件中的西北地区图，再用屏幕笔标出罗布泊的地理位置。（形象地交代罗布泊的地理位置，为学生后面的探究做铺垫。）

2. 播放课件中罗布泊今天荒凉可怖的图片，并解题导入。

今天的罗布泊是大漠沙如浪、一望无际的戈壁滩，从课文标题可知，昔日的罗布泊是美丽的仙湖，下面我们首先来看看，是什么原因造成了罗布泊如此巨大的变迁？

（引发学生的学习兴趣。）

（二）略读课文，整体感知

1. 请学生带着上述疑问略读课文。

2. 请学生结合预习，寻找能够回答这一问题的支持资料或者整理自己已经搜集的资源，上传到教室网上与大家共享。

（培养学生获取信息和筛选处理信息的能力。）

3. 结合学生收集的资料，播放今昔对比，形成强烈反差的罗布泊的图片。

包括昔日碧波荡漾的湖水、高大的胡杨树以及今天茫茫大戈壁、龟裂的大地等。

（强化课文内容的感性冲击。）

4. 针对课文标题和内容，你能提出哪些问题？

请学生分别提出问题，将有意义的问题进行板书。

（1）今日的罗布泊是怎样一个地方？

（2）过去的罗布泊是怎样一个地方？

（3）那么美丽的罗布泊为什么会消失？

（通过让学生提问，培养学生发现问题的能力。）

5. 请学生自读课文，把描绘罗布泊今昔变化的精美语句勾画出来。

（检查学生对课文的理解情况，培养阅读分析能力。）

6. 播放课件中所列出的可以解答上述问题的精美语句，请学生大声朗读这些句子，并对比自己找得是否全面、正确。

（通过阅读，感受罗布泊的今昔巨变和作者强烈的忧患意识。）

7. 引导学生学习写作方法，检查对内容的感悟情况。

（1）作者既写今天的荒凉，又写昔日的繁荣，从写作手法上看，采用了何种方法？

对比。增强了感情色彩。

（2）从中我们感受到了些什么？

作者强烈的忧患意识。意思相关都可。

（先请学生回答，教师总结，引导学生思考。）

（三）小组讨论，追溯原因

1. 请学生每四人一组讨论回答下述问题，并用相关资料支持自己的观点。

（1）美丽的罗布泊为什么会消失？

（2）塔里木河为什么会干涸？

（3）同样的悲剧在别处还有吗？

（培养学生的概括分析能力和论述能力，引导学生整理论据并体会作者的感情。）

2. 小组汇报，成果交流。

（点评学习成果，引导深入交流。）

3. 播放课件，呈现教师归纳整理的相关资料，供学生分析参考。

胡杨林	1958 年　780 万亩　现在　420 万亩
沙漠化	过去　66%　现在　84%
青海湖	50 年间下降 8.8 米，平均每 6 年下降 1 米，陆地向湖中延伸 10 多公里
月牙泉	50 年代　1.1652 万平方米　现在　5397 平方米，水深只剩尺余

4. 请一位同学朗读课文的最后三段。

（要读出感情，让大家一起体验作者的忧患之情，激发生态保护意识。）

（四）利用资源，分组探究

1. 请学生归纳提炼观点。

（1）你认为，从罗布泊的消失，人类应该吸取什么教训？

（2）学完本文，你最想说的话是什么？

（请学生主动说，教师适当引导。）

2. 组织学生分组，搜集相关教学资源，支持自己的观点。

确定主题后，小组内成员可以分工，每人搜索一个方面的内容。

（教师协调分组，指导学生检索，培养学生探究能力和合作能力。）

3. 展现成果，互相点评。

例如：

（1）消极观点：只开发不治理。（包括盲目开发，造成环境污染、影响生态平衡的资料。）

（2）积极观点：开发治理协调发展（如：西藏铁路、绿色生态农业、环保型企业、污水处理、废物处理等）。

（引导学生参与评价，培养分析评价能力，深化对课文的理解。教师要适当给予引导。）

4. 教师总结评价。

（五）联系实际，课外拓展

1. 请写出五句左右与水和湖有关的诗句，完成字词训练。

2. 社会调查：观察你自己的生活环境周围，有没有急功近利，缺乏生态意识和可持续发展意识的相关社会现象。自选主题，写一篇小论文、小调查报告、倡议书、建议书、演讲稿等，表达你的观点，3 天后集体交流。

（培养学生热爱环境、保护环境、维护生态平衡的意识。）

（六）教学过程流程图

教学过程如图 6—5 所示。

2. 效果分析

在《罗布泊，消失的仙湖》的教学活动完成后，笔者立即对 51 名学生进行了问卷调查，随后访谈了杜老师、两位旁听老师和 5 名学生。现场发放问卷 51 份，回收问卷 51 份，回收率为 100%；有效问卷 49 份，有效率为 96.1%；调查结果采用统计软件 SPSS10.0 进行了统计分析。下面结合问卷调查、访谈和实地观察结果，进行效果分析。

结合该节课程的教学目标，本问卷中主要包括了学生在平时的课堂学习活动中，教师使用网络教学资源的情况、学生喜欢的资源使用方式，以及在本节课程学习中信息化教学资源对学习所产生的作用等内容，并利用开放性题目请学生对该节课的教学过程进行评价并提出建议。从"平时在各门学科的课堂教学中，老师是否能在网络环境下应用信息化教学资源支持教学活动"的回答情况来看，认为很少使用的有 19 人（占 38.8%），认为使用较多的有 21 人（占 42.9%），认为经常使用的有 9 人（占 18.4%），虽然学生对使用程度的理解有所不同，但还是可以看出，该校教师在教学中对信息化教学资源应用情况相对较多，在与教师的访谈中发现，由于该校有 15 个教学班，而只有一个计算机网络教室，因此，每个

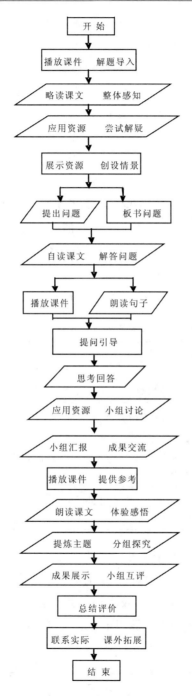

图6—5　《罗布泊，消失的仙湖》教学过程流程图

班每周能使用计算机网络教室上课的次数有限，从客观上限制了教师对网络教学资源的应用，另外，有些年纪比较大的教师，计算机操作能力比较差，使用相对比较少。从"在计算机网络教室上课时，你最喜欢老师在教学中用哪种方式使用信息化教学资源"的调查结果来看，该班学生喜欢的应用方式不尽一致，具体结果如表6—3所示。最受学生欢迎的信息化教学资源应用方式是"教师教学中适时利用加工整合的课件，支持对教学内容的讲授"，表明即使有网络条件，该班学生还是比较喜欢讲授型教学。根据对教师的访谈了解到的情况，该校教师在网络教室上课，一般都是讲授型教学，组织学生进行自主学习和探究学习的方式比较少，学生对这些学习方式还比较陌生。另外，教师将加工整合的课件共享给学生自定步调学习、教学过程中提出任务指导学生探究学习以及教学内容学习后指导学生利用网络巩固拓展学习，也比较受学生欢迎。随着学生信息素养的提高和教师对新教学模式的探索，课堂教学中信息化教学资源的应用方式会更加丰富。

表6—3　　　　　网络教室中学生喜欢的信息化教学资源应用方式

序号	应用方式	人数（人）	百分比（％）
1	教师教学中适时利用加工整合的课件，支持对教学内容的讲授	16	32.7
2	教师在教学中，穿插将课件相关内容共享给学生，学生学习后，教师总结讲解	10	20.4
3	教师穿插提出学习任务，指导学生利用网络资源探究学习后，根据探究情况分析讲授	12	24.5
4	教学内容学习后，教师指导学生针对自己的情况利用网络教学资源进行巩固和拓展学习	11	22.4

从表6—4和图6—6中可知本节课程的学习效果，除其中有三项的得分率 $0.75 < F < 0.8$ 外，其他各项的得分率 F 均大于 0.8。表明除了这三项在学习效果方面的促进作用较大外，其他各项均处于"帮助较大"与"帮助很大"之间，表明本节课程中在教室网环境下，信息化教学资源的应用对学生的学习有较大的帮助作用。"增强了生态意识、环保意识"和"激发了探究生态和环保问题的兴趣"两项的得分率 F 的值最高，分别为 0.878 和 0.861，表明信息化教学资源的应用在培养学生的情感态度和激发学习兴趣方面的促进作用较强。"提高了分析概括能力"、"提高了交流

表达能力"、"更善于与同学合作学习"的得分率相对较低，教师还需要加强对学生分析概括能力、交流表达能力和与他人合作能力的培养，学生在平时的课堂学习活动中应用网络教学资源进行探究学习的机会比较少，这方面的能力相对比较弱，因此，教师要求学生自己搜索资源、通过概括分析支持自己的观点时，许多学生感到比较困难。信息化教学资源的应用还丰富了学生的学习方式和学习内容，提高了学生获取信息、加工整理信息的能力。根据对学生的访谈结果，受信息化教学设施的限制，学生基本上是两人一台计算机，影响了学习效果。学生的信息素养水平不同，在实际探究活动中的收获差别较大。尽管在教学过程中，还存在一些问题，但总体来看，在计算机网络教室中，信息化教学资源的应用对学习有较大的促进作用。

表6—4　《罗布泊，消失的仙湖》课堂教学中信息化教学资源的应用效果

序号	作用	帮助很大	帮助较大	帮助很小	不确定	没有帮助	得分率 F
		5	4	3	2	1	
1	更容易理解课文内容	23	19	5	1	1	0.853
2	提高了收集和筛选资料的能力	17	26	4	1	1	0.833
3	掌握了如何利用资源来探究学习	19	25	3	2	0	0.849
4	提高了交流表达能力	15	20	7	3	4	0.759
5	提高了分析概括能力	16	17	8	5	3	0.755
6	增强了生态意识、环保意识	22	24	3	0	0	0.878
7	更善于与同学合作学习	9	31	6	2	1	0.784
8	丰富了学习内容	21	23	5	0	0	0.865
9	丰富了学习方式	18	27	4	0	0	0.857
10	激发了探究生态和环保问题的兴趣	20	25	3	1	0	0.861

3. 结论

综上所述，在计算机网络教室条件下，信息化教学资源的应用促进了

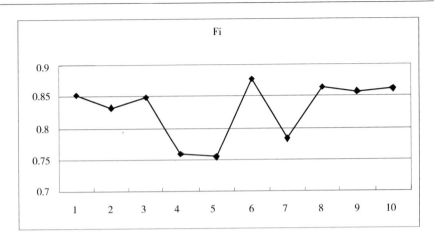

图6—6　《罗布泊，消失的仙湖》课堂教学中信息化
教学资源应用效果的得分率曲线图

学生课堂学习的效果。教师和学生的信息素养对学习效果影响较大，教师在课前需要做大量准备工作，要通过多种渠道搜集教学资源，并进行适当的整理加工。教师要根据学生的探究情况，及时调控教学活动。网络环境下，应用信息化教学资源进行探究学习要取得良好的效果，需要教师和学生共同努力。学生要提高信息素养，增强合作学习的意识和应用资源进行探究学习的意识，教师要不断提高搜集、筛选、分析和整合教学资源的能力和信息化教学能力。

四　小结

信息化教学资源在课堂教学中的应用方式与学校的信息化水平和师资水平密切相关，应用时一定要从实际出发，因地制宜。同时要注意，在网络条件下，光盘教学资源和卫星教学资源只要得到恰当的利用，仍然可以取得良好的效果，并不是信息化条件越好，信息化教学资源的应用效果就越好，良好的信息化环境只是为信息化教学资源的应用提供了物质基础和手段。

信息化教学资源在课堂教学中的有效应用，教师起着关键性的作用，教师的能力素质必须适应信息化教学的需要，教师要以先进的教育思想和理论做指导，掌握各种信息化教学资源的类型和特点，能够通过各种途径，获取教学需要的信息化教学资源，对信息化教学资源进行筛选、分析和整理，根据学生的情况和客观条件，进行系统的教学设计，发挥信息化教学资源的优势，促进学生的发展。从信息化教学资源在课堂教学中应用策略的实施过程来看，教师在教学资源应用时，要注意师生角色的转变，教师要从知识的传授者转变为学生学习的指导者和帮助者，转变为学习活动的组织者和调节者，转变为学生学习的合作伙伴。学生要从被动的知识的接受者，转变为学习活动的主动参与者，积极利用资源，在教师的引导下，进行有意义的学习。直接应用到整合应用需要一个过程，在教师能力素质偏低的情况下，要从直接应用向整合应用逐渐过渡。在信息化教学资源应用过程中，每一位教师必然要经历从不会用到能够熟练应用，再到整合应用、创新应用的过程，在这个过程中，要加强对教师的指导和帮助，促进教师向整合应用、创新应用的阶段过渡。

第四节　促进教师专业发展的信息化教学资源应用策略

"在世界各国教育改革的过程中，各国学者和政府都认识到，教师改革的成功与否决定于教师，教育质量的高低取决于教师。"[1] 高质量的教师依赖于有效的教师专业发展。教师专业发展是"教师在专业生活过程中其内在专业结构不断丰富和完善的过程"[2]，教师专业发展是一个有意识的、持续和系统的过程，是教师利用一切资源进行终身学习的过程。教研论文、电子教案、教学案例、专题报告、培训教程等信息化教学资源的日益丰富，为教师提供了新的专业发展途径和方式。

据调查，我国西部 12 省至 2005 年仍有代课教师 50.6 万人，约占西部农村教师的 20%[3]。师资短缺和教师队伍素质不高增加了西部地区教师培训的难度。在经费短缺、教师接受培训的机会较少的情况下，利用信息化教学资源，开展多样化的教师专业发展活动，提升西部中小学教师的信息化教学能力，具有双重意义。应用信息化教学资源促进教师专业发展，教师可以体验到信息化教学资源的优势，掌握信息化教学资源的特点，在学习和教学中形成主动应用信息化教学资源的意识和态度，使教师资源应

---

①　[美] Thomas R. Guskey：《教师专业发展评价》，方乐、张英等译，中国轻工业出版社 2005 年版，译丛总序Ⅲ。

②　叶澜等：《教师角色与发展新探》，教育科学出版社 2001 年版，第 220 页。

③　傅剑锋：《代课教师艰辛执着震动人心》，《南方周末》2005 年 11 月 3 日。

用能力的提高与专业发展过程结合起来，推动教师的专业发展和信息化教育的发展。

一　以校本培训为主的长期发展模式

在教师专业发展模式中，"培训是最有效和最为节约成本的专业发展模式"①。与脱产集中培训相比，根据学校发展需要，由学校发起和规划，旨在满足学校教师工作需要的校本培训具有诸多优势。作为以中小学为中心的教师在职培训模式，校本培训最初是西方发达国家针对由高等院校集中培训存在工学矛盾比较突出、理论脱离实践和培训经费开支过大等不足提出来的。"校本教师培训计划在实践近 20 年后，逐渐成为国外尤其是发达国家教师在职培训的主流，成为整个发展计划的重要组成部分。不管是发达国家还是发展中国家，或是国际组织，都十分重视在中小学校中加强教师的在职培训。"②

校本培训以教师任职学校为受训场所，可进行比较持续而长久的培训，具有长期性和连续性的特点。教师在接受培训时，不需脱离工作岗位，既避免了工学矛盾问题，又将培训工作与教学工作紧密联系，解决教学实践中产生的问题，具有实践性强的特点。校本培训灵活性强，可以根据实际条件灵活机动地安排活动时间、活动内容，并能针对学校的自身特点和教师的个体特点，开展个性化的培训。校本培训不会产生脱产培训的差旅费、培训费等费用支出，去除了教师和学校的经济负担，降低了培训成本，具有经济性特点。校本培训具有长期性、连续性、灵活性、经济性和实践性强等特点，有利于地域辽阔，学校分布广，地区之间、学校之间都存在较大差异的西部中小学尤其是农村中小学，可以解决地域分散、教师编制紧缺、工作量大，工学矛盾比较突出、经费短缺等问题，使教师能立足本职、本岗、本校，通过参加日常化、长期化的校本培训，不断提升专业水平。

由于校本培训是由学校发起、组织和规划的培训活动，受学校本身单一环境的局限、师资力量的局限、培训内容贫乏等方面的局限，校本培训

---

① ［美］Thomas R. Guskey：《教师专业发展评价》，方乐、张英等译，中国轻工业出版社2005 年版，第 18 页。

② 教育部师范教育司组织编写：《教师专业化的理论与实践》，人民教育出版社 2003 年版，第 312 页。

质量需要提高。教育信息化的发展，使学校拥有了信息化教学环境和丰富的信息化教学资源，学校可以从本校教学实践存在的问题出发，运用优秀的教学案例、专家讲座等信息化教学资源，开展培训活动。郭炯（2006）研究指出，远程教育资源在校本培训中可以作为培训的主讲者、培训者的伙伴和个别化辅导教师三种角色发挥作用。在新课程实施初期，培训的组织者——骨干教师也处于摸索适应阶段，无法对其他教师给予指导，利用远程教育资源中提供的讲座等内容，远程教育资源起着"远程专家"的作用。在骨干教师组织的培训活动中，骨干教师也可以利用远程教育资源配合培训活动，此时远程教育资源起着培训者合作伙伴的角色。她认为，当教师是培训的自我组织者时，远程教育资源作为教师的个别化辅导教师在发挥作用。

在骨干教师组织的校本培训中，郭炯认为远程教育资源所扮演的主讲者和合作伙伴的角色，实质上是在培训中对远程教育资源直接应用和整合应用两种应用方式。当直接应用信息化教学资源开展培训活动时，信息化教学资源中专家、优秀教师起着培训内容主讲者的角色；当培训者将信息化教学资源与其他培训资源整合应用，支持和辅助提高培训效果时，信息化教学资源扮演了培训的"合作伙伴"。而远程教育资源在教师自我组织的培训中，扮演个别化辅导教师的角色，实质上是教师自主应用信息化教学资源开展个人研修活动时，信息化教学资源所起的作用。

刘丽俐等（2003）指出，校本培训方式主要有骨干示范式、专题讲座式、课题驱动式、校本课程开发式和热点关注式等。在校本培训活动中，培训的组织者根据培训方式和培训的目标与内容，收集、分析、筛选合适的信息化教学资源，通过对资源的直接应用和整合应用，开展形式多样的培训活动。在骨干示范式、专题讲座式和热点关注式的培训活动中，可以通过组织教师直接观摩学习优秀的教学案例，收看天网和地网上的专家讲座、专家报告，学习反映新教育理念的教研论文、电子教案等信息化教学资源开展培训活动。在课题驱动式和校本课程开发式的培训活动中，一般要对收集的信息化教学资源进行整理、加工和修改后进行整合应用，才能满足培训需求。在基于信息化教学资源的课题驱动式和校本课程开发式培训中，包括培训组织者在内的所有参与培训的教师都要应用信息化教学资源才能完成培训活动，在专业知识培训和校本课程资源开发的培训中，教师应用信息化教学资源的能力也得到了提高。校本培训要根据培训的具体内容和方式，采用合适策略应用信息化教学资源。骨干教师组织教师培训时，可以迁移应用课堂教学中信息化教学资源的应用策略。例如在直接应用多媒体光盘教学资源进行培训时，可以从《新课标名师精彩课例选》、《教师培训研究课例》、《三种模式观摩课例》以及《教师培训视频教材》等光盘教学资源中选择培训资源，根据对资源内容和教师的分析，可以选择演播—设疑法、演播—讨论法、演播—情景法、演播—发现法、演播—示范模仿法等方法中的某一种或将几种方法结合使用，开展培训。

校本培训要注意从学校发展目标和教师发展需要出发，根据学校的信息化环境，选择合适的信息化教学资源和具体的应用方式开展培训。并由校长总负责，组织制定培训规划，成立由骨干教师组成的培训小组，将培训活动长期化、制度化、规范化，加强对培训效果的评价，建立完善的考核激励机制。使信息化教学资源支持下的校本培训成为实现教师长期发展的重要途径，不断创新培训方式，促进教师和学校的共同发展。

二 以县为主的区域资源整合培训模式

区域资源整合培训模式，是指在特定的局部地区，挖掘开发各种可用于中小学教师培训的教育资源，促进各类资源的综合协调，实现各资源因素在培训中的整体优化功能，以提高中小学教师综合素质，培养中小学教师独具特色的智能结构的一种培训模式。"区域是一个有一定特点的局部地区；这种特点，指包括社区、经济、文化、教育等在内的历史独特性和现实趋向性。这个局部地区，小则指区（县）级地区，大则指省、市级地区。整合既是资源开发与运用的过程，也是资源效应的最佳状态。"① 统筹区域资源、机构协作管理、促进系统优化、培训目标整合是区域资源整合培训模式的重要内容。以县为主进行区域资源整合管理，可以克服西部地区中小学在培训设施和师资等因素制约下校本培训的局限性，将县域内的各种资源整合起来，提高培训质量。

以县为主的区域资源整合培训模式中，县级教育管理部门一般为县教育局，是区域资源整合培训模式中的主管部门，负责组织县域内各培训机构及中小学之间协作，优化应用各部门和机构可以支持培训的资源。县教

---

① 刘丽俐：《中小学教师继续教育培训模式研究》，中国人事出版社 2003 年版，第 95 页。

育局通过组织县电大工作站、电教站、教师进修学校和教学资源中心以及中小学等机构，在发挥各职能机构的自主性与创造性的基础上，实现培训资源的整体共享与优化协作，这是县域资源整合培训模式高效运作的关键。培训目标整合是指将一般教师应该具备的能力素养与县域文化教育发展要求教师具备的独特素养相结合，通过培训提升教师的整体能力。县域资源整合培训模式，既使县域内的教育资源得到了系统优化，又促进了各机构之间的合作。

县域资源整合培训模式将各部门、各机构和中小学的优质信息化教学资源进行统筹应用。县级在开展教师信息化教学能力方面的培训时，可以将培训活动与信息化教学资源开发结合起来，以开发信息化教学资源为任务，驱动教师主动参与培训活动，通过培训任务的完成，丰富信息化教学资源。县级培训者在国家级、省级培训的引领下，开发前瞻性与地域性兼顾的培训内容，开展有特色的培训，使培训内容能运用于教学实践活动，提高培训效果。培训者可以将整合后的信息化教学资源应用于集中培训活动，也可以刻录成光盘发放给教师，以小组专题研讨等方式学习。

在县域资源整合培训模式中，培训方式灵活多变，应用信息化教学资源的方法丰富多样，此处将不再详细讨论。需要强调的是，组织培训时，要根据对教师培训需求的调研结果，确定培训内容，兼顾学校之间的差异。培训结束后，重视培训评价，为下一轮培训做好准备。培训过程中，注重对本地培训资源的开发，将典型案例等有价值的内容，制作成信息化教学资源，丰富县域教师专业发展的信息化教学资源。

三　以网络研修为主的开放发展模式

网络研修是随着网络在教育领域的应用而发展起来的新型教师专业发展方式，它使教师专业发展由过去倾向于封闭的状态转向开放，使教师突破时空限制，随时随地开展研修活动。网络研修以其自身的优势，兴起不久就受到教育部门重视与积极倡导，并通过各种方式引导和支持教师开展网络研修。2002 年，教育部颁布了《关于推进教师教育信息化建设的意见》，后来又在 2003 年和 2004 年分别颁布了《关于实施全国教师教育网络联盟计划的指导意见》、《关于加快推进全国教师教育网络联盟计划，组织实施新一轮中小学教师全员培训的意见》两个重要文件，推进了教师教育的信息化、网络化。在教师网联的推动下，对教师进行远程培训逐渐成为重要的教师培训方式。2002 年，在教育部的支持下，东北师范大学联合全国 18 所省级机构共同创办了全国中小学教师继续教育网，面向全国中小学教师和校长开展继续教育。2004 年，教育部师范司下发通知，支持继教网在全国范围内开展中小学教师远程非学历培训试点工作，到 2005 年年底，全国教师继续教育网已经为全国培训教师 10.9 万人次，推动了教师网络培训的发展。这一时期，随着教育信息化的发展，在教育部门的支持与推动下，网络研修逐渐为广大教师所接受并积极参与。

　　网络研修为教师提供了便捷的交流工具和丰富的学习资源，教师借助网络可以跨越时空实现资源共享和交流互动，实现校内和校际、区域内部和全国甚至全球范围内的合作学习，教师通过在线学习、交流对话、参与论坛、学习网络课程等活动提升自身能力素质。网络研修克服了传统培训模式受时间和场地限制、教师自主性不强、培训开支大与培训资源不够丰富等问题，提供了教师专业发展的新方式。教师在参与中小学教师教育网等全国性网站研修活动的同时，还利用地方性、区域性网络研修平台，开展研修活动。这些研修网站包括省级、地市级以及县级教育部门支持建设的，也有教育公司和教师自发成立的。地域性较强的一些县级研修网站颇受教师欢迎，例如四川省绵阳市的涪城研修网（www. a61. net）。涪城研修网是由绵阳市涪城区教师进修校与涪城区教育研究室合并后，于 2006 年 2 月 18 日开通的县级教师培训网站，开通不到两个月的时间里，论坛的注册会员就达到 3500 多人，注册会员既有涪城区教师，也有其他省市的教师，帖子总数近 3 万篇，其中主题帖 6400 多篇；同时在线人数最高时达 1212 人，日发帖量最高达 1773 篇，论坛单帖点击率最高达 3000 多次，最高回复达 300 多帖。① 教师经历了初期的适应期后，逐渐将网络作为专业发展的重要途径，网络研修突破了地域限制，教师可以根据自己的需要，选择相关的资源进行学习，针对教学中出现的问题，与同伴进行讨论，利用博客、微博、论坛来记录和发表自己的教学反思，搜索需要的学习资源，自主选择时间和地点进行学习。网络研修主要有下述研修模式。

　　（一）主题研讨模式

　　网络研讨很容易由于缺乏明确的主题而使交流陷于流散和没有效率，

---

　　① 《构建网络研修模式，引领教师专业发展》，四川涪城研修网（http：//www. qkms. com/Article_ Print. asp？ ArticleID = 305）。

研修指导人员一般是各个论坛的版主，可以通过策划组织，针对教师教学中存在的普遍问题或者需要学习的新的教育理论和技能，提出明确的主题，提前通知教师进行定时的实时研讨，或者发帖进行非实时讨论。研修指导人员在给出研讨主题的同时，可以提供与主题相关的资源或资源目录，教师可以学习研修人员推荐的资源，或者在网络上搜索相关资源，通过探究学习提出自己的观点，参与研讨。全国中小学教师继续教育网利用博客平台开展的在线主题研讨方面的探索，吸引了不少教师参与，令笔者感动的是四川南充的石思萍老师，为了参与在线研讨活动，专程赶了好几里的路到网吧上网参加研讨。主题研讨一定要有好的主题，这样才能吸引教师参加，在线研讨时主持人要做好充分准备，引导教师进行深度交流。

（二）网络课堂模式

网络课堂包括教师点播课程实录或者实时收看专家讲座、报告、示范课、培训课程进行学习。教师可以方便地接受专家与名师的培训，通过网络共享到了优质的培训资源。同时，教师是根据自己的需要来选择课程，提高了课程的针对性和实效性，克服了传统培训中培训内容脱离实际的情况。课堂实录类课程，教师可以根据自己的时间，灵活地自定步调学习。而直播课程则要求教师在特定的时间参与学习，时间上虽然不够灵活，但教师可以通过网络与授课老师进行交互，这是点播的录制课程所不具备的，此外，教师在这两种网络课堂中，还可以利用实时交流工具与同伴进行交互，在多种形式的交互与学习活动中得到发展。教师可以根据自己的工作与学习需要、时间，灵活地选择相应的研修方式，参与研修活动。

（三）网络研修班模式

网络研修班模式是将日常研修活动在网络中的灵活运用，一般由相关的研修指导人员，根据教师专业发展的需要，针对某一学科或某一专题，提出相关任务与要求，组织教师参与研讨。研修人员对参与研修班的教师提出明确要求，并对研修班的活动做出规划，引导教师利用各种资源进行研讨活动。教师在自由选择参加后，就要按照研修班的要求，定期以读书笔记、教学反思日志、电子教案和课例等形式展现自己的研修成果。这种研修活动要取得实效，需要研修指导人员的引导和督导，重视对教师研修活动的评价。例如，四川省涪城区的网络研修班，在其举办的小学数学网络研修班中，就提出研修时间为 2 年，以任务驱动形式来引导教师的研修活动，研修内容则包括重建课堂教学价值观、重建课堂教学设计观及教师课堂教学实践智慧的探索等内容，要求教师通过网上学习和交流，在 2 年里，每个人至少阅读 10 本有关著作（或 10 篇经典文章），阅读的每本书（文章）必须有一篇 300 字以上的读书笔记；每年至少有 10 篇一定质量的原创稿件，发表在论坛上，字数 300 字以上；每周上论坛学习、浏览时间 2 小时以上；积极回帖，每个月至少回帖在 5 个以上；每学期上传 1 篇教学实录及反思；每学期转贴 1 篇有价值的文章。① 这种督导方式，促进了教师参与研修活动的持续性，通过相关考核，提高了研修的质量。

（四）自主交流模式

自主交流模式是教师在利用各种信息化教学资源进行学习的基础上，将自己学习、教学中存在的问题或者感兴趣的话题，利用各种网络交流工具，例如聊天室、网络会议等，与他人进行讨论，在交流中解决问题，拓宽知识面，学习他人的经验，提高综合能力。这种交流内容广泛，简单易用，交流者能够得到快速反馈，交流的对象也相当广泛，可以与其他地域的教师进行交流，也可以对专家学者进行访谈，在交流中提高。这种形式由于话题由教师个人发起，可以得到对话题感兴趣同伴的响应和参与，容易激发思想的碰撞与共鸣，并可以从多个角度分析问题，增进对问题的认识。话题可以随着讨论的进展而变换，拓展了交流的广度。在这种交流模式中，要注意遵循网络礼仪，发言时能针对问题进行交流，避免陷入无目的的漫谈，尊重不同观点，不强迫别人接受自己的观点。

作为重要的教师专业发展方式，一些地区借助网络平台，例如四川的涪城研修网、广西柳州市综合学科群组网等，在教育部门的引导和支持下，网络研修活动取得了实效，促进了教师专业发展，根据这些成功经验，学校和教师要根据具体情况，从上述模式中选择恰当的方式开展网络研修。另外，在一些信息化水平较低的地区特别是农村地区，还不具备开展网络研修的客观条件，这些学校要注重发挥其他教师专业发展方式的优势，促进教师发展。有校园网的学校可以利用校园网，组织本校教师开展网络研修，当地教育部门要积极搭建网络研修平台，促进区域内网络研修活动的开展，使网络研修成为教师专业发展的重要途径。

---

① 《构建网络研修模式，引领教师专业发展》，四川涪城研修网（http：//www. qkms. com/Article_ Print. asp？ArticleID＝305）。

四　以自主研修为主的教师自我专业发展模式

应用信息化教学资源开展自主研修，是由教师自主决定研修内容的个性化专业发展方式，教师需要具备良好的自我专业发展意识，通过"自我更新"的专业发展活动，提高自己的专业发展水平。叶澜教授（2001）指出："教师的自我专业发展意识是影响教师专业发展的重要因素，具有较强自我专业发展意识的教师关注自己的教师专业发展，对自己的专业发展负责，他们易于成为'自我更新'取向教师专业发展的履行者。"[①] 叶澜教授分析指出，具有"自我更新"取向的教师专业发展中，教师具有较强的自我专业发展意识和动力，自觉承担专业发展的主要责任，激励自我更新，通过自我反思、自我专业结构剖析、自我专业发展设计与计划拟订、自我专业发展计划实施和自我专业发展方向调控等实现自我专业发展和自我更新的目的。

从调查结果可知，西部中小学教师的专业发展意识不强，专业发展能力较差，对专业发展目标认识模糊，教师通过学习多媒体教学光盘中的《新课标名师精彩课例选》示范课、《教师培训研究课例》等资源，可以明确教师专业发展方向，通过观摩优秀课例，分析反思自我专业发展存在的不足，增强自我专业发展的意识，促使自我反思经常化、系统化。教师还可以通过收看卫星教学资源中教师发展专栏，观看专题报告、培训教程、教学案例，研习教研论文以及利用丰富的网络教学资源开展研修活动。

以自主研修为主的教师自我专业发展模式中，应用信息化教学资源的方式主要有以下两种。（1）教师从教学实践存在的问题出发，选择资源进行研修。具体过程如下：教师在教学实践中，发现自己专业发展存在的不足，确定研修的主题。搜集信息化教学资源，对资源进行筛选、整理，选择合适的信息化教学资源。自主学习信息化教学资源，通过学习解决存在的问题，实现自我专业发展。（2）教师根据学校、教育部门等外在专业发展要求开展自主研修。其过程如下：教师根据外部专业发展要求，选择教学资源，自主学习教学资源，根据教学资源内容，分析反思自我专业发展现状，发现不足，学习新搜集的信息化教学

[①] 叶澜等：《教师角色与发展新探》，教育科学出版社 2001 年版，第 267 页。

资源，由此进入前一种方式下的新一轮研修活动。在自主研修活动中，教师不仅要学习教学案例、培训教程等信息化教学资源，辅以持续系统的反思开展自主研修，还要善于与他人进行合作学习，在研讨和对话交流中，剖析自我专业结构，拟订合理的专业发展计划，实施发展计划，持续不断地提高自我专业发展水平。

第五节　促进学生发展的信息化教学资源应用策略

基础教育新课程改革纲要提出，要改变"过于强调接受学习、死记硬背、机械训练的现状，倡导学生主动参与、乐于探究、勤于动手，培养学生搜集和处理信息的能力、获取新知识的能力、分析和解决问题的能力以及交流与合作的能力"。"注重培养学生的独立性和自主性，引导学生质疑、调查、探究，在实践中学习，促进学生在教师指导下主动地、富有个性地学习。"[①] 可以看出，基础教育新课程改革要求教学要切实从以"教"为中心向以"学"为中心转变，信息化教学资源不仅要用于课堂教学，还要向学生开放，支持学生自主学习、探究学习和课外活动，促进学生的个性发展。

信息化教学资源为学生提供了多媒体化、立体化和数字化的学习资源，学生可以在教师的激发、引导、鼓励下，通过查找、分析、评价和学习信息化教学资源，形成自己的观点，提高信息获取能力、评价能力和解决问题的能力，培养创造思维。利用信息化教学资源促进学生发展要与学生的学习模式结合起来，下面主要分析如何在不同学习模式下的课外活动中，应用信息化教学资源促进学生的发展。

一　自主学习模式

建构主义学习理论强调学生是认知主体，是意义的主动建构者。自主学习体现了建构主义学习理论的思想，学生利用各种资源学习知识，发展能力。信息化教学资源为自主学习提供了广阔的天地，学生可以利用信息化教学资源进行自主交互学习，系统地学习知识；也可以通过对百科全书式的信息化教学资源的浏览来开阔视野、拓展知识，并能对自己感兴趣的

---

① 《基础教育课程改革纲要（试行）》，《中国教育报》2001年7月27日。

知识进行探索和发现学习。信息化教学资源中有同步辅导、学习指导、专题教育、少年文化、时事动态等文本、音频、视频和动画等学习资源，学生可以通过各种渠道、利用各种载体的学习资源进行学习，例如有些中小学组织学生利用卫星资源，通过对少年文化栏目中的科普之窗、文史大观等内容的自主学习，培养学科学、爱科学的态度和主动探索科学知识的行为，提高学生的综合素质；学生也利用光盘教学资源，学习光盘中的师生教学，进行模拟对话，观摩光盘中学生的学习方法，改进自己的学习方法。在网络环境下，学生可以选择更丰富的资源和方式进行学习，同时对学生获取资源、筛选资源、评价资源的要求提高了。在自主学习模式下，学生积极主动地获取资源，学习的自主性、灵活性都很高，真正实现了学生的个性化学习，发挥了学生的主动性和创造性。学生自主学习，教师并不是完全放任自流，而是要根据学生的学习情况，适时给予指导和帮助，但不能越俎代庖，制约学生主动性的发挥。

自主学习模式包括教师指导下的课内自主学习和课外完全由学习者自己控制的自主学习。课内自主学习，嵌入课堂教学过程中，是课堂教学的一个组成部分。例如徐福荫教授（2006）研究提出的基于课堂讲授型的情境探究型学习，教学活动包括三个环节：[①]（1）利用资源，创设情境；（2）引导观察，思考分析；（3）设计问题，学生自主探究。教师在完成了利用资源创设情境，引导学生观察思考两个环节后，学生基于教师设计的问题应用资源进行自主探究学习。课外应用资源开展自主学习，由于没有教师指导，学习者要具备较强的自主学习能力，确定主题与任务后，选择信息化教学资源进行学习，学习要紧紧围绕学习主题与任务进行，注重对学习过程的反思和总结。在课堂内外的自主学习模式下，信息化教学资源的应用策略需要根据学习者的特点和学习内容灵活选择。信息素养较差的学生更倾向于直接应用资源，具备良好信息素养的学生则善于将搜集的信息化教学资源筛选、整理和修改后应用于学习中。

二　小组合作学习模式

利用信息化教学资源，学生结成小组进行合作学习，能有效地掌握学

---

① 徐福荫：《国家基础教育资源网的电视虚拟课堂设计》，《电化教育研究》2006 年第 12 期。

习内容，培养合作精神。学生选择共同感兴趣的主题进行讨论和探究学习，或者根据教师提出的学习要求，结成小组进行学习。要使小组合作学习不流于形式，促进学生的发展，教师要精心组织，指导好小组活动的内容和主题。

李克东教授（2002）提出了网络环境下小组合作学习模式：① 一是基于校园网络环境下的"资源利用—主题探究—合作学习"模式。该模式主要是通过社会调查、确定主题、分组合作、收集资料、完成作品、评价作品、意义建构等环节来完成学习活动。小组在主题确定以后，合作搜集信息化教学资源，筛选应用信息化教学资源进行学习，并通过对信息化教学资源的修改加工完成作品，展示评价作品，实现意义建构。在这种学习模式中，学生不仅在小组合作学习中整合应用信息化教学资源，而且利用信息化教学资源开发制作出新的信息化教学资源——作品。学生制作的作品丰富了信息化教学资源。二是基于互联网的"小组合作—网页创作—远程协商"模式。该模式是一种更广泛的小组合作，在互联网环境下，不同地区的多所学校各自组成合作学习小组，围绕同一主题，建立小组网页，互相浏览，交流意见，进行评比。这种小组合作学习，对学生的信息素养要求较高。小组合作学习的目标，是在应用信息化教学资源学习的基础上，开发制作新的信息化教学资源。这种小组合作学习模式，只能在西部部分中小学实现。

除上述在网络环境下的小组合作学习模式外，可以利用光盘教学资源、卫星教学资源，开展小组合作学习，例如：分组应用资源学习；组内讨论交流，形成小组观点；小组之间交流汇报；不同观点促进小组成员对学习内容的理解和掌握。此外，还有小组合作与信息化教学资源中的学生进行竞争学习，以及应用信息化教学资源支持自己的观点，开展辩论式、讨论式等方式进行小组合作学习。学生在小组合作过程中，培养了健康的情感态度和与别人合作共事的能力。小组合作是一种开放性、自由性较强的学习方式，学习时要有明确的目的，避免流于形式，教师要引导学生进行深入探究，使学生通过信息化教学资源的使用，从感性认识上升到理性认识。

---

① 李克东：《新编现代教育技术基础》，华东师范大学出版社 2002 年版，第 267 页。

三　群体学习模式

群体学习超出了班级限制的学习活动，一般是由教师以班级为基本单位组织利用信息化教学资源的学习活动。不同年级、不同水平的学生都可以参加，为了进一步提高学习效果，群体学习模式可以与小组合作学习模式相结合，使学生在群体活动的同时，学生可以结成小组做进一步的深入学习。卫星教学资源丰富的时事动态、少年文化专题教育以及其他来源的信息化教学资源，为学校组织学生进行群体学习提供了丰富的资源。学校可以组织全校学生，通过观看英雄和模范人物的电影和视频资源，培养学生向先进人物学习的情感态度。通过组织学生收看时事新闻、专题节目，使学生形成关心国家大事的主人翁意识，培养学生的爱国主义、集体主义精神。教师也可以组织全校学生或部分年级或班级的学生，利用信息化教学资源的多媒体特性，通过播放光盘中的教学实录、影片等专题内容，对学生进行生动形象的日常行为规范、安全教育、禁毒教育等教育，营造健康向上的校园文化和班级文化，促进学生的全面发展。甘肃省天祝县华藏寺镇的新华中学，利用信息化教学资源加强学生的思想道德建设，每学年初组织学生观看一次《中学生礼仪示范》教学片，教育学生形成穿戴整洁、举止文明、尊敬师长、团结同学的良好风气。在课余时间组织学生观看优秀影片，对学生进行爱国主义、集体主义、革命传统等教育，使学生的思想得到了净化，理想得到了升华。

第六节　服务社区发展的信息化教学资源应用策略

在终身学习时代，每个人都要持续不断地学习。西部地区由于自然条件及经济发展水平制约，可供个人学习的教育资源还相当短缺。因此，中小学的教学资源不仅要服务于师生发展，还要向社会开放，服务社区发展，使社区成员能够共享学校的优质教学资源，形成学校与社区互相促进、良性发展的关系。西部地区有近80%的中小学地处农村，而农村又是文化教育资源十分短缺的地区，学校的信息化教学资源是否向当地开放，对当地社区发展有重要意义。因此，本书主要探讨农村中小学信息化教学资源在服务社区发展方面的应用策略。国家有关部门在相关文件中明确提出农村中小学要服务当地社区发展的要求，国务院在有关文件中指出："农村中小学可一校挂两牌，日校办夜校，积极开展农民文化技术教育和培训，成为乡村基层开展文化、科技和教育活动的重要基地。"① 在教育部、国家发展和改革委员会、财政部共同制定农村中小学现代远程教育工程实施方案中进一步提出，"要通过远程教育方式，把农村中小学办成当地文化科技中心、信息传播中心、党员教育中心和卫生知识普及中心，推进农村教育跨越式发展和实现城乡协调发展"②。

可见，应用信息化教学资源服务社区发展是农村中小学必须承担的职责，而且学校信息化教学资源在社区居民的使用中，也可以得到更新、发展和丰富，学校信息化教学资源建设也更容易得到社区居民的支持，可以促使学校与社区居民之间形成互惠互利、共同发展的良性互动关系。例如四川省泸县第五中学作为一所农村综合高中，坚持"农科教"结合与"三教统筹"等原则，使学校成为当地的社区文化、科技与教育中心，发挥了学校的社会服务功能，促进了当地农民素质的提高，使当地农民成为有文化、懂科技、会经营、善管理的新型农业劳动者。

信息化教学资源服务社区发展，主要通过向社区居民提供信息服务、开展培训服务以及由社区居民自主应用三种方式来实现。

一　信息服务

信息服务是指学校根据社区居民的生产生活实践以及社区居民的需求，从学校信息化教学资源中进行筛选或利用信息化环境搜集相关资源，加工整理后向社区居民提供信息服务的方式。主要有致富信息、农业生产技术、市场信息、卫生健康等方面。具体的服务方式主要是教师将整理加工的信息化教学资源编辑成文本打印后，发给学生，由学生负责送到社区居民手中进行学习，并收集社区居民对信息化教学资源的反馈意见和要求；学校不定期地组织教师向社区居民提供咨询服务，调查社区居民的资源需求。这种应用方式不仅是信息化教学资源刚开始向社区开放的学校服务社区的主要方式，也是信息化教学资源服务社区发展的重要方式。另外，有网络的学校，通过网络向外发送本地的农产品供应信息、商品需求信息以及生活、生产活动中的疑难问题等，利用网络拓宽农产品的市场，

---

① 《国务院关于进一步加强农村教育工作的决定》，国发〔2003〕19 号。
② 《农村中小学现代远程教育工程试点工作方案》，教基〔2003〕22 号。

及时解决生活、生产中的问题，促进社区经济的发展。例如甘肃省天祝县的华藏镇初中和岔口驿小学等学校，通过网络为农牧民提供科技信息，将杂交油菜籽、荷兰豆、脱毒马铃薯等特色农产品信息在网上发布，开拓外地市场，得到了当地农民的支持和好评。

信息服务这种信息化教学资源应用的方式灵活，对社区居民的信息能力要求不高，效果比较好，但是学校教师需要花费更多的时间和精力，工作量加大。这种应用方式在学校刚开始向社区开放、社区居民应用学校信息化教学资源的意识不强、信息能力比较差的情况下，可以以信息服务方式为主，随着学校与社区之间合作的深入，社区居民信息能力的提高，要采取多种方式应用信息化教学资源服务社区发展。因此，学校为社区居民提供各类信息化教学资源进行服务的过程中，要有意识地培养社区居民的资源应用意识和能力。

个案分析：

甘肃省灵台县什字镇中心小学为农民提供枣树嫁接技术的信息服务

灵台县什字镇中心小学在校学生 1122 名，有 22 个教学班，49 名教职工，是灵台县最大的乡镇中心小学。在"农村中小学远程教育项目"的支持下，学校的信息化建设开始起步，什字镇中心小学属于农远工程模式二建设学校，到 2005 年春季，学校拥有了光盘教学系统和卫星接收系统，并有一台计算机和一台打印机，到 2006 年春季，学校利用电信网，接通了互联网。在县教育局的倡导下，学校请学生和乡村干部等人员向当地农民宣传鼓励社区居民到学校利用信息化教学资源，学习农业生产方面的知识和致富信息，但是一直没有农民主动来学习。学校根据当地农业生产的实际，开始有针对性地从卫星教学资源和互联网上搜集相关信息，整理打印后由学生带给当地农民，开展信息服务活动。2006 年 6 月，什字镇草脉村和饮马咀村一些枣农，有些枣树在春季没有及时嫁接，他们听说枣树在七八月份也可以嫁接，但是没有这方面的经验，不知具体什么时间合适，嫁接应该注意什么问题，于是抱着试试看的态度，通过学生向学校提出能不能提供这方面的知识。得知枣农的资源需求后，什字镇中心小学十分重视，立刻组织教师上网查询相关信息，筛选整理后，打印送到枣农手中，不仅送到草脉村和饮马咀村这些提出信息需求的枣农手中，还通过其他小学的学生送到韩家湾、南庄等村的枣农手中。使当年春季没有及时嫁接以及在春季时还比较小，不能嫁接的 3000 多株酸枣树，在 2006 年 7 月底得到及时嫁接，为农民带来了经济收益。

这是什字镇中心小学为当地农民提供了柴胡栽培方法、苹果栽培技术、旱地地膜西瓜高产优质栽培技术等信息服务后，当地农民逐渐重视学校信息化教学资源应用，农民开始由被动接受转变为主动提出资源需求的典型案例。笔者访谈的当地一位曹姓农民的话反映了学校在社区服务方面发挥作用的过程："以前邻居孩子从学校拿回的资料，我都不看，觉得自己都务农半辈子了，还能不知道怎么种田？这些学校老师懂个啥呀，还不是瞎指挥？可是 2006 年 5 月，我种植的烤烟叶子发黄，好像要枯死，我赶紧浇水也没用。正好学校里发了烤烟病虫害防治办法的资料，我抱着将信将疑的态度，按照上面说的，喷了农药后，不出几天，我的烤烟又是绿油油一片了。从那以后，学校发的资料我都会认真看，有些内容也介绍给亲戚朋友看，现在，除了让邻居的孩子跟学校提问题外，有一次自己还跑去学校找老师呢。"

由此可见，社区居民要产生主动应用信息化教学资源的意识，有一个观念转变的过程，学校提供的资源是否有针对性、实用性对社区居民的观念转变很重要，当这些资源能带来实效后，社区居民就会产生主动应用信息化教学资源的意识。社区管理机构要与学校配合，通过宣传与示范，促使社区居民有效应用信息化教学资源。

二　培训服务

培训服务是指学校与社区管理部门等机构合作，根据社区居民生产生活需要和农村党员干部教育需要等，利用学校的信息化教学资源和设施，开展科技知识、信息技能、健康卫生、动物养殖、植物种植、党员干部教育等方面的培训活动。对党员干部、社区居民不理解的问题，通过及时向培训者请教及时解决，有利于增进学校与党员干部、社区居民之间的交流与沟通，比信息服务方式更快捷，并且这种方式能充分利用学校的信息化教学设施和教学资源，有助于提高社区居民的资源应用意识和能力。但学校在实施培训时比较费时费力，需要与相关部门协调。如果由学校决定培训内容，培训之前要调查培训需求、组织培训内容、设计培训活动，收集相关的培训资源等，增加了学校和教师的负担。社区相关部门要加强对学校的支持，在合作培训过程中，要制定培训方案，确定培训内容，尽量减轻学校在这方面的工作。社区居民等培训对象要主动分析自己的需求，积极参加培训工作。培训服务的资源应用方式中，要注意对培训效果的评价，以促进下一轮培训的有效开展。同时，要注意对适合农牧民需求的优质教学资源的搜集和整理，如甘肃省天祝县各乡级资源中心都组建了教育教学和农牧民培训的组织机构，对农牧民培训进行有效的组织和监控。

西部地区地域辽阔，人口居住相对分散，特别是在农村地区、边远贫困地区和少数民族地区，不仅居住分散，而且交通不便，信息闭塞，并且受传统观念的影响和客观条件的限制，社区人员获取信息的渠道有限，很难获取科技知识，通过接受学校与社区相关部门组织的培训，可以掌握当地生产生活需要的知识与技能，提高应用资源的意识与能力。如甘肃省天祝县充分利用中小学的信息化教学资源，积极为"三农"服务，特别是各所设有乡级资源中心的小学，都制作了信息发布栏，及时发布相关信息，征集农牧民反馈意见并及时给予答疑。华藏寺镇初级中学"以网络信息站为阵地、以远程教育为载体"，利用学校的信息教学资源，为当地农牧民提供技术培训，截至 2007 年 4 月，共举办农牧民培训班 380 多期，培训农牧民 18600 多人次，发布信息 350 多条，华藏寺镇初中作为"甘肃省乡镇学校网络信息站建设项目"，充分利用网络教学资源，重点为农牧民提供 9 项当地需要的农业技术培训，使每户掌握 3—5 项技术，技术培训入户率达到 95% 以上。利用农闲、寒暑假、夜间等时间，由镇政府组织，举办日光温室、特种养植（殖）等农牧民培训班；并将夜校集中与分散自学相结合，已经进行了日光温室技术、农作物高产高效模式化种植技术、棚地膜栽培技术、优质蒜苗栽培技术、优质油菜杂交制种技术、中药材种植技术等技术培训活动，使学校周边 38 个塑料大棚，番瓜、西红柿、黄瓜、辣椒等经济效益平均提高了 35%，河东地区的农民开始尝试种植西兰花、荷兰豆、板蓝根、柴胡等经济作物和中药材，获得了可观的效益，华藏寺镇新华中学及时捕捉农村产业结构调整的信息和农产品供求信息，根据农民需求，不断更新培训内容，提高培训的针对性和实效性，求真务实，年培训达到 2300 多人次。中国·联合国 UNDP403 项目华藏寺镇岔口驿小学建设了乡资源中心，向当地农牧民开展培训，积累了成功的培训服务经验。下面来具体分析岔口驿小学在培训服务方面的成功经验。

个案分析：

甘肃省天祝藏族自治县华藏寺镇岔口驿小学农牧民培训经验与成果

岔口驿小学现有在校学生 501 人，有 12 个教学班，教师 27 名，是天祝县农村小学中规模较大的一所六年制完全小学，岔口驿小学所在的岔口驿村总人口为 4000 余人。自 2001 年 7 月被列为"教育部·李嘉诚基金会现代远程教育"项目学校以来，2003 年学校相继又被列为中国联合国儿童基金会远程教育项目学校、甘肃省信息化银桥工程项目学校和中国·联合国 UNDP403 项目学校。在这些工程的扶持和学校的努力下，学校建成了计算机室、远程教育室、电教室各一个，接通了互联网，并建成了校园局域网。

借助中国·联合国 UNDP403 项目，以及学校原来的"义教工程"项目和教育部·李嘉诚远程教育项目，岔口驿小学将教育部·李嘉诚远程教育资源和中国·联合国 UNDP403 等项目的资源进行整合，优化资源管理，进行信息化教学资源优势互补，在保障学校教学顺利进行的同时，为本地农牧民进行技术信息等方面的培训。

近年来，岔口驿小学积极组织农牧民脱盲的同时将"农科教"三结合，加大对农牧民实用技术的培训。培训形式为集中培训与自学相结合，集中授课与观摩相结合，分发资料与咨询服务相结合，学校培训与农技部门培训相结合。自 2000 年以来，先后培训本村农牧民 2270 人次，印发文字资料 5000 余份，经过培训收到了良好的社会效益和经济效益，为提高当地农村经济和增加农牧民收入起到了一定的作用。

例如岔口驿村上三队村民范元，种植温棚 2 个，种植西红柿、番瓜等，纯收入 4000 余元，种高原无公害蔬菜、英豆、荷兰豆等 2 亩，纯收入 4000 余元，他经常接受岔口驿小学的实用技术培训，学校及时从网上下载相关资料给予帮助，使他不但掌握了实用技术，也增强了市场意识，及时把握市场动态，提高经济收入。岔口驿村下五队村民郁万刚经常参加岔口驿小学的培训活动，并积极学习种植技术方面的资料，种植大田蒜苗、红蒜、红蒜苗等，年均纯收入近万元。

在为本村居民提供信息服务和培训服务的同时，岔口驿小学发挥镇资源中心的辐射功能，立足本校，辐射全镇，为本镇所有小学的教师和农牧民培训提供有效的支持和服务。辐射范围内有行政村 9 个，总人口18000 余人，完全小学 11 所，自 2003 年项目实施以来培训本镇农牧民

5 期，500 余人次。学校利用远程教育的优质资源，结合中国·联合国 UNDP403 项目的目标要求，制定了农牧民培训规划。首先建立农牧业信息发布栏，分类发布种植、养殖、施肥、病虫害防治等适应当地农村的农业技术信息，以文字资料为主，并及时收集农牧民的信息需求，及时发布相关信息。其次是分季节分农时对当地农牧民分批集中培训，以观看录像片为主，并与农技部门的培训相结合，增强培训的实效性，为当地大田蔬菜种植、温棚反季节蔬菜种植等高原无公害蔬菜农业技术提供了有效的帮助。对农牧民的各种培训，使他们掌握了致富的技能和信息，加强学校与社区的交流与合作，农牧民更加信赖、关心、支持学校的发展。

天祝藏族自治县华藏寺镇岔口驿小学信息化教学资源通过培训服务取得的成功经验，证明了培训服务是西部中小学信息化教学资源促进社区发展的有效策略。岔口驿小学的信息化教学资源在培训服务方面能取得成功，得益于多方面的共同努力。

一是在教育部·李嘉诚远程教育项目等多种项目的支助下，学校建设了较为丰富的信息化教学资源，大多数教师得到了相关培训，信息素养比较高，能利用光盘教学资源、卫星教学资源、网络教学资源等多种资源为当地农牧民提供所需要的资源和服务。

二是有项目人员进行指导和目标要求，促进了学校积极为社区开展培训服务活动。例如中国·联合国 UNDP403 项目，在岔口驿小学建立镇资源中心，要求学校要向全镇的居民开放资源，提供培训服务。

三是学校重视，规章制度完善。学校成立了由校长牵头的信息化教学资源应用的领导机构，制定了相关制度，促使开展培训规划。资源应用的领导机构勇于探索，善于创新，注意调动各方面的力量，开展培训活动。在实践中将农牧民脱盲与"农科教"相结合，将集中授课与观摩相结合，将学校培训与农技部门培训相结合。

四是学校能从实际出发，根据社区居民的需求开展相关的培训服务。例如蔬菜种植、动物养殖、经济作物种植等方面符合生产生活需要。

岔口驿小学培训服务实践证明，信息化教学资源的有效应用，能有力地促进社区发展，能加强学校与社区的合作，在实施时要结合学校和社区的特点，因地制宜地利用信息化教学资源开展培训服务。

三　自主应用

自主应用是指学校将信息化教学资源向社区居民全面开放，社区居民自主选择教学资源和学习方式，开展学习和研究等活动。这种应用方式十分灵活，社区居民可能是从生活和生产活动中的问题出发，利用信息化教学资源来解决问题，以及就个人感兴趣的内容进行学习。这种应用方式中，社区居民可以自己选择信息化教学资源的内容、类型，用适合自己的方法进行学习。但是，这种方式对使用者的信息素养要求较高，使用者必须具有获取资源、筛选资源和整理资源等能力，使用者的信息素养水平会直接影响资源应用的效果，因此，使用者需要接受学校组织的信息资源应用方面的培训。初步应用时，需要学校教师及专家的指导。并且，学校的信息化设施和资源能对外开放的时间有限，社区居民只能利用节假日、周末和晚上等时间应用信息化教学资源进行学习，一所学校往往要为几百人以上的社区服务，因此，每个人能应用信息化教学资源的时间有限，使用者必须不断提高应用信息化教学资源的能力。

甘肃省天祝藏族自治县华藏寺镇初中，是"甘肃省农村网络信息站试点校"、"教育部·李嘉诚远程教育项目"学校，学校在建设了农村网络信息站以后，对当地大多数农牧民进行了相关技术培训，使农牧民有了一定的资源应用能力后，鼓励农牧民群众特别是农村青年到学校上网，学习网络教学资源，促进农牧民观念转变，变被动培训为主动学习。使当地农牧民通过应用信息化教学资源进行自主学习，提高农牧民群众的文化水平、科技素养，使学校服务"三农"工作见到了实效。

第七章　结论与建议

第一节　研究结论与创新点

　　为了解决西部地区中小学信息化教学资源应用率不高、应用效果不佳的问题，本书在国内外文献研究的基础上，通过问卷调查了西部 12 省的中小学信息化教学资源应用的现状，并结合访谈、实地观察和网络研讨的结果，分析了调研结果。揭示出西部地区中小学信息化教学资源在应用环境、应用主体、应用领域和信息化教学资源本身四大方面存在问题，并系统地剖析了存在的具体问题。本书提出西部地区中小学信息化教学资源优化的策略、促进信息化教学资源应用的策略和信息化教学资源的应用策略，解决上述问题，为西部地区中小学信息化教学资源的应用提供理论指导，提高西部地区中小学信息化教学资源的应用程度和应用效果，促进西部地区中小学信息化教育的发展。

一　研究结论

　　1. 本书提出了西部地区中小学信息化教学资源优化的策略，解决信息化教学资源本身存在的问题。其策略包括转变教育观念，树立现代教学资源观；建设立体互动的信息化教学资源建设与管理体系；完善信息化教学资源建设机制；形成多元开放的建设模式，加强信息化教学资源的设计和加强信息化教学资源管理等具体策略。通过对甘肃省天祝藏族自治县信息化教学资源优化的个案研究，验证了西部地区中小学信息化教学资源优化策略的有效性。

　　2. 本书提出了促进西部地区中小学信息化教学资源应用的策略，解决信息化教学资源在应用环境和应用主体方面存在的问题。主要包括加快西部中小学的信息化建设、建立稳定的政策与经费保障机制、提高相关人员参与信息化教育的能力素质、完善支持服务等具体策略。

3. 本书提出了西部地区中小学信息化教学资源在课堂教学、教师发展、学生发展和社区服务四个领域的应用策略，解决信息化教学资源在应用领域方面存在的问题。

（1）本书提出了信息化教学资源在课堂教学中的应用策略。本书提出了多媒体光盘教学资源、卫星教学资源和网络环境下信息化教学资源在课堂教学中的应用策略。多媒体光盘教学资源可以通过直播教学、插播教学和整合教学三种策略有效地应用于课堂教学中。直播教学和整合教学是卫星教学资源课堂教学中的主要应用策略。论文提出在网络环境下，直接应用和整合应用是信息化教学资源应用的两种基本策略，并对网络环境下不同课堂教学模式中信息化教学资源的应用策略进行了探讨，主要探讨了讲授型模式、探究学习模式、协作学习模式和个别指导模式下信息化教学资源应用的具体策略。

（2）本书提出以校本培训为主的长期发展模式、以县为主的区域资源整合培训模式、以网络研修为主的开放发展模式、以自主研修为主的教师自我专业发展模式是促进教师专业发展的有效策略。

（3）本书提出自主学习、小组合作学习和群体学习是应用信息化教学资源促进学生发展的主要方式。

（4）本书提出应用中小学的信息化教学资源为社区提供信息服务、培训服务以及由社区居民自主应用信息化教学资源学习，是信息化教学资源服务社区发展的主要策略。

4. 本书通过对甘肃省天祝藏族自治县信息化教学资源优化的个案研究，验证了西部地区信息化教学资源优化策略的有效性。个案研究的结果证明：综合利用多种模式建设信息化教学资源；注重本地信息化教学资源的建设与共享；健全资源管理机制，重视信息化教学资源的管理是优化西部地区中小学信息化教学资源的有效策略。

5. 对研究提出的信息化教学资源在课堂教学中的应用策略，在甘肃省灵台县三所中小学的课堂教学中进行了试验研究。在小学三年级语文、小学四年级英语、中学八年级语文的课堂教学中，分别实施了多媒体光盘教学资源、卫星教学资源和网络教学资源的应用策略。试验教学完成后，分别对试验班的全体学生做了问卷调查，访谈了参与试验的教师和学生。调查与访谈结果证明，本书提出的信息化教学资源在课堂教学中的应用策略是有效的，取得了良好的效果。

（1）通过在小学语文学科的课堂教学中应用插播教学策略使用多媒体光盘教学资源，验证了插播教学的有效性。根据试验完成后对师生的访谈结果和对全体学生问卷调查结果的分析，表明实施插播教学策略使用多媒体光盘教学资源能有力地提高学生的学习效果。具体表现在：明显地提高了学生对知识的识记能力、理解能力、朗读水平和学习兴趣等，提高了学生的合作学习能力，改善了学生的学习方法，提高了课堂教学效果。

（2）通过运用整合教学策略将卫星教学资源应用于小学英语学科的课堂教学中，试验了整合教学策略的效果。根据对学生的问卷调查和对师生的访谈结果分析，表明应用整合教学策略在课堂教学中使用卫星教学资源获得了良好的教学效果，有效地完成了教学目标，培养了学生学习英语的兴趣，提高了学生的英语交际能力和对知识的识记与应用能力。

（3）通过在中学语文学科探究学习模式下的课堂教学中对信息化教学资源的整合应用，验证了计算机网络教室环境下信息化教学资源整合应用策略的有效性。从试验完成后对师生的访谈结果和对全体学生问卷调查结果的分析，表明在网络环境下的探究学习模式中整合应用信息化教学资源，能促进学生课堂学习的效果。

二　创新点

1. 本书提出了现代教学资源的内涵，构建了立体互动的信息化教学资源建设与管理体系，通过完善西部地区信息化教学资源建设的组织机制，构建信息化教学资源的需求与评价反馈机制，建立区域教学资源门户网站等策略，实现西部地区信息化教学资源的优化。

2. 运用系统科学理论、创新推广理论、教学系统设计理论、知识管理理论、教学最优化理论等现代教育理论，转变西部地区中小学教学人员、管理人员、技术人员、学生、社区居民等人员的教育观念，提出综合提高他们应用信息化教学资源的意识和能力的策略，解决了西部地区中小学信息化教学资源应用中应用主体存在的问题。

3. 根据对西部地区中小学信息化教学资源应用中存在问题的系统剖析，提出了光盘教学资源、卫星教学资源和网络教学资源在课堂教学中的应用策略。提出了促进教师专业发展的以校本培训为主的长期发展模式、以县为主的区域资源整合培训模式、以网络研修为主的开放发展模式、以自主研修为主的教师自我专业发展模式的信息化教学资源应用策略，推动信息化教学资源在各个领域的综合应用。

第二节　研究展望

一　研究不足

信息化教学资源应用涉及资源本身的设计、开发、管理、评价等方面的因素，受学校信息化建设水平、教育管理者、教师、学生、社区居民等人员的能力素质等因素的影响，要全面深入地研究西部地区中小学信息化教学资源的应用是一项艰巨的工作。分布在西部 12 省的中小学受城乡差距、区域差异等因素的制约，信息化教学资源应用过程中除了有许多共性问题，还面临不少特殊问题，有效地把握这些庞杂的因素之间的关系及其与信息化教学资源应用之间的关系，分析提炼出西部中小学信息化教学资源应用中存在的主要问题，提出行之有效的解决策略，研究者要具备深厚的理论功底和良好的科研能力，由于笔者能力有限，本书还存在一些不足，需要在后续研究中继续完善。

1. 应用策略需要在实践中进一步验证。受时间、经费等主客观研究条件的制约，本书提出的西部地区中小学信息化教学资源的优化策略和应用策略，只在部分地区通过个案研究和试验研究对主要策略进行了效果验证，还需要对所有策略进行效果验证，并在实践中进一步修正和完善这些策略。

2. 本书探讨了西部地区信息化教学资源应用中存在的共性问题和突出问题，对特殊问题缺乏深入挖掘和研究。西部地区地域广大，不仅从整体上西部地区的基础教育与东部地区、发达地区存在巨大差距，而且在西部地区内部来看，城乡之间、区域之间、学校之间也存在较大的差距。由于本书主要是解决西部地区中小学信息化教学资源应用中存在的共性问题和突出问题，因此，对这些方面没有进行深入探讨。笔者将在后续研究中，从这些方面对西部中小学信息化教学资源进行比较研究，进一步探索不同类型的中学与小学在信息化教学资源应用方面存在的问题，推动信息化教学资源的应用。

二　研究展望

1. 深入研究各级教学资源中心的运行机制，加强实证研究。笔者将深入中小学，协助建立和完善教学资源中心，研究如何发挥教学资源中心在资源建设、资源管理、支持师生发展以及为信息化教学资源应用提供支持服务等方面的作用，完善西部地区乃至我国信息化教学资源建设与管理体系，促进西部地区中小学信息化教学资源的应用。

2. 加强对信息化教学资源在教师发展、学生发展和社区发展方面的实证研究。本书在信息化教学资源应用策略研究中，对信息化教学资源在课堂教学中的应用做了重点研究，对信息化教学资源在促进教师发展、促进学生发展、服务社区发展方面还需要进一步深入研究。

3. 探讨管理人员应用信息化教学资源存在的问题及其原因，研究管理人员对信息化教学资源的应用对学校发展产生的作用。

4. 进一步研究不同类型的信息化教学资源的具体应用策略。信息化教学资源类别丰富多样，本书主要对不同信息化环境下的多媒体光盘教学资源、卫星教学资源和网络教学资源三大类教学资源在课堂教学中的应用策略进行了试验研究，对相同信息化环境下，不同类别的信息化教学资源的应用策略未进行比较研究，今后将进一步研究资源类型变化与应用策略之间的关系，更有针对性地指导信息化教学资源的应用。

附　录

附录 1　西部地区中小学信息化教学
资源应用现状调查问卷

尊敬的老师：

　　您好！为了了解您应用信息化教学资源的情况和存在的问题，请您协助我们填写以下问卷，本问卷仅用于学术研究，不会对您产生任何不利影响，您的个人信息，我们会予以保密，请您如实填写！

　　填写本问卷大概需要 15 分钟。本问卷中的信息化教学资源是指以现代信息技术为基础设计、制作、存储和处理的一切支持教学活动的教学材料等软件资源。请在相应的空格处填写相关情况，或在您认为符合情况的相应方框中打钩即可。如果您有兴趣探讨本次调研的相关问题，请发邮件到 dyxyuxia@126.com 进行交流，非常感谢您对本次调查的支持与配合。

华南师范大学教育信息技术学院课题组

2006 年 9 月

一、基本情况

1. 您的个人信息：

性别____　民族____　年龄____教龄____　学历____　职称____

任教科目_____　任教年级_____　学校名称_____

所在省（区）_____县（市）_____

2. 您任教学校类别：

□城市中小学　□乡镇中小学　□村级小学　□小学教学点　□其他（请注明）

3. 贵校的教育信息化建设情况（可多选）：

□教学光盘播放系统　□卫星教学收视系统　□计算机网络教室

□接通了互联网但无校园网　□校园网未连通城域网

□校园网接通城域网　　□校园网接通互联网

4. 您上网的地点主要是（可多选）：

□学校　　□家里　　□网吧　　□其他地点　　□从未使用网络

5. 您所使用的教材版本是：

□人教课标版　　□苏教课标版　　□北师大课标版

□华东师大课标版　　□其他

二、信息化教学资源现状方面

1. 您使用的信息化教学资源的主要来源是（可多选）：

□教育部门免费提供　　□学校统购　　□网络下载

□同事共享　　□校际共享

□学校组织开发　　□自己购买　　□自己制作　　□不知道

2. 您认为贵校信息化教学资源的质量：

□很好　　□比较好　　□一般　　□很差　　□比较差

3. 您认为贵校信息化教学资源的可用程度是：

□完全可用　　□基本可用　　□少数可用　　□极少可用　　□完全不可用

4. 贵校信息化教学资源的建设情况是：

序号	建设的具体情况	完全符合	基本符合	一般	不太符合	完全不符合
		5	4	3	2	1
1	有内容丰富的教学资源库					
2	有较为丰富的分类整理的教学资源					
3	仅有通过远程教育工程建设的资源					
4	资源建设前调查师生的需求					
5	有相关措施激励和支持教师开发资源					
6	学校以自主开发、购买、共享等多种方式建设资源					
7	学校能及时开发建设教师急需的资源					
8	有明确的资源建设规划					

5. 贵校的信息化教学资源的管理情况是：

序号	相关情况	完全符合	基本符合	一般	不太符合	完全不符合
		5	4	3	2	1
1	有专人负责资源管理					
2	有专门的资源存储与管理场地					
3	有科学合理的资源管理制度					
4	资源分类整理，有资源目录可供查询和检索					
5	能定期更新资源					
6	重视资源使用后的评价意见和建议					
7	资源管理以服务应用为目标					

6. 根据您的了解，信息化教学资源的评价者主要是下列哪些人员：

评价主体	完全符合	基本符合	一般	不太符合	完全不符合
	5	4	3	2	1
专家					
教师					
教研人员					
学生					
资源开发人员					
资源管理人员					
学校行政人员					
学生家长					
其他（请列出）：					

7. 对于教师自主开发制作的资源，您认为以哪种方式共享比较合理：

共享方式	完全同意	基本同意	一般	不太同意	完全不同意
	5	4	3	2	1
在学校内免费共享					
与其他教师交换使用					
上传到相关网站，获取其他资源的使用权					
注明作者后，免费上传到网络					
学校或教育行政部门给予奖励后，免费共享					
付费使用					
其他（请列出）：					

8. 您将自己所拥有的资源与他人共享的情况是：

共享情况	极多	较多	较少	极少
	4	3	2	1
现有资源与本校教师共享				
自己开发的资源与本校教师共享				
现有资源与本地教师共享				
自己开发的资源与本地教师共享				
现有资源通过网络共享				
自己开发的资源通过网络共享				

三、信息化教学资源应用方面

1. 在日常教学活动中，您对下列资源的使用情况是：

（使用频率说明：极少——每学期使用次数少于 5 次；较少——5—10 次/学期；较多——每周使用；极多——每天使用。）

序号	资源类别		极多	较多	较少	极少
			4	3	2	1
1	电子文本素材	使用频率				
		发挥作用				
2	图形/图像类素材	使用频率				
		发挥作用				
3	音频类素材	使用频率				
		发挥作用				
4	视频类素材	使用频率				
		发挥作用				
5	动画类素材	使用频率				
		发挥作用				
6	案例	使用频率				
		发挥作用				
7	直播课堂	使用频率				
		发挥作用				
8	课堂实录	使用频率				
		发挥作用				
9	测试题	使用频率				
		发挥作用				
10	课件	使用频率				
		发挥作用				
11	电子教案	使用频率				
		发挥作用				
12	资源目录索引	使用频率				
		发挥作用				
13	网络课程	使用频率				
		发挥作用				

序号	资源类别		极多	较多	较少	极少
			4	3	2	1
14	多媒体教学光盘	使用频率				
		发挥作用				
15	网络论坛（BBS、聊天室等）	使用频率				
		发挥作用				
16	文献资料（如政策、法规等）	使用频率				
		发挥作用				

2. 您喜欢使用哪种类型的信息化教学资源：

□按学科知识点组织、结构化程度较低，便于整合加工

□按教学单元或专题组织的、结构化程度较低，便于整合加工

□按教学单元或专题组织的、结构化程度较高，便于直接应用

□按学科知识点组织、结构化程度较高，便于直接应用

□其他类型的资源_____

3. 如果现有的信息化教学资源不能满足您的教学需要，您将会怎么做：（可多选）

□用印刷类材料代替　□对现有资源进行加工改造　□自己开发制作

□寻求其他方式获取　□用类似信息化教学资源勉强代替

4. 贵校的信息化教学资源对校外用户的开放情况是（注：此处将学生家长、党员干部与其他社区居民分开调查，可多选）：

□学生家长　□本社区居民　□其他社区的居民　□本社区党员干部

□外校师生　□其他_____　□未对校外用户开放

5. 校外用户应用贵校信息化教学资源的方式是（对校外用户开放资源的学校作答，可多选）：

□用户自主使用资源学习　□教师组织学习

□管理人员帮助下载打印材料　□与相关部门开展合作培训

□其他_____

6. 根据您的观察和了解，农民感兴趣的资源是（农村学校适用，可多选）：

□政策动态类　□时事新闻类　□农牧业生产知识类　□致富信息类
□卫生健康类　□科技文化类　□其他_____

7. 贵校应用信息化教学资源的主要方式是:

应用方式	频繁使用	经常使用	很少使用	从未使用
	4	3	2	1
教师备课				
课堂教学				
课外辅导				
教师培训				
自主研修				
教学研讨				
学生自主学习				
学生课外活动				
农村学校适用　农村科技信息服务				
农村学校适用　农民科技培训				
农村学校适用　农村党员教育				

其他（请列出）:

8. 信息化教学资源应用对您产生的影响是:

序号	作用	完全同意	基本同意	一般	不太同意	完全不同意
		5	4	3	2	1
1	能更新教学观念					
2	能丰富学科知识					
3	能提高自主研习能力					
4	能提高信息化教学能力					
5	能增强交流协作能力					
6	能提高资源设计能力					
7	能提高资源开发能力					

序号	作　用	完全同意	基本同意	一般	不太同意	完全不同意
		5	4	3	2	1
8	能提高资源应用能力					
9	能提高资源管理能力					
10	能提高资源评价能力					
11	能丰富教学模式					
12	能改进教学方法					
13	能提高教学质量					
14	能提高工作效率					

其他（请列出）：

9. 信息化教学资源应用对学生产生的影响是：

序号	作　用	完全同意	基本同意	一般	不太同意	完全不同意
		5	4	3	2	1
1	激发了学习兴趣					
2	开阔了学生视野					
3	丰富了学习方式					
4	提高了信息素养					
5	培养了创新能力					
6	增强了实践能力					
7	增强了学习能力					
8	提高了学习效果					
9	增强了合作能力					
10	能培养健康的情感					

其他（请列出）：

10. 信息化教学资源应用对贵校产生的影响是：

序号	作 用	完全同意 5	基本同意 4	一般 3	不太同意 2	完全不同意 1
1	促进了领导观念的转变					
2	促进了学校信息化建设					
3	丰富了教学资源					
4	健全了资源建设制度					
5	理顺了资源管理机制					
6	促进了教师培训					
7	增强了校际合作					
8	缩小了本地校际差距					
9	缩小了城乡校际差距					
10	加强了学校与当地社区的合作					

其他（请列出）：

11. 下述因素对您应用信息化教学资源的影响是：

序号	影响因素	极大 4	较大 3	较小 2	极小 1
1	信息化教学设施不足				
2	信息化教学设施管理方式不当，使用不方便				
3	资源内容与学校采用的教材不配套				
4	资源内容不适合当地的教学需要				
5	资源缺乏教学设计，质量较差				
6	不了解学校所拥有的资源，查找和获取困难				
7	资源类别和形式不够丰富，有效资源短缺				
8	学校领导思想观念落后，重视不足				
9	缺乏相关的激励政策和措施				
10	缺乏同事的鼓励与支持				
11	缺乏专家的指导				
12	教师的信息化教学能力较差				

序号	影响因素	极大	较大	较小	极小
		4	3	2	1
13	资源应用中出现问题时，缺乏相关的支持和帮助				
14	缺乏相关培训				
15	经费不足，不能支持信息化设备与资源的持续使用				
16	学生的信息素养低				

四、教师培训方面

1. 您是否接受过下列培训（可多选）

□没有参加过任何培训　□国家级　□省级　□地县级　□校级　□其他

2. 如果您参加过培训，培训的内容主要是（可多选）：

□学科知识

□新课程理念与方法

□信息技术能力（如计算机操作、办公软件的使用等）

□信息化教学资源的获取与管理（如卫星资源的接收、资源的分类整理等）

□信息化教学资源的开发（如课件、网页制作）

□信息化教学资源的应用（如信息化教学设计等）

□其他_____

3. 如果您参加过培训，您认为培训内容和质量是：

评价方面	完全同意	基本同意	一般	不太同意	完全不同意
	5	4	3	2	1
培训目标明确					
培训内容符合实际需要					
培训形式灵活多样					
培训效果好					

五、开放性问题

1. 您在应用信息化教学资源时，面临的主要困难是什么？您最需要哪些方面的帮助？

2. 您认为贵校在信息化教学资源建设与应用方面存在哪些不足？请您分析其原因并提出建议。

3. 您如何看待信息化教学资源在教学中的作用？请结合实际，谈谈您的看法。

附录 2 关于西部地区中小学信息化教学资源应用的校长访谈提纲

1. 请您简单介绍一下贵校信息化教学资源的建设情况。

2. 贵校信息化教学资源是如何管理的？有哪些相关的资源管理制度和措施？

3. 贵校是否有信息化教学资源建设规划？

4. 请谈谈贵校在资源共享方面遇到的问题和取得的经验。

5. 贵校信息化教学资源建设中面临的主要问题是什么？您会采取哪些措施来解决这些问题？

6. 贵校有哪些措施鼓励教师应用信息化教学资源？

7. 贵校从哪些方面来评价信息化教学资源的应用效果？

8. 贵校信息化教学资源的应用效果如何？有哪些因素影响了信息化教学资源的应用？

9. 您认为如何才能提高信息化教学资源的应用效果？

10. 贵校信息化教学资源的建设与应用最需要哪些方面的支持？

附录3 关于西部地区中小学信息化教学
资源应用的管理人员访谈提纲

1. 请问您是专职资源管理人员吗？您主要的工作内容是什么？

2. 如果您是兼职人员，您在资源管理方面的工作是否计入正常工作量或者有相关的报酬？

3. 请简单介绍贵校信息化教学资源建设的情况。

4. 您是如何来管理学校的信息化教学资源的？有哪些相关的资源管理制度和措施？

5. 贵校是否有信息化教学资源建设规划？资源建设前是否调查教师和学生的资源需求？

6. 请结合您在资源共享方面的经验和问题，谈谈您对资源共享的体会和建议。

7. 您是否为教师和学生的信息化教学资源应用提供支持和帮助？如果有，主要是哪些方面？

8. 您如何评价贵校信息化教学资源的应用现状？有哪些需要解决的问题？

9. 您在资源管理过程中面临的主要问题是什么？最需要哪些方面的支持和帮助？

附录 4 关于西部地区中小学信息化教学 资源应用的教师访谈提纲

1. 您认为是否有必要在教学中应用信息化教学资源？为什么？

2. 请简单介绍一下您应用信息化教学资源的情况（包括使用频率、资源类型和使用效果等方面）。

3. 您是否参与过信息化教学资源应用方面的培训活动？

4. 贵校的信息化教学资源是否能满足您的教学需要，如果不能，您一般会怎么做？

5. 贵校信息化教学资源的管理是否方便您的使用？哪些方面还需要改进？

6. 贵校有哪些措施鼓励和支持您使用信息化教学资源？

7. 请谈谈贵校信息化教学资源建设的状况和您的参与情况。

8. 您是否有独自开发信息化教学资源的经验？如果没有，主要原因是什么？如果有，遇到了哪些问题？

9. 您在信息化教学资源应用中面临的主要问题是什么？您会采取哪些措施来解决这些问题？

10. 您认为哪些因素影响了您对信息化教学资源的使用？您认为应该采取哪些措施促进信息化教学资源的应用？

11. 您应用信息化教学资源时，最需要哪些方面的支持与帮助？

附录5 关于西部地区中小学信息化教学资源应用的学生访谈提纲

1. 在课堂学习过程中，你喜欢老师应用信息化教学资源吗？为什么？

2. 教师应用信息化教学资源上课时，对你的学习有哪些作用？请举例说明。

3. 你应用信息化教学资源学习的主要方式是什么？应用中遇到的主要问题是什么？

4. 你是如何解决资源应用过程中的这些问题的？

5. 你在应用信息化教学资源学习时，最需要哪些方面的支持与帮助？

6. 你对信息化教学资源应用有什么建议？

附录6 多媒体光盘教学资源应用策略实施效果的调查问卷

亲爱的同学：

你好！请将你在《翠鸟》这堂课程学习中的真实感受，填写在下列问卷中，本问卷只做研究之用，请你放心认真回答。谢谢你的合作！

华南师范大学教育信息技术学院课题组

2007 年 3 月

1. 在平时各门学科的课堂教学中，老师是否应用多媒体教学光盘支持教学活动？

□很少使用　□使用较多　□经常使用　□频繁使用

2. 你最喜欢老师在教学中用哪种方式播放光盘？

□直接播放全部内容　□在顺序播放光盘的过程中，分段进行讲解

□在教学过程中，在需要的地方，插入播放光盘内容来演示生动的形象、情景或者光盘中教师与学生教学活动等

3. 本节课程的教学中使用了光盘教学资源，对你学习本节课所起的作用是：（请在相应的方框内打钩即可）

序号	作用	帮助很大	帮助较大	帮助很小	不确定	没有帮助
		5	4	3	2	1
1	生字、词语更容易识记					
2	更理解字词意思和用法					
3	更容易理解课文内容					
4	更容易记住课文内容					

续表

序号	作用	帮助很大	帮助较大	帮助很小	不确定	没有帮助
		5	4	3	2	1
5	更喜欢和爱护翠鸟					
6	能更加准确地朗读课文				.	
7	掌握了更多的学习方法					
8	知道如何更好地与同学合作学习					
9	对课文更感兴趣					
10	开阔了视野					

4. 你认为老师在这节课中使用光盘教学资源与以前的使用方法比较起来，你更加喜欢哪种方法？请说说你的理由。

5. 你认为本节课中光盘教学资源在哪些方面用得不好？请提出你的改进建议。

6. 你希望在课堂中如何使用光盘教学资源，能够更加符合你的学习需要？

附录7 卫星教学资源应用策略
实施效果的调查问卷

亲爱的同学：

你好！请将你在"How much is it? Let's talk B"这节课学习中的真实感受，填写在下列问卷中，本问卷只做研究之用，请你放心认真回答。谢谢你的合作！

华南师范大学教育信息技术学院课题组

2007 年 3 月

1. 平时在各门学科的课堂教学中，老师是否应用卫星教学资源支持教学活动？

□很少使用　□使用较多　□经常使用　□频繁使用

2. 你最喜欢老师在教学中用哪种方式使用卫星教学资源？

□收看同步课堂

□在顺序播放课堂实录等内容的过程中，分段进行讲解

□在教学过程中，对重点和难点知识，利用卫星教学资源中的多媒体内容来呈现或播放课堂实录中的片段

□将收集的卫星教学资源与课程内容结合，设计成课件进行播放

3. 本节课程的教学中老师使用的卫星教学资源，对你学习本节课所起的作用是：（请在相应的方框内打钩即可）

序号	作用	帮助很大	帮助较大	帮助很小	不确定	没有帮助
		5	4	3	2	1
1	单词识读更准确					

续表

序号	作用	帮助很大	帮助较大	帮助很小	不确定	没有帮助
		5	4	3	2	1
2	能准确生动地读说句型					
3	更容易识记新句型					
4	顺利地运用新句型交流					
5	提高了英语听力水平					
6	掌握了如何用英语完成购物活动					
7	更善于与同学合作学习					
8	掌握了更多的学习方法					
9	更喜欢听说英语					
10	英语学习更加生动有趣					

4. 你认为老师在这节课中使用卫星教学资源与以前的使用方法比较起来，你更加喜欢哪种方法？请说说你的理由。

5. 你认为本节课中卫星教学资源在哪些方面用得不好？请提出你的改进建议。

6. 你希望在课堂中如何使用卫星教学资源，能够更加符合你的学习需要？

附录8 网络环境下信息化教学资源应用策略实施效果的调查问卷

亲爱的同学：

你好！请将你在《罗布泊，消失的仙湖》这节课学习中的真实感受，填写在下列问卷中，本问卷只做研究之用，请你放心认真地回答。谢谢你的合作！

华南师范大学教育信息技术学院课题组
2007 年 3 月

1. 平时在各门学科的课堂教学中，老师是否能在网络环境下应用信息化教学资源支持教学活动？

□很少使用 □使用较多 □经常使用 □频繁使用

2. 在计算机网络教室上课时，你最喜欢老师在教学中用哪种方式使用信息化教学资源？

□教师在教学中适时播放加工整合的课件，配合教学内容进行讲解

□教师在教学中，穿插将课件相关内容共享给学生，学生学习后，教师总结讲解

□教师穿插提出学习任务，指导学生利用网络资源探究学习后，根据探究情况分析讲授

□教学内容学习后，教师指导学生针对自己的情况利用网络教学资源进行巩固和拓展学习

3. 本节课程的教学中老师使用信息化教学资源，对你学习本节课所起的作用是：（请在相应的方框内打钩即可）

序号	作用	帮助很大	帮助较大	帮助很小	不确定	没有帮助
		5	4	3	2	1
1	更容易理解课文内容					
2	提高了收集和筛选资料的能力					
3	掌握了如何利用资源来探究学习					
4	提高了交流表达能力					
5	提高了分析概括能力					
6	增强了生态意识、环保意识					
7	更善于与同学合作学习					
8	丰富了学习内容					
9	丰富了学习方式					
10	激发了探究生态和环保问题的兴趣					

4. 你认为老师在这节课中使用信息化教学资源与以前的使用方法比较起来，你更加喜欢哪种方法？请说说你的理由。

5. 你认为本节课中信息化教学资源在哪些方面用得不好？请提出你的改进建议。

6. 你希望在课堂中如何使用信息化教学资源，更加符合你的学习需要？

附录 9　甘肃省灵台县什字镇中心小学为社区居民提供信息服务的资料

枣树嫁接技术

什字镇中心小学为农服务材料之五　2006 年 6 月 17 日

根据我县的气候和土壤特点，枣树嫁接在 7—9 月仍可进行，而且这个时期由于枣树枝条生长旺盛、接芽发育充实，嫁接成活率相对较高。

一、插皮嫁接法

1. 采集接穗

选 1—2 年生适宜本地栽培的优良品种的新生枣头，去掉所有的枣吊和叶片，截出枣头一次枝和二次枝，分别直立放入盛有清水的塑料桶中待用。

2. 接穗准备

取塑料桶中健壮的一次枝或二次枝 1 枝，剪成 5—8 厘米的节段，上剪口距芽眼 0.5 厘米，下剪口距芽眼不得少于 5 厘米，在背芽面削去粗度的 1/2，长 2—3 厘米，对应面用同样的方法削去穗条下端 0.5 厘米，使接穗呈两侧长短不一的楔形。

3. 嫁接

选一年生以上的枣苗或酸枣野生苗、散生苗、根蘖苗、旧苗圃苗等做砧木。于砧木基部距地面 3—10 厘米处剪断，把接穗插入砧木皮层与形成层之间，顶部露白 0.1 厘米，接穗和砧木接合部涂少许软泥（注意不要盖上芽眼）。用塑料绑条将砧木与接穗绑紧，然后用长、宽分别为 8 厘米、10 厘米，厚 0.006 毫米的塑料薄膜将砧木和接穗一起封盖起来，顶端单层紧靠芽眼，下部多层封过接穗插入砧木部分，最后用塑料绑条把砧穗接合部位扎紧。

4. 接后管理

嫁接后 8—10 天，接穗陆续萌芽，大部分可以破膜而出。对那些生长较弱、破膜有困难的特别株可用锐针在萌芽处划破薄膜，使接穗萌芽后得以正常生长。此后应正常除萌 2—3 次，待枣苗长至 30 厘米高时立直柱保护，以防风把枣苗刮断。

二、带木质部芽接法

1. 采集接穗

选择品种优良且生长健壮、无病虫害、芽眼充实、已形成木质化组织、直径为 0.4—0.8 厘米的当年生枝条，将其全部剪成 20—30 厘米的小段，用湿沙或湿麻袋片包裹，及时洒水保持湿润，待用。

2. 嫁接

选择生长健壮、无病虫害、基部直径在 0.5 厘米以上的酸枣苗做砧木。先在砧木上选好的贴芽部位横切一刀，深达木质部，再自上而下削 1.5—2 厘米的"T"字形接口或在接穗饱满芽上方 0.5 厘米处横切一刀，深达木质部 1—1.5 厘米，在芽下 1—1.5 厘米处用刀自下而上快速削下接芽，长度比砧木上的接口稍短一点，然后将接芽贴在砧木"T"字形接口内，使芽片的形成层与砧木的形成层对齐（顶部及一侧对齐），用宽为 0.5 厘米的塑料条绑严。

3. 接后管理

嫁接后 15—20 天检查嫁接苗是否成活（方法为手摸接芽时叶柄一触即掉为成活，未成活的手摸时不掉），对未成活的可及时补接。第二年春季在已成活接穗上方 2—2.5 厘米处剪砧并除去塑料条，以便促使接穗成活与萌发。在生长季节要经常喷药管理，以防治病虫危害。

参考文献

一 英文部分

1. Jonassen, D. (2000). Computers as Mindtools for Schools. Englewood Cliffs, NJ: Prentice – Hall.

2. Evaluating the effectiveness of instructional resource allocation and use: IRT and HLM analysis of NAEP teacher survey and student assessment data Studies In Educational Evaluation, January 2004, Vol. 30, Issue: Number 2.

3. Summers, Teresa A. (1999) Establishing instructional resources on the Web: a joint – university effort. Campus – Wide Information Systems, 1999, Vol. 16, Issue: Number 1.

4. Gason, Alexandra A. (2004) Multimedia messages in genetics: Design, development, and evaluation of a computer – based instructional resource for secondary school students in a Tay Sachs disease carrier screening program. Genetics in Medicine, July/August 2004, Vol. 6, Issue: Number 4.

5. Weston – Eborn, Rene (2005) Selecting Effective Instructional Resources. Home Helthcare Nurse, June 2005, Vol. 23 Issue: Number 6.

6. Judi Harris Hancock, Vicki. (1995) Navigating the Net – Way of the Ferret——Finding Educational Resources on the Internet by Judi Harris Hancock, Vicki. Educational Leadership. Alexandria: Oct. 1995, Vol. 53, Iss. 2.

7. Feng – Kwei Wang, John Wedman (2001). EThemes: An Internet instructional resource service. Information Technology and Libraries. Chicago: Dec. 2001, Vol. 20, Iss. 4.

8. Deborah O'Connell McManus, Rita Dunn, Stephen J Denig (2003). Effects of traditional lecture versus teacher – constructed & student – constructed self – teaching instructional resources on short – term science achievement & at-

titudes. The American Biology Teacher. Reston: Feb. 2003, Vol. 65, Iss. 2.

9. US Fed News Service. MP3 PlayersBeing Used as Educational Resource, Including US State News. Washington, D. C. : Feb. 7, 2007.

10. Spiegel, Dixie Lee. Instructional Resources: Transfer Potential of Materials to Teach Writing The Reading Teacher. Newark: Dec. 1989, Vol. 43, Iss. 3.

11. Diana Bental, Alison Cawsey, Bruce Eddy. (2004) Generating User – Tailored Descriptions of Online Educational Resources International Journal on ELearning. Norfolk: Oct. – Dec. 2004, Vol. 3, Iss. 4.

12. Bellaver, R. F. and Gilette, D. J. (2003), "The usability of e – book technology: practical issues of an application of electronic textbooks in a learning environment", The UPA Voice, Vol. 5 No. 1, available at: www. upassoc. org/upa _ publications/upa _ voice/volumes/5/issue _ 1/e – books. htm.

13. How to use CD – ROMs in the classroom, Retrieved from http: // schools. becta. org. uk/index. php? section = re&catcode = ss_ res_ dig_ 02&rid = 54.

14. Rich, E. (1999). Users are individuals: individualising user models, international Journal of Human Computer Studies 51.

15. Ralph Cafolla. Project MERLOT: Bringing Peer Review to Web – Based Educational Resources. Journal of Technology and Teacher Education. Norfolk: 2006, Vol. 14, Iss. 2.

16. Wisconsin Online Resource Center, http: //www. wisconline. com/.

17. Benson Soong, M. H. , Chan, H. C. , Chua, B. C. & Loh, K. F. (2001) Critical success factors for on – line courses, Computers and Education, 36 (2).

18. McMahon, J. , Gardner, J. , Gray, C. & Mulhern, G. (1999) Barriers to student computer usage: staff and student perceptions, Journal of Computer Assisted Learning 15 (4).

19. Niederhauser, D. S. & Stoddart, T. (2001) Teachers' instructional perspectives and use of educational software, Teaching and Teacher Education,

17 (1) .

20. Surrey, D. W. & Land, S. (2000) Strategies for motivating HE faculty to use technology, Innovation in Education and Training International, 37 (2) .

21. Sue Drew, Louise Thorpe. Factors affecting students' usage and perceptions of a generic intranet learning resource: models of use. Innovations in Education and Teaching International. London: Nov. 2006, Vol. 43, Iss. 4.

22. Neil Jacobs, Lesly Huxley. From static content to dynamic communities: The evolution of networked educational resources. Online Information Review. Bradford: 2002, Vol. 26, Iss. 1.

23. William J. Clinton. Memorandum on Expanding Access to Internet – based Educational Resources for Children, Teachers, and Parents Weekly Compilation of Presidential Documents. Washington: Apr. 28, 1997, Vol. 33, Iss. 17.

24. Eileen Quam. Metadata Fundamentals for All Librarians/Metadata and Organizing Educational Resources on the Internet . Library Resources & Technical Services. Chicago: Jan. 2004, Vol. 48, Iss. 1.

25. Bacsich, P. , Ash, C. , Boniwell, K. , & Kaplan, L. (1999). The costs of networked learning (2 Vols.). Sheffield: Sheffield Hallam University. Retrieved from http: // www. shu. ac. uk/cnl.

26. Bryden, J. M. , & Fuller, A. M. (1987). New technology and rural development. Report of a seminar held in Scotland, Oct. 5 – 9, 1986. Enstone: The Arkleton Trust.

27. Bryden, J. , Fuller, T. , & Rennie, F. (1996). Implications of the information highway for rural development and education. Report of the Arkleton Trust Seminar, Douneside, Aberdeenshire, Scotland, February 1995, Enstone: The Arkleton Trust.

28. Bryden, J. , Johnstone, M. . Rennie, F. W. , & Black, S. (1993). Final year report on the evaluation of the Commiinity Teleservice Centres in the Highlands and Islands. The Arkleton Trust report to Highlands and Islands Enterprise.

29. Care, W. D. , Scanlan, J. M. (2001). Planning and managing the

development of courses for distance delivery: Results from a qualitative study. Online Journal of Distance Learning Administration, 4 (2). Retrieved from http://www. westga. edu/ ~ distance/ojdla/summer42/care42. html.

30. Hara, N. , & Kling, R. (2000). Students' distress with a Web – based distance education course: An ethnographic study of participants' experience. Center for Social Informatics Working Paper. Retrieved from http://www. slis. indiana. edu/CSI/wp00 – 01. html.

31. Laurillard, D. (1993). Rethinking university teaching: A framework for the effective use of educational technology. London: Routledge.

32. Mackay, M. (2001). Collaboration and liaison: The importance of developing working partnerships in the provision of networked hybrid services to lifelong learners in rural areas. Library Management, 22 (8/9) .

33. Mason, R. (1997). Advancing opportunities for enhancing learning. Retrieved Sfrom http://www. nw97. edu. au/public/papers/mason. html.

34. Mason, R. (1998). Models of online courses. ALN Magazine, 2 (2). Retrieved from http://www. aln. org/alnweb/magazine/vol2_ issue2/ Masonfinal. htm.

35. Mason, R. & Rennie, F. (2003). Broadband: A solution for rural e – learning? In Proceedings of the eLearn International 2003 World Conference on Global Directions in eLearning, Edinburgh, Scotland, February 9 – 12, 2003.

36. Mason, R. , & Weller, M. (2000). Factors affecting students' satisfaction on a web course. Australian Journal of Educational Technology, 16 (2), 173 – 200. Retrieved from http://cleo. murdoch. edu. au/ajet/ ajetl6/mason. html.

37. McAlister. M. K. , Rivera, J. C. , & Hallam, S. F. (2001). Twelve important questions to answer before you offer a web based curriculum. Online Journal of Distance Learning Administration, 4 (2). Retrieved from http://www. westga. edu/ ~ distance/ojdla/summer42/mcalister42. html.

38. O'Malley, J. , & McCraw. H. (1999). Students' perceptions of distance learning, online learning and the traditional classroom. Online Journal of Distance Learning Administration, 2 (4). Retrieved from http://www. west-

ga. edu/ ~ distance/omalley24. html.

39. Oliver, M. (2000). An introduction to the evaluation of learning technology. Educational Technology and Society, 3 (4). Retrieved from http: // ifets. gmd. de/ periodical/vol_ 4_ 2000/intro. html.

40. Perrin, K. M. , & Mayhew, D. (2000). The reality of designing and implementing an Internet – based course. Online Journal of Distance Learning Administration, 3 (4). Retrieved from http: //www. westga. edu/ ~ distance/ojdla/winter34/mayhew34. html.

41. Rennie, F. W. (2000). The importance of the University of the Highlands and Islands Project in regional development in NW Scotland. In J. G. Allansson & I. R. Edvardsson (Eds.), Community viability, rapid change and socio – ecological futures. Akureyi: University of Akureyri and Stefansson Arctic Institute.

42. Ross, C. (2000). Video – counselling: A report of a pilot study in the University of the Highlands and Islands Project. A UHI/SFEU Learning Environments and Technology Report. Stornoway: UHI/SFEU.

43. Ryan, S. , Scott, B. , Freeman, H. , & Patel, D. (2000). The virtual university: The internet and resource – based learning. London: Kogan Page.

44. Stephenson, J. (Ed.). (2001) Teaching and learning online: Pedagogies for new technologies. London: Kogan Page.

45. Wheeler, S. (2001) Information and communication technologies and the changing role of the teacher. Journal of Educational Media, 26 (1) .

46. Frank Rennie (2003). The Use of Flexible Learning Resources for Geographically Distributed Rural Students. Distance Education. Melbourne: May 2003. Vol. 24, Iss. 1.

47. Thorpe, Lynn Henry (2003). Changing from traditional to digital curricula: United States history teachers' perspectives. Ed. D. University of Virginia, 2003.

48. Khoja, Shariq; Scott, Richard E. (2007) Creating e – learning resources in preventive medicine for developing countries. Journal of Telemedicine & Telecare, Mar. 2007, Vol. 13, Iss. 2.

49. Shephard, Kerry, Wong, Denis, Phillips, Peter. (2007) Why deliv-

er learning resources "online"? British Journal of Educational Technology, January 2007, Vol. 38, Issue: Number 1.

50. Access the Most Effective Online Learning Resources Available IEEE Antennas and Propagation Magazine, Oct. 2006, Vol. 48, Issue: Number 5.

51. Mailer, Liz. (2006) The UK's SMARTAL Project: St MARTin's College health students Access to Learning resources whilst on placement. Health Information & Libraries Journal, Jun. , 2006, Vol. 23, Iss. 2.

52. Sewell, Jeanne. (2006) Best Practices in Teaching Design: Using Online Learning Resources in MERLOT CIN: Computers, Informatics, Nursing, May. 2006, Vol. 24, Issue: Number 3.

53. Walton, Graham; Childs, Susan; Blenkinsopp, Elizabeth. (2005) Using mobile technologies to give health students access to learning resources in the UK community setting. Health Information & Libraries Journal, 2005 Supplement 2, Vol. 22.

54. Marriott, Richard. (2006) Access to learning resources for students on placement in the UK: what are the issues and how can we resolve them? Health Information & Libraries Journal, Dec. 2005, Vol. 22, Iss. 4.

55. Cde Baca, Shannon. (2005) Teaching and Learning Resources for the Standards – Based Classroom. Science Teacher, Oct. 2005, Vol. 72, Iss. 7.

56. Karampiperis, P. ; Sampson, D. (2004) Supporting accessible hypermedia in web – based educational systems: defining an accessibility application profile for learning resources. New Review of Hypermedia & Multimedia, 2004, Vol. 10, Iss. 2.

57. Brown, Byron W. ; Liedholm, Carl E. (2004) Student Preferences in Using Online Learning Resources. Social Science Computer Review, Winter 2004, Vol. 22, Iss. 4.

58. Hoel, Torlaug L. ; Haugal kken, Ove Kr. (2004) Response Groups as Learning Resources When Working with Portfolios. Journal of Education for Teaching, Nov. 2004, Vol. 30, Iss. 3.

59. Gambon, Lynn. (2004). Learning Resources Center, South Piedmont Community College, Old Charlotte Highway Campus, Monroe, NC. Community & Junior College Libraries, 2004, Vol. 13, Iss. 1.

60. Littlefield, Abigail P. （2007）. Making Online & CD – ROM Biology Teaching Resources. American Biology Teacher, Jan. 2007, Vol. 69, Iss. 1.

61. Reid, Doug; Dawson, Vaille; Forster, Pat. （2006）. Trends in the design of ICT teaching resources created by pre – service science teachers. Teaching Science – the Journal of the Australian Science Teachers Association, Summer2006, Vol. 52, Iss. 4.

62. Champoux, Joseph. （2005）. Comparative analyses of live – action and animated film remake scenes: finding alternative film – based teaching resources. Educational Media International, Mar. 2005, Vol. 42, Iss. 1.

63. Uijtdehaage, Sebastian H. （2003）. Sharing Digital Teaching Resources: Breaking Down Barriers by Addressing the Concerns of Faculty Members. Academic Medicine（Ovid）, Mar. 2003, Vol. 78, Issue: Number 3.

64. Archibald, Sarah. （2006）. Narrowing in on Educational Resources That Do Affect Student Achievement. Peabody Journal of Education, 2006, Vol. 81, Iss. 4.

65. Koski, William S., Weis, Hillary Anne. （2004）. What Educational Resources Do Students Need to Meet California's Educational Content Standards? A Textual Analysis of California's Educational Content Standards and Their Implications for Basic Educational Conditions and Resources . Teachers College Record, Oct. 2004, Vol. 106, Issue: Number 10.

66. Martindale, Trey. （2004）. Analysis of Recognized Web – Based Educational Resources. Computers in The Schools, 2004, Vol. 21, Issue: Number 3 – 4.

67. Sutton, Stuart A. （1999）Conceptual design and deployment of a metadata framework for educational resources on the internet . Journal of the American Society for Information Science, 1999, Vol. 50, Issue: Number 13.

68. Lichten, William; Wainer, Howard. （2000）. The Aptitude – Achievement Function: An Aid for Allocating Educational Resources, with an Advanced Placement Example. Educational Psychology Review, Jun. 2000, Vol. 12, Issue: Number 2.

69. McKnight, Robert. （1995）. Educational Resources for Agricultural Health and Safety. Journal of Agromedicine, Jun. 1995, Vol. 2, Issue: Num-

ber 2.

70. Greenberg, Jane. (2000) Metadata for a Digital Library of Educational Resources. Journal of Internet Cataloging, Nov. 2000, Vol. 3, Issue: Number 2 – 3.

71. The scope of educational resources for radiologists on the internet Clinical Radiology, May. 2005, Vol. 60, Issue: Number 5.

72. Erikson, R. & Markuson, C. (2001). Designing a school library media center for the future. Chicago, IL: ALA.

73. Kearney, C. A. (2000). Curriculum partner: Redefining the role of the library media specialist. Westport, CONN: Greenwood.

74. Kuhlthau, C. (1996). The virtual school library. Englewood, CO: Libraries Unlimited.

75. Mardis, M. A. (2003). Developing digital libraries for K – 12 education. Syracuse, NY: Syracuse.

76. Neuman, D. (2004). The library media center. In Handbook of research on educational communications and technology. Mahwah, NJ: Lawrence Erlbaum.

77. Stein, B. L., & Brown, R. W. (2002). Running a school library media center: A how – to – do – it manual for librarians. New York: Neal – Schuman.

78. Thomas, N. P. (1999). Information literacy and information skills instruction: Applying research to practice in the school library media center. Englewood, CO: Libraries Unlimited.

79. Wright, K. & Davie, J. (1999). Forecasting the future: School media programs in an age of change. Lanham, ML: The Scarecrow.

80. Theodore C. Smith (2005) Fifty – One Competencies for Online Instruction Axia College, Western International University, The Journal of Educators Online, Vol. 2, Number 2, Jul. 2005.

81. Doyle, W. (1986). Classroom Organization and Management. In M. C. Wittrock (Ed.), Handbook of Research on Teaching, (3rd ed.). New York: Macmillian.

82. Tallent, E. (2004). Metasearching and student searching: Boston col-

lege libraries: a case study, New Library World, Vol, 105, No. 1/2.

83. Bitner, N. & Bitner, J. (2002). Integrating technology into the classroom: Eight keys to success. Journal of Technology and Teacher Education, 10 (1).

84. Chiero, R. T. (1997). Teachers' perspectives on factors that affect computer use. Journal of Research on Computing in Education, 30 (2).

85. Cuban, L. (1999). The technology puzzle: Why is greater access not translating into better classroom use? Education Week 18 (43), 68.

86. Carey, D. M. (1993). Teacher roles and technology integration: Moving from teacher as director to teacher as facilitator. Computers in the schools. 9/ (2/3).

87. Dockstader, J. (1999). Teachers of the 21st century know the what, why and how of technology integration. THE Journal, 26 (6).

88. Dias, L. B. (1999). Integrating technology: Some things you should know. Learning & Leading with Technology, 27 (3).

89. Dexter, S. L., Anderson, R. E., & Becker, H. J. (1999). Teachers' views of computers as catalysts for changes in their teaching practice. Journal of Research on Computing in Education, 31 (3).

90. Dusick D. M. (1998). What social cognitive factors influence faculty members use of computers for teaching? A literature review. Journal of Research on Computing in Education, 31 (2).

91. Dusick, D. M., & Yildirim, I. S. (1998). Faculty computer use and training needs: Identifying distinct needs for differing populations of community college faculty. Community College Review, 27 (4).

92. Ely, D. P (1995). Technology is the answer! But what wasthe question? Paper presented at James P. Curtis Distinguish Lecture, Capstone College of Education Society, University of Alabama, AL.

93. Ertmer, P. A., Addison, P., Lane, M., RoS, E., & Woods, D. (1999). Examining teachers' beliefs about the role of technology in the elementary classroom. Journal of Research on Computing in Education, Vol. 32, No. 1.

94. Egbert, J., Paulus, T. M., & Nakamici, Y. (2002). The impact of

call instruction on classroom computer use: A foundation for rethinking technology in teacher education. Language Learning & Technology, 6 (3).

95. Goldman – Segall, R., & Maxwell, J. W. (2002). Computers, the internet, and new media for learning. In W. M. Reynolds & G. E. Miller (Eds.). Handbook of psychology. Vol. 7: Educational psychology. New York: John Wiley & Sons.

96. Hoffman, R. P. (1996). Leves of technology use and instructional innovation. Doctoral Dissertation, San Diego State University, 1996.

97. Jones, H., & Paolucci, R. (1999), Research framework and effectiveness of educational technology systems on learning outcomes. Journal of Research on Computing in Education, 32 (1), Retrieved from: http://www.iste. org/jite/32 /abstrscts/jones. cfm.

98. Marianne, M., Barbara, G., & Tiffany, K. (1998). Web – based instruction and learning: Analysis and needs assessment summary. Retrieved from: http://www. dfrc. nasa. gov/ DTRS/.

99. Sprague, D., & Dede, C. (1999) If I teach this way, am I doing my job? Constructivism in the classroom. Learning & Leading with Technology, Vol. 27, No. 1.

100. Zhao, Y. & Cziko, G. A. (2001). Teacher adoption of technology: A perceptual control theory perspective. Journal of Technology and Teacher Education, 9 (1).

101. Strudler, N. & Wetzel, K. (1999). Lessons from exemplary colleges of education: Factors affecting technology integration in preservice programs. ET R&D, 47 (4).

102. Moore, Z. (1999). Technology and teaching culture in the L2 classroom: An introduction. Journal of Educational Computing Research, 20 (1).

二 中文部分

1. 南国农主编:《信息化教育概论》, 高等教育出版社 2004 年版。

2. 徐福荫、袁锐锷主编:《现代教育技术基础》, 人民教育出版社 2005 年版。

3. 李运林、徐福荫编著:《教学媒体的理论与实践》, 北京师范大学出版社 2003 年版。

4. 李克东编著：《新编现代教育技术基础》，华东师范大学出版社 2002 年版。

5. 何克抗、李文光编著：《教育技术学》，北京师范大学出版社 2002 年版。

6. 李克东编著：《教育传播科学研究方法》，高等教育出版社 1990 年版。

7. 李克东编著：《教育技术学研究方法》，北京师范大学出版社 2003 年版。

8. 何克抗等编著：《教学系统设计》，北京师范大学出版社 2002 年版。

9. 祝智庭编著：《网络教育应用教程北京》，北京师范大学出版社 2001 年版。

10. 巴巴拉·西尔斯、丽塔·里奇：《教学技术：领域的定义和范畴》，乌美娜、刘雍潜等译，中央广播电视大学出版社 1999 年版。

11. 丁兴富编著：《远程教育学》，北京师范大学出版社 2001 年版。

12. 顾明远主编：《教育技术》，高等教育出版社 1999 年版。

13. 何克抗主编：《教育技术培训教程（教学人员·初级）》，高等教育出版社 2005 年版。

14. 祝智庭等编著：《现代教育技术——走进信息化教育（修订版）》，高等教育出版社 2005 年版。

15. 周鸿铎：《信息资源开发利用策略》，中国发展出版社 2000 年版。

16. 范兆雄：《课程资源概论》，中国社会科学出版社 2002 年版。

17. 阎承利：《教学最优化通论》，教育科学出版社 1992 年版。

18. 李秉德：《教学论》，人民教育出版社 2001 年版。

19. 武法提：《网络教育应用》，高等教育出版社 2003 年版。

20. ［美］Beverly Abbey 编：《网络教育——教学与认知发展新视角》，丁兴富译，中国轻工业出版社 2003 年版。

21. 武法提：《国外网络教育的研究与发展》，北京师范大学出版社 2003 年版。

22. D. John McIntyre，Mary John O'Hair：《教师角色》，中国轻工业出版社 2002 年版。

23. 张大均：《教学心理学》，西南师范大学出版社 1997 年版。

24. 余胜泉：《信息技术与课程整合——网络时代的教学模式与方法》，上海教育出版社 2004 年版。

25. 张少刚编著：《农村现代远程教育引论》，中央广播电视大学出版社 2001 年版。

26. 刘丽俐、潘海燕等：《中小学教师继续教育培训模式研究》，中国人事出版社 2003 年版。

27. 马贵斌：《数字化教学资源的设计与应用》，山东师范大学，2005 年。

28. 滕瀚：《优质网络教学资源在薄弱学校课堂教学中运用的问题与对策——以泸定中学为个案》，西南师范大学，2005 年。

29. 蔡海波：《实现网络教育教学资源整合，发挥其最大效益》（http：//www. edu. cn）。

30. 万力勇：《IP 资源在西部不发达地区中小学应用的现状和对策》，《中国远程教育》2005 年第 4 期。

31. 赵瑞斌、周海军、杨彦军：《农村中小学远程教育"三种模式"教学功能比较研究》（http：//www. wzdjg. com/html_ data/14/0510/120. htm）。

32. 张德书：《农村中小学现代远程教育三种模式的应用思路》（http：//www. wzdjg. com/html_ data/14/0604/921. htm）。

33. 詹斌：《广东省中小学教学资源应用调查报告》，《中国电化教育》2005 年第 3 期。

34. 母晴晖：《远程教育 IP 数据资源在教学中的应用浅析》，《科技资讯》2006 年第 3 期。

35. 黄亲国：《关于优化农村教育资源的思考》，《南昌航空工业学院学报》2001 年第 1 期。

36. 张朝华、赵呈领：《IP 资源在农村中小学课堂教学中的应用研究》，《山西广播电视大学学报》2006 年第 1 期。

37. 余显文、向荣尧：《整合资源，实现 IP 远教资源的最佳效益》，《中国教育技术装备》2005 年第 10 期。

38. 张友文：《中小学教育资源库建设的实施与管理》，《中小学信息技术教育》2004 年第 9 期。

39. 徐恩芹、刘美凤、潘克明：《北京市中小学教师对教学资源需求的调查与分析》，《电化教育研究》2006 年第 7 期。

40. 余武：《信息化教学资源的开发和建设》，《中国电化教育》2001 年第 7 期。

41. 柳芳：《教育信息资源开发的当务之急》，《教育研究》1997 年第 5 期。

42. 王嵘：《贫困地区教育资源的开发利用》，《教育研究》2001 年第 9 期。

43. 罗廷锦、余胜泉：《浅谈教育教学资源库的建设》，《现代教育技术》2002 年第 2 期。

44. 郑勤华、陈丽、李爽：《关于远程教育资源标准及资源库设计的探讨》，《电化教育研究》2002 年第 6 期。

45. 冯秀琪、王焕景：《中小学网络教学发展中的问题及对策研究》，《中小学电教》2004 年第 12 期。

46. 袁新：《解决"上学难上学贵"教育部提出三任务三措施》，《人民日报》2006 年 4 月 6 日。

47. 周济：《大力促进教育公平，努力办好让人民满意的教育》，《中国教育报》2006 年 12 月 1 日。

48. 章高林：《和谐社会的教育首先要和谐发展》，《中国教育报》2006 年 12 月 23 日。

49. 黄荣怀、江新、张进宝：《创新与变革：当前教育信息化发展的焦点》，《中国远程教育》2006 年第 4 期。

50. 于咏梅：《国家投入与西部地区的教育发展》，《理论导刊》2006 年第 9 期。

51. 王嘉毅、吕国光：《西部地区农村教师计算机应用状况的调查与分析》，《电化教育研究》2006 年第 8 期。

52. 郭绍青：《正确认识国家农村远程教育工程中三种硬件模式与教学模式》，《电化教育研究》2005 年第 11 期。

53. 吴刚平：《课程资源的开发与利用》，《全球教育展望》2001 年第 8 期。

54. 张廷凯：《课程资源：观念重建与校本开发》，《教育科学研究》2003 年第 5 期。

55. 黄晓玲：《课程资源：界定、特点、状态、类型》，《中国教育学刊》2004 年第 4 期。

56. 教育部关于印发《中小学教师教育技术能力标准（试行）》的通知（教师〔2004〕9 号）　（http：//www. moe. edu. cn/edoas/website18/info7837. htm）。

57. 卢锋等：《美国教育技术界学习资源观的发展及其启示》，《电化教育研究》2001 年第 7 期。

58. 王维、解涛：《现代教育技术工作重在三“心”》，《山东教育》2003 年第 14 期。

59. 王冬梅：《农村中学信息化教学资源建设策略研究》，东北师范大学，2004 年。

60. 徐红彩:《数字化教学资源的设计与开发》，《开放教育研究》2002 年第 6 期。

61. 王珠珠：《数字化资源应用与教学策略》，《广西教育》2005 年第 5 期。

62. 谢忠新：《网络资源建设与运用的思考》　（http：//www. etc. edu. cn/iitc/第六期/lldg/ktjx1. htm）。

63. 朱华琴：《论网络教学资源与学生信息获取能力的培养》，《科技情报开发与经济》2004 年第 1 期。

64. 区建峰、何克抗：《支持新课改的区域性网络教育资源建设研究》，《课程·教材·教法》2006 年第 4 期。

65. 李康：《课程理论与教育信息资源开发》，《中国电化教育》2003 年第 7 期。

66. 何卫红、李映：《教育信息资源组织与管理的研究现状综述》，《当代教育论坛》2006 年第 21 期。

67. 宋玉英：《教学资源的开发与利用》，《兰州教育学院学报》2004 年第 2 期。

68. 朱亚莉：《中小学网上课程资源的分类体系及开发建议》，《中国远程教育》2002 年第 10 期。

69. 王曼文、丁益民：《浅议远程教育教学资源的建设与应用》，《河南广播电视大学学报》2004 年第 3 期。

70. 李宇：《基础教育中网络英语课程资源的开发与利用》，湖南师范大学，2005 年。

71. 余艳、王忠华、易鹏：《教育信息化环境下的网络教学资源建设》，《教育技术导刊》2006 年第 8 期。

72. 周玉滨、付国鑫、宋海峰：《数字化教学资源库的设计与开发》，《边疆经济与文化》2006 年第 1 期。

73. 柯和平、周玉芬：《数字化教学资源体系的构建与应用研究》，《职业技术教育（教科版）》2005 年第 16 期。

74. 马宁、余胜泉：《区域性教育资源建设与整合》，《中国电化教育》2006 年第 2 期。

75. 房雨林：《基础教育信息化资源开发与应用的有效性研究》，《电化教育研究》2006 年第 9 期。

76. 谭金波、石晋阳、李艺：《基础教育网络资源现状与教师需求的调查研究》，《中国远程教育》2005 年第 6 期。

77. 常明立：《教学资源建设：现实与思考》，《江苏广播电视大学学报》2004 年第 3 期。

78. 李长著、俞树煜：《西北民族教育信息化进程探析》，《电化教育研究》2004 年第 12 期。

79. 孟小芬：《中西部地区农村中小学现代远程教育工程资源建设体系研究》，陕西师范大学，2005 年。

80. 齐秋香：《山东省基础教育中数字化教育资源建设的现状和对策》，山东师范大学，2006 年。

81. 何克抗：《把脉中国教育资源建设》，《中国远程教育》2003 年第 8 期。

82. 王珠珠、刘雍潜、黄荣怀、赵国栋、李龙：《中小学教育信息化建设与应用状况的调查研究报告（上）》，《中国电化教育》2005 年第 10 期。

83. 张敬涛、李馨：《论我国基础教育资源建设策略》，《电化教育研究》2006 年第 10 期。

84. 高秀英：《论信息化教学资源的开发建设》，《教育信息化》2006 年第 9 期。

85. 熊才平：《以信息技术促进基础教育信息资源配置城乡一体化研究》，《中国电化教育》2006 年第 3 期。

86. 桑新民、郑文勉、钟浩梁：《区域教育信息化的战略思考》，《电化教育研究》2005 年第 3 期。

87. 吴丽娟、方正平：《农村中小学现代远程教育资源应用现状分析与建设思考》，《教育技术导刊》2006 年第 3 期。

88. 龚道敏：《恩施州中小学现代远程教育资源应用现状调查》，《中国远程教育》2006 年第 6 期。

89. 张冬玉、相凤华、邢国民：《影响中小学教师运用现代化教学手段的主观因素分析》，《教育理论与实践》2006 年第 5 期。

90. 彭声泽：《西部地区网络教育资源利用现状及其发展研究》，华东师范大学，2004 年。

91. 吴济清：《把握农村教育发展走势，优化教育资源配置》，《教育财会研究》2000 年第 1 期。

92. 朱京曦：《从传递资源到服务教学：走进学校的现代远程教育》，《中国远程教育》2005 年第 2 期。

93. 张攀峰、王润兰、赵毅：《共享优质远程教育资源，培养优秀"资源教师"》，《中国远程教育》2005 年第 10 期。

94. 辛朋涛：《甘肃省国家扶贫开发重点县村级小学教育资源利用效率研究——对定西、武都、庄浪 3 县 27 所村级小学的调查》，西北师范大学，2004 年。

95. 《关于印发〈中小学教学人员（初级）教育技术能力培训大纲〉的通知》（教师司〔2005〕25 号）（http：//www. sztac. net/dispbbs. asp？boardid＝26&id＝10041）。

96. 杨晓宏、梁丽：《解析农村中小学现代远程教育的"三种模式"》，《电化教育研究》2006 年第 1 期。

97. 黄莲洁：《教育资源优化配置的理论与实践》，《教育探索》2003 年第 10 期。

98. 沙凤林：《"农远工程"教育资源应用问题研究》，《中国电化教育》2006 年第 10 期。

99. 万力勇、赵呈领、刘清堂：《IP 资源在西部农村中小学课堂教学中的应用策略》，《中国远程教育》2006 年第 3 期。

100. 蔡冠群、李梅、张新民：《安徽农村中小学现代远程教育工程绩效研究》，《中国远程教育》2006 年第 10 期。

101. 高燕：《防止多媒体教学泛滥和优化教学资源的思考》，《内江科技》2005 年第 4 期。

102. 刘少银：《共享资源，促进西部基础教育发展》，《中国远程教育》2004 年第 7 期。

103. 姚永强：《关于基础教育资源优化配置的理论思考》，《西华师范大学学报（哲学社会科学版)》2005 年第 2 期。

104. 崔登峰：《对新疆石河子市教育资源优化配置问题的研究》，《石河子大学学报（哲学社会科学版)》2005 年第 4 期。

105. 张爱玲：《教学资源建设与应用的若干问题的探索》，《山西广播电视大学学报》2003 年第 3 期。

106. 潘文涛：《基于网络资源的混合教学模式行动研究》，《中国电化教育》2006 年第 8 期。

107. 刘和海、孙宗凌：《绩效视野下的农村中小学远程教育反思》，《中国电化教育》2006 年第 6 期。

108. Stephen W. Harmon，Marshall G. Jones：《网络教育应用的五个层次及其相关因素》，杨志珍译，《中国电化教育》2001 年第 6 期。

109. 杨仁毅：《协调城乡教育资源优化配置——农村教育发展战略探讨》，2004 年第 4 期。

110. 李晶：《探索欠发达地区统筹城乡教育信息化科学发展的理论与实践》，《电化教育研究》2006 年第 5 期。

111. 李天顺：《推动中西部农村中小学跨越式发展》，《中国远程教育》2003 年第 1 期。

112. 达玉琴：《经济欠发达地区电大网络教学资源应用探析》，《教育探索》2005 年第 6 期。

113. 陈小慧：《教学资源的荒废与优化》，《今日教育》2006 年第 4 期。

114. 孙雪冬、马如宇、冯英伟：《创新推广理论对农远工程"三种模式"推广与应用的启示》，《中国电化教育》2006 年第 7 期。

115. 程书丽：《中小学教学资源库建设模式与应用实践》，《现代教学》2006 年第 6 期。

116. 周敦：《关于农村中小学教育信息化建设的思考》，《中小学信息技术教育》2006 年第 2 期。

117. 任平：《贵州农村中小学现代远程教育工程的科学实践》，《中小学信息技术教育》2006 年第 10 期。

118. 宗敏：《湖北农村中小学教育信息化的发展策略探析》，《教育技术导刊》2006 年第 5 期。

119. 王清泉、姚建东、李萍：《加强农村中小学远程教育资源应用工作的基本策略》，《教育技术导刊》2006 年第 7 期。

120. 董彦清：《西部贫困地区中小学教育发展的现状与思考》，《西藏发展论坛》2005 年第 3 期。

121. 伶元之、张娟：《目前农村中小学在"校校通"工程中存在的问题及对策》，《中国教育技术装备》2005 年第 1 期。

122. 赵波、李宏、武友德：《区域教育资源空间优化配置的初步研究》，《云南地理环境研究》2001 年第 6 期。

123. 黄天明、阳柏花：《浅论农村教育资源的科学整合与优化配置》，《当代教育论坛》2004 年第 9 期。

124. 杨华：《浅议教学资源利用和开发的途径》，《教育研究与实验·新课程研究》2006 年第 8 期。

125. 周凌：《如何发挥教学资源的最大效益》，《中国远程教育》2004 年第 3 期。

126. 张晓军：《农村远程教育"模式二"中"四种资源"的开发与应用》，《中小学电教》2006 年第 10 期。

127. 何明雄、李兆延：《网络教育资源建设标准和规范综述》，《科技创业月刊》2006 年第 11 期。

128. 李重芬、黄卓顺：《利用网络资源的经济分析》2006 年第 4 期。

129. 胡之骐：《重庆市普通中学网络教育资源利用情况调查研究》，硕士学位论文，西南师范大学，2005 年。

130. 张秋生：《农村中小学教师在现代远程教育资源应用中的障碍及对策》（http：//www. ahsxjy. net/Article/2005418170148. asp？article_ id = 3506）。

131. 余胜泉：《对农村中小学现代远程教育工程的纵深思考》，《中国教育报》2005 年 5 月 23 日。

132. 王珠珠、郑大伟：《西部中小学远程教育项目的成功经验》，2005 年（http：//www. bsdjz. cn/showart. asp？art_ id =76）。

133. 洪明军：《现代教育技术在学校应用中存在的问题与对策研究》，《教育信息化》2006 年第 11 期。

134. 潘海岚：《西部地区教育发展的现状及对策分析》，《兰州学刊》2005 年第 5 期。

135. 梁克荫：《西部地区农村教育现状问题及其对策研究》，《民办教育研究》2005 年第 4 期。

136. 刘杰波：《远程教育中的资源建设与共享》，《中国电化教育》2006 年第 7 期。

137. 闫兴亚、官巍、赵小希：《西部地区教育信息化现状分析与应用策略研究》，《中国医学教育技术》2003 年第 3 期。

138. 高勇、魏玲玲：《远程教学资源的建设与应用探究》，《社会科学论坛》2005 年第 5 期。

139. 黄黎明、卢勃：《有效开发、利用信息化课程资源的机制》，《电化教育研究》2006 年第 8 期。

140. 周玉滨、付国鑫、宋海峰：《数字化教学资源库的设计与开发》，《边疆经济与文化》2006 年第 1 期。

141. 高秀英：《论信息化教学资源的开发建设》，《教育信息化》2006 年第 9 期。

142. 马正：《应充分利用电子音像教材，优化教学资源》（http：// sfx. ncedu. gov. cn/Article_ Print. asp？ ArticleID = 1086）。

143. 李智明：《优化资源整合，推进基础教育均衡发展》，《实验教学与仪器》2005 年第 6 期。

144. 许丽英、袁桂林：《农村教育资源配置现状调查与优化对策研究》，《教育发展研究》2006 年第 6 期。

145. 邵壹燕、王继阳：《建立农村中小学教育信息化发展指标体系的思考与探索》，《中小学电教》2005 年第 9 期。

146. 解月光：《"农村教育资源优化与信息技术教育开展的策略与方法研究"课题实施方案》，《中小学信息技术》2003 年第 1—2 期。

147. 张勇：《运用远程教育资源 优化农村教育教学》（http：// www. sxyedu. com/newsInfo. aspx？ pkId = 6941）。

148. 曲桂丽、解月光：《台湾偏远地区中小学开展信息技术教育策略及启示》，《教育信息化》2005 年第 7 期。

149. 姜玉莲、解月光、满海峰：《贫困地区农村中小学信息技术教育开展策略探讨——吉林省个案调查分析》，《中小学信息技术教育》2004年第12期。

150. 景民：《农村社区教育资源的开发与利用》，《职业教育研究》2006年第10期。

151. 龙建敏：《如何提高远程教育资源应用效益》，《教育信息化》2006年第10期。

152. 文继奎、荣姗姗、杜杉杉：《农村中小学远程教育资源的有效利用》，《中小学信息技术教育》2006年第6期。

153. 中小学教育信息化建设与应用状况的调查研究课题组：《城乡差距何时才能彻底消除？——中小学教育信息化建设与应用状况调查》，《中国教育报》2005年7月4日。

154. 梁林梅、马军英：《美国区域教育信息化个案分析——佛罗里达SY2000》，《中国电化教育》2002年第7期。

155. 孔淼、解月光：《俄罗斯促进农村教育信息化发展的策略》，《信息技术教育》2004年第6期。

156. 张仙、张艳明：《透过AKPT3项目，看我国边远地区的教育信息化培训》，《中小学信息技术教育》2005年第12期。

157. 吕瑶、吕森林：《谁在填平"数字鸿沟"》，《中国远程教育》2003年第20期。

158. 陈海东：《科学有效地推进我国基础教育信息化——美国教育技术20年政策解读及启示》，《基础教育参考》2006年第9期。

159. 刘扬、高洪源：《美国教育资源共享的经验及其启示——休斯的理论观点》，《外国教育研究》2005年第7期。

160. 彭钢、王一军：《建设和谐社会需要构建优质教育体系》，《上海教育科研》2006年第1期。

161. 余武：《信息化教学资源的开发和建设》，《中国电化教育》2001年第7期。

162. 郭炯、吴亚婕：《甘肃农村远程教育项目运行的绩效研究》，《中国远程教育》2006年第11期。

163. 熊才平、蒋燕：《利用社会性软件促进教师资源城乡一体化均衡发展研究》，《中国电化教育》2006年第10期。

164. 吴志林：《关于教师资源投资效益分析的探讨》，《太原城市职业技术学院学报》2006 年第 2 期。

165. 李智慧：《如何开发和利用教师资源库》，《出版参考》2006 年第 18 期。

166. 杨良梁：《小学教师资源优化的对策》，《大庆师范学院学报》2006 年第 3 期。

167. 高正绪：《农村基础教育教师资源优化配置的研究》，《教育探索》2000 年第 7 期。

168. 张思飔、金钧：《实现教师资源的可持续使用》，《山西教育》2006 年第 3 期。

169. 赵滨：《论教师资源的整体性开发与建设》2006 年第 4 期。

170. 陈俊珂：《基础教育教师资源均衡发展的现状分析及对策》，《教育导刊》2006 年第 4 期。

171. 李小红、王璞：《西部贫困地区普通高中教师资源配置调查与分析》，《现代教育科学》2005 年第 1 期。

172. 严开胜、王德清：《建立教师资源配置有效机制的几点思考》，《教学与管理》2002 年第 1 期。

173. 蔡茂华：《西部少数民族教育的区域失衡与发展策略》，《教育发展研究》2005 年第 4 期。

174. 窦鹏辉、罗列、谷小勇：《西部农村教育的差距分析及其对策》，《中国农学通报》2005 年第 6 期。

175. 刘尧：《论"贫困综合症"与西部教育资源开发》，《西安交通大学学报（社会科学版）》2002 年第 1 期。

176. 常云平：《西部地区教育发展与人才市场建设》，《西南民族大学学报（人文社科版）》2005 年第 10 期。

177. 谷生华：《西部农村地区基础教育教师队伍现状调查》，《重庆教育学院学报》2004 年第 4 期。

178. 姬玉银：《农村中小学远程教育资源的运用研究》，《教育技术导刊》2006 年第 4 期。

179. 瞿福生：《对远程教育资源应用中有关问题的思考》，《教育技术导刊》2005 年第 8 期。

180. 李小建：《农村中小学教材的选用应当充分考虑与现代远程教育

资源的衔接》,《贵州教育》2006 年第 14 期。

181. 佟强:《对远程教育资源的多维分析》,《现代远程教育研究》2006 年第 4 期。

182. 顾小清:《教育信息化建设项目评估:国际研究现状调查》,《电化教育研究》2006 年第 8 期。

183. 汪琼、陈瑞江、刘娜、李文超:《STaR 评估与教育信息化研究》,《开放教育研究》2004 年第 4 期。

184. 熊才平:《"知识沟"理论发展新动向及其演变链系统模型——探寻缩小中小学教育信息化区域性差异的理论依据》,《电化教育研究》2004 年第 6 期。

185. 焦宝聪、董黎明、赵意焕:《影响教育信息化的主要因素及内在逻辑关系》,《电化教育研究》2005 年第 7 期。

186. 杨晓宏、梁丽:《全面解读教育信息化》,《电化教育研究》2005 年第 1 期。

187. 苗逢春:《〈中小学教师教育技术能力标准(试行)〉:内容解读与实施建议》,《人民教育》2005 年第 13—14 期。

188. 朴姬顺、张萍:《发达国家网络教育资源库建设的特点分析与启示》,《陕西师范大学继续教育学报》2005 年第 4 期。

189. 黄荣怀、刘雍潜、张进宝:《〈中小学教师教育技术能力标准〉制定的背景》,《中国教师》2005 年第 3 期。

190. 黄荣怀、曹原、曾海军:《论教育信息化与信息技术教育》,《信息技术教育》2003 年第 1 期。

191. 黄荣怀:《ICT 在中国中小学教育中的应用现状与发展》,联合国教科文组织报告,2004 年。

192. 赵鸿章:《构建以县为主的质量保障体系,实现农村远程教育的可持续发展》,西北师范大学,2005 年。

193. 雷淑霞:《西部不发达地区基础教育信息资源共享建设研究》,《图书馆论坛》2006 年第 5 期。

194. 冯玲玉、罗云、马广彦、甄宗武、谢斌:《贫困地区现代远程教育实施中各类人员培训的对策研究》,《社科纵横》2006 年第 4 期。

195. 刘雍潜:《开发资源 推动创新——借鉴各国资源建设经验》(http://media.ccidnet.com/art/5441/20060722/650155_1.html)。

196. 邵锋：《农村义务教育投入体制变迁及当前存在的问题与对策》，《河北师范大学学报（教育科学版）》2005 年第 3 期。

197. 郭向勇：《多媒体资源库与教学资源特性研究》，《计算机工程与设计》2002 年第 12 期。

198. 陈正萍、王健华、高基发：《台北市小学教学资源中心功能需求与满意度调查之研究》，载《GCCCE2006 论文集》，清华大学出版社 2006 年版。

199. 张从善、常淑娟：《教学资源建设队伍的组织与协调》，《山东师范大学学报（自然科学版）》2006 年第 4 期。

200. 曾祥翙、庄秀丽、刘德亮、黄慧：《我国中小学网络教育教学的现状、问题、对策及其发展趋势（上）》，《电化教育研究》2004 年第 9 期。

201. 曾祥翙、庄秀丽、刘德亮、黄慧：《我国中小学网络教育教学的现状、问题、对策及其发展趋势（中）》，《电化教育研究》2004 年第 10 期。

202. 曾祥翙、庄秀丽、刘德亮、黄慧：《我国中小学网络教育教学的现状、问题、对策及其发展趋势（下）》，《电化教育研究》2004 年第 11 期。

203. 王珠珠、刘雍潜、黄荣怀、赵国栋、李龙：《中小学教育信息化建设与应用状况的调查研究报告（上）》，《中国电化教育》2005 年第 10 期。

204. 王珠珠、刘雍潜、黄荣怀、赵国栋、李龙：《中小学教育信息化建设与应用状况的调查研究报告（下）》，《中国电化教育》2005 年第 11 期。

205. 洪河条、熊才平：《网络教学中教师、学生与 IT 资源之间的互动关系研究》，《信息技术教育》2004 年第 4 期。

206. 张晓静、陈丽：《我国中小学网校发展现状的研究》，《中国电化教育》2005 年第 11 期。

207. 桑新民：《基础教育如何迎接数字化生存的挑战》，《人民教育》2001 年第 6 期。

208. 王小萍：《论传统教学与多媒体网络教学的冲突与和谐》，《中小学信息技术教育》2006 年第 5 期。

209. 邬彤：《中小学教师教育网络课程的资源库建设》，《中小学信息技术教育》2004 年第 6 期。

210. 钱玲、厍文颖、李中华：《发达国家中小学网络教育比较研究》，《世界教育信息》2006 年第 1 期。

211. 李梅、宋蔚、张新明：《安徽省中小学教师应用信息技术的现状调查与对策思考》，《电化教育研究》2006 年第 7 期。

212. 王春蕾、刘美凤：《影响信息技术在中小学教育中应用的有效性的关键因素的调查研究》，《中国电化教育》2005 年第 6 期。

213. 应根球：《探讨科学教育中影响视频教学效果的因素》，《萍乡高等专科学校校报》2006 年第 3 期。

214. 陈志龙：《加强自身能力建设，发挥系统整体优势，着力推动信息技术在教育教学中的广泛应用——在 2006 年全国电化教育馆馆长会议上的讲话》（http：//www. zcjyxxw. edu. cn/cms/data/html/doc/2006 - 01/11/27298/）。

215. 郝增明：《论数字化教学资源有序化》，《现代远距离教育》2004 年第 6 期。

216. 徐恩芹、刘美凤：《美国中小学教学资源开发与应用指导原则的研究综述》，《中国电化教育》2005 年第 5 期。

217. 谢文斌：《农村中小学现代远程教育资源的二次加工》，《中国电化教育》2006 年第 5 期。

218. 冉新义：《教育信息资源共享的模式与障碍探析》，《甘肃科技纵横》2006 年第 1 期。

219. 刘扬、高洪源：《美国教育资源共享的经验及其启示——休斯的理论观点》，《外国教育研究》2005 年第 7 期。

220. 李智、刘凤英、冯明玲、杨力、刘丽达：《云南省农村妇女健康教育声像材料的开发制作》，《中国健康教育》2001 年第 11 期。

221. 徐世友：《浅析声像教学在农业广播电视教育中的作用》，《科技资讯》2006 年第 16 期。

222. 郭炯、郭绍青：《西部农村中小学教育信息化发展中存在的问题及对策》，《现代远距离教育》2004 年第 6 期。

223. 耿才华：《西部地区教育信息化建设中的问题及发展策略》，《教育信息化》2006 年第 11 期。

224. 吴钧：《远程教育资源建设单一化现象分析》，《教育发展研究》2003 年第 7 期。

225. 张莉弘：《课程实施中优化课程资源的研究》，东北师范大学，2004 年。

226. 何楚红：《中学语文信息化课程资源的开发和利用研究》，《中国电化教育》2006 年第 9 期。

227. 金绍荣、王德清：《西部民族地区农村课程资源开发的困惑与对策》，《民族教育研究》2006 年第 3 期。

228. 吕娜：《中学数学教师开发与利用课程资源的调查与分析》，《中学数学杂志》2006 年第 12 期。

229. 李晓华：《青海省基础教育课程资源开发的策略研究》，陕西师范大学，2002 年。

230. 郑彬、盛群力：《网络课程及其有效设计的六项原则——E-learning 国际著名专家克拉克与梅耶的观点综述》，《远程教育杂志》2006 年第 3 期。

231. 徐恩芹、王春蕾、刘美凤等：《内蒙古中小学教学资源库使用现状的调查报告》，《中国远程教育》2005 年第 2 期。

232. 金琴：《提高网络教育资源利用效率研究》，武汉理工大学，2004 年。

233. 张建伟、吴庚生、李绯：《中国远程教育的实施状况及其改进——一项针对远程学习者的调查》，《开放教育研究》2003 年第 4 期。

234. 曹晓明、何克抗：《面向应用的区域资源建设支撑环境探析》，《中国电化教育》2005 年第 8 期。

235. 王俊成：《农村中小学现代远程教育"模式二"使用心得》，《中小学信息技术教育》2006 年第 3 期。

236. 朱之培：《农村中小学教育信息化滞后的原因与对策》，《大众科技》2006 年第 6 期。

237. 余胜泉、朱凌云、曹晓明：《教育资源管理的新发展》，《中国电化教育》2003 年第 9 期。

238. 姚娜、李兴保：《基础教育网站资源建设的现状和问题调研分析》，《中国电化教育》2005 年第 3 期。

239. 陆宏、齐秋香：《山东省基础教育数字化课程资源建设的现状与对策》，《当代教育科学》2005 年第 21 期。

240. 吴玫桂、方伟国、方银汇：《信息化网络教育教学资源现状分析及其建设研究》，《井冈山师范学院学报》2003 年第 1 期。

241. 陈莉：《我国中小学教育软件资源建设的现状分析与建议》，《中国电化教育》2002 年第 3 期。

242. 黎加厚、吴振华、陈双寅、陈晖：《美国教育资源门户及其对我国教育资源建设的启迪》，《电化教育研究》2003 年第 8 期。

243. 李亚婉：《欧洲远程教育与电子学习的发展趋势》，《中国远程教育》2006 年第 8 期。

244. 李捷、贾焕军、孙喜发：《高校校园网络教育资源建设的思考》，《黑龙江高教研究》2004 年第 11 期。

245. 林孟真：《国民小学教学资源中心建置之需求研究——以宜兰县为例》，台湾佛光人文社会学院，2005 年。

246. 杨万贺：《台北市高级中学 E 化教学资源中心整合发展需求之研究》，"国立"台湾师范大学，2003 年。

247. 杨俊英：《国中教师导向数字化教学的影响因素之研究》，树德科技大学，2004 年。

248. 曹卫真：《基础教育跨越式发展与网络教育资源建设》，《中小学电教》2006 年第 12 期。

249. 黄红梅：《基础教育门户网站信息资源建设工作探讨》，《中小学图书情报世界》2006 年第 11 期。

250. 董洪亮：《农村中小学现代远程教育：教育公平新乐章》，《中国教育报》2005 年 7 月 5 日。

251. 韩芳：《美国社区教育本土化发展研究》，硕士论文，陕西师范大学，2004 年。

252. 谭细龙：《农村基础教育应面向农村现代化》，《基础教育研究》1999 年第 1 期。

253. 《落实科学发展观 加快教育事业发展——"十五"期间教育事业发展和改革的主要成就》，《中国教育报》2005 年第 1 期。

254. 陈庆贵：《农村中小学现代远程教育环境下的教学应用模式研究》，《电化教育研究》2006 年第 12 期。

255. 陈庆贵：《繁花似锦，硕果累累——"十五"期间我国教育技术研究情况综述》，《中小学信息技术教育》2006 年第 4 期。

256. 石峰：《重庆市民族地区中小学教育信息化问题与对策研究》，西南大学，2006 年。

257. 钟晓燕、瞿堃：《西南农村教师教育技术能力现状调查及培训策略研究》，《中小学电教》2006 年第 6 期。

三　参考网站

1. 美国教育信息资源中心，http：//eric. ed. gov/。

2. 英国 Activity Village 资源网，http：//www. activityvillage. co. uk/index. htm。

3. 美国教育部，http：//www. ed. gov/index. jhtml？src = a。

4. 美国教育技术协会，http：//www. aect. org/default. asp。

5. 网络教师中心，http：//educatoronline. org/。

6. 美国 K12 资源中心，http：//www. citrus. k12. fl. us/irc/。

7. 虚拟学习资源中心，http：//www. virtuallrc. com/。

8. 英国教学资源中心，http：//www. teachingandlearningresources. co. uk/。

9. 美国原 Askeric 网站，http：//www. eduref. org/。

10. 美国教案资源网站，http：//www. marcopolo – education. org/。

11. 英国教育技能部网站，http：//www. dfes. gov. uk/。

12. 韩国教育人力资源部网站，http：//www. moe. go. kr。

13. 日本文部省网站，http：//www. mext. go. jp/。

14. 英国教育传播与技术署 Becta，http：//www. becta. org. uk。

15. 韩国教育人力资源部网站，http：//www. moe. go. kr/。

16. 加拿大"学校网"，http：//www. schoolnet. ca/。

17. 香港优质教育基金网上资源中心，http：//qcrc. qef. org. hk/。

18. 香港教育城，http：//www. hkedcity. net/。

19. 香港教育统筹局，http：//www. emb. gov. hk/default. aspx。

20. 香港小学常识网，http：//www. pstudy. net/moodle18/。

21. 香港中央资源中心，http：//crc. emb. gov. hk/crchome/tc/default. htm。

22. 台北市多媒体教学资源中心，http：//tmrc. tp. edu. tw/。

23. 台北市教师研习中心，http：//www. tiec. tp. edu. tw/。

24. 台湾自然生态学习网，http：//nature. edu. tw/。

25. 台湾网络教学资源网目录，http：//140. 111. 130. 21/source/net. htm。

26. 中华人民共和国教育部，http：//www. moe. edu. cn/。

27. 教育部国际组织处，http：//www. moe－dio. edu. cn/index. asp。

28. 中国教育信息化网，http：//www. e－chinaedu. cn/index. html。

29. 中国基础教育网，http：//www. cbe21. com/。

30. 国家基础教育资源网，http：//www. cbern. gov. cn/index. jsp。

31. 人民教育出版社，http：//www. pep. com. cn：82/index. htm。

32. 李嘉诚基金会，http：//www. lksf. org/gb/。

33. 中央电化教育馆，http：//www. ncet. edu. cn/。

34. K12 中小学教育教学网，http：//www. k12. com. cn/。

35. 新思考网，http：//www. cersp. com/。

36. 中小学教育资源网，http：//www. 910800. com/。

37. 中小学教师继续教育网，http：//www. teacher. com. cn/。

38. 中国农村教师网，http：//www. cteacher. cn/。

39. 内蒙古巴林右旗中小学教师研修网，http：//www. blyqjxx. com/index. html。

40. 中国农村远程教育网，http：//www. ngx. net. cn/。

41. 101 远程教育网，http：//www. chinaedu. com/。

42. 中小学信息技术教育论坛，http：//www. nrcce. com/nrcce＿ bbs/index. php。

43. 中央电化教育馆资源开发部，http：//www. cer. com. cn/。

44. 西部卫星网校，http：//www. wsatedu. com/。

45. 中国农村远程教育网西藏站，http：//www. xizang. ngx. net. cn/。

46. 中国卫星远程教育论坛，http：//staredu. 5d6d. com/index. php。

47. 云南省教育网，http：//www. ynjy. cn/。

48. 重庆教育信息网，http：//www. chongqedu. com. cn/。

49. 四川省基础教育资源中心，http：//www. scxxt. com. cn/。

50. 陕西省教育厅信息中心，http：//jyj. edude. net/shanxi/jiaoyuting/JHJ。

51. 宁夏教育信息网，http：//www. nxedu. net. cn/。

52. 甘肃基础教育资源网，http：//www2. gsres. cn/。

53. 新疆远程教育网，http：//www. ssjy. cxedu. net/。

54. 西藏教育网，http：//www. xzedu. com. cn/。

55. 西藏农村远程教育与信息服务网，http：//edu. taaas. org：8080/。

56. 青海省教育厅，http：//vod. qhedu. cn/。

57. 贵州省教育厅政务网，http：//www. guizhou. edu. cn/。

58. 贵州教育网，http：//www. gzsedu. cn/。

59. 重庆教学资源网，http：//www. t890. com/index. asp /。

60. 四川涪城研修网，http：//bbs. a61. net/index. asp。

61. 广西柳州市综合学科群组，http：//www. doule. cn/group. asp？gid =17&mode = &page = 1。

62. 中央教育科学研究所华教远程教育网，http：//huajiao. doule. net：8080/。

63. 广西南宁市隆安县教育论坛，http：//www. cersp. com/。

64. 陕西省三原教育信息网，http：//www. snsyedu. com/。

65. 四川绵阳教育资源网，http：//www. scmyedu. net/。

66. 甘肃省天祝藏族自治县华藏寺镇初中，http：//www. hzcz. cn。

67. 甘肃省天祝藏族自治县新华中学，http：//www. tzxhzx. net/。

68. 雪莲藏文中学网，http：//www. xlzwjx. com/。

69. 三峡教育网，http：//www. cqwzzx. com/。

70. 青铜峡市教育信息网，http：//www. qtxedu. gov. cn/。

71. 南山虚拟教研中心，http：//xdxd. net/ns/。

72. 爱叁柒贰壹资源网，http：//www. i3721. com/。

73. 东方教育资源网，http：//www. 2008edu. com/。

74. 中小学学科资源站，http：//www2. edudown. net/。

75. 教学资源网，http：//www. phynet. cn/Index. html。

76. 教案课件大全网站，http：//www. jjycxx. net/book/。

77. 中学语文教学资源网，http：//www. ruiwen. com/。

78. 语文教学资源网，http：//www. yuwenbbs. cn/。

79. 小学语文教学资源网，http：//xiaoxue. ruiwen. com/。

80. 初中数学网，http：//www. czsx. com. cn/。

81. 学科教育资源网，http：//www. topcai. com/home/down/in-
dex. asp。

82. 新课程教育网，http：//www. xedu. net/。

后　记

　　本书是在我的博士学位论文基础上修改而成。本书的顺利完成和出版，离不开许多人的支持和帮助。首先要感谢我的博士生导师徐福荫教授，有幸成为徐老师的学生以来，徐老师在学术上的指引与教导、在为人处世上的陶冶与启发、在生活上与陈洁茜师母无微不至的关怀与照顾，令我终生感激和铭记。本书从选题、资料搜集、框架形成到初稿的撰写，每个过程都离不开徐老师的悉心指导，每个环节都凝结着徐老师的心血。衷心感谢徐老师的教导与帮助！您的言传身教将永远激励我、鞭策我不断向善、向真、向上。

　　感谢我的硕士生导师南国农先生和杨改学教授对学生一如既往的关爱与帮助。感谢我的硕士生老师郭绍青教授和张筱兰教授在实地调查中的鼎力帮助。

　　感谢英国开放大学 David McConnell 教授、美国新墨西哥大学 Charlotte N. Gunawardena 教授、印度英迪拉·甘地国立开放大学 Santosh Panda 教授、香港教育传播与技术协会创意会长任伯江教授、香港大学专业进修学院张伟远教授、香港中文大学博士生周玉霞在文献调研方面的帮助。

　　感谢中央电教馆、中央教科所、全国中小学教师继续教育网，西部12省（区）教育厅（局）、电教馆（站）、教师进修学校、中小学校等单位的相关领导和老师等人员在实地调研过程中的热忱相助，感谢相关学校的老师和同学们在试验教学中的支持与配合。

　　感谢李艺教授、张剑平教授、冯增俊教授、焦建利教授、李红波教授在论文答辩过程中提出的意见和建议，有力地帮助了论文的修改完善。

　　感谢广州大学刘晖教授为本书出版创造的条件，感谢广州大学教育学院和社科处相关领导和同事为本书出版提供的支持与帮助，感谢广州市属高校重点学科建设项目和广东省普通高校优势重点学科建设项目对本书的资助，感谢中国社会科学出版社的编辑老师们在本书出版过程的辛勤工作。

　　感谢所有在我求学过程中给予帮助的各位未能细数姓名的师长、同学和朋友，你们在我生命中留下的真挚情谊，我将永远珍藏到心灵深处。

　　最后要衷心感谢我的母亲，您永远是我最坚实的心灵后盾，您总是给我向上的力量与信心，让我面对困难不气馁，乐观勇敢地面对人生每一场风雨的洗礼。感谢我的每一位亲人，你们的呵护和关爱，温暖我欣然前行。

杜玉霞

2013 年 3 月于广州